時間とマネーを支配する怪物の正体

# 世界最終恐慌への300年史

鬼塚英昭
Onizuka Hideaki

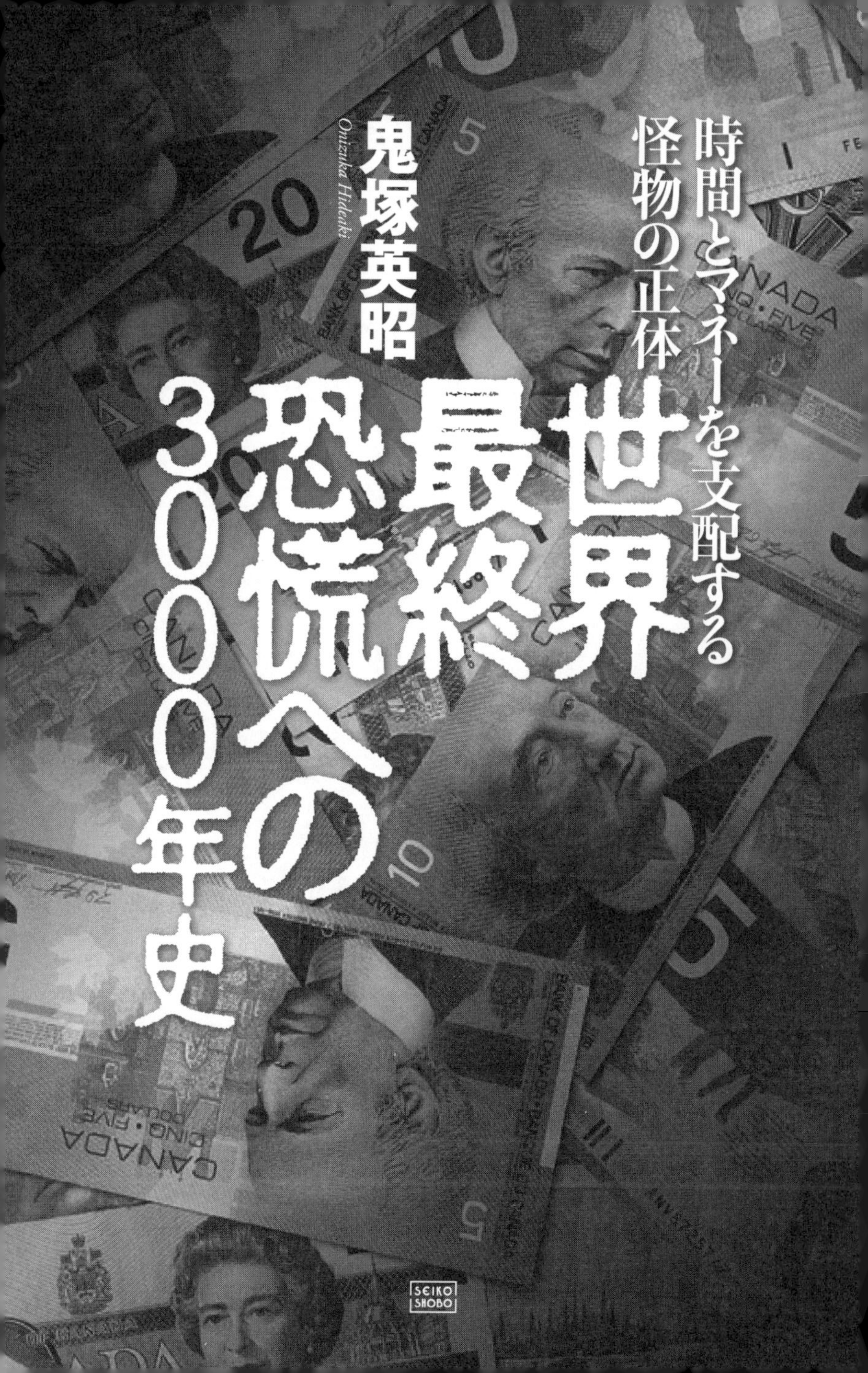

SEIKO SHOBO

［目次］　世界最終恐慌への３０００年史

〔装幀〕　フロッグキングスタジオ
〔カバー写真〕　Gary Rhijnsburger/Masterfile/amanaimages
〔本文写真〕　ウィキコモンズ
〔制作協力〕　デジタルスタジオ

# 世界最終恐慌への３０００年史

# 時間を捜し求める旅に出よう ◉序として

時間とは何でしょうか。物理学の時間は「線型時間」（リニア時間）であると、大森荘蔵は『時間と存在』の中で書いています。このリニア時間に対し、われわれの体験の中に生のままに露出している時間を「原生時間」と呼んでいます。「この原生時間は太古から人間の斧鉞《ふえつ》の入らぬ原生林のような原生的体験の中の時間である」と彼は書いています。

なぜ時間は過去から未来へという、決まった一方向にしか進めないのかという「時間の矢」について物理学者たちは追究しています。

佐藤勝彦の『「相対性理論」を楽しむ本』の一部を紹介しようと思います。

物理的な議論からは離れますが、「心理的な時間の長短」、たとえば楽しい時間は早く過ぎ、つらい時間は長く感じる、これは単なる錯覚ではなく、実際に時間は長くなったり短くなったりするんだ、ただこの世に心理的な時間を計測できる時計がないから、分からないだけではないか、という面白い説もあったりします。

「心理的な時間を計測できる時計」は今のところ存在しません。「原生時間」は時計では計測できないのです。浦島太郎の物語はこの「原生時間」によるストーリーを展開したものと思われます。また、ドイツの作家ミヒャル・エンデが『モモ』の中で反科学的な立場から、時間と人間の関係に触れています。

佐藤勝彦は『「相対性理論」を楽しむ本』の中で「時間というものは、現在の科学では解き明かせない、何か別のもの、人間の精神世界に属するような性質を帯びていると考える人もいます」と書いています。物理学者でも「なぜ時間が存在するのか」が分からないのです。彼はまた次のように書いています。

　人間は人生を生きます。人生とは時間です。ということは、私たちの存在は時そのものである、と言えるのかもしれませんね。

この短い文章にはとりわけ注目すべき点が書かれています。「人生とは時間です」の〝時間〟と、もうひとつ、「私たちの存在は時そのものである」と書かれている〝時〟という言葉です。時間と時は同一表現の場合があります。しかし、哲学的な問いをする場合は、〝時間〟よりも〝時〟が多く使われます。

この本では私たちの過去三千年の歴史を書くこと、歴史の中の政治、経済、文化を中心にした物語を書くことになります。

どうして「時間」を中心にして物語を書くことになったのか。その理由は簡単です。「時間が忘れられようとしている」からです。時間を知れば、政治、経済、文化がどのようにして生まれ、そして未来、どのように変化していくのかが理解できるからです。特にこの本は経済を中心に、「時間」の立場から書かれています。時と時間を気にせずに〝タイム〟と考えられて読んでも結構です。読み進めるうちに、時と時間が同一のものであったり、あるいは少々異なったものであったりするでしょう。前述した大森荘蔵は、

「時間順序という点はむしろ原生時間（＝時）とリニア時間（＝時間）との間の照応性はいちじるしい。しかし、リニア時間に備わる明確な時間順序と較べると原生時間の中の順序はおぼろな姿しか見せない」

と書いています。

「浦島太郎」や「モモ」の時間は原生時間（＝時）です。私たちは、リニア時間に生き、原生時間から遠ざかっている、とはいえないでしょうか。「私たちの存在は時間そのものである」という前提に立って、存在の時間を深く知って生きるべきなのです。そうすれば、二十一世紀の今、何が、どのように、何ゆえに、進行しているのかが分かるようになります。

リーマン・ショックはどうして起こったのか、もう一度、同じような金融恐慌が起こるのではないのか、そしてその恐慌は「世界最終恐慌」とも呼ぶべき大規模なものになるのではないか、とい

う予測ができるようになります。
この本で私は過去の時間を、今、現在の時間を、そして未来の時間を捜し求める旅に出ます。

二〇一一年十月

鬼塚英昭《おにづかひであき》

［第一章］

# 時間の秘密を知れば、世界＝経済の秘密が解る

# 時間とは何だろう

私は「時間とは何だろう」と自問することがあります。そのときには必ず、不思議というべきか、鴨長明《かものちょうめい》の『方丈記《ほうじょうき》』の冒頭の名文句を思い出します。

ゆく河の流れは絶えずして、しかも、もとの水にあらず。
よどみに浮《うか》ぶうたかたは、かつ消え、かつ結びて、久しくとどまりたる例《ためし》なし。
世の中にある、人と栖《すみか》と、またかくのごとし。

以下、『すらすら読める方丈記』（中野孝次訳）を記します。

河を見ていると、水は流れ流れて絶え間がないが、それはむろん同じ水ではなく、つねに新しい水が流れているのだ。河のよどみに浮ぶ泡もまた、出来ては消え、消えては新しく生れ、同じ泡が久しくとどまっているためしはない。この世に在る人間とその住居も、思えばこれと似たようなものか。

中野孝次は「この言葉が昔も今も読む者をうつのは、それが仏典から引いただけのような空疎な観念ではなく、長明が長い時間をかけてみずから見つめ、実感して得たイメージだからである」と書いています。私は鴨長明の冒頭の名文句の中に、心的時間が流れているのを発見するのです。そして、この心的時間が物理的時間と見事に融和しているのを知るのです。中野孝次はまた次のようにも書いています。

——ゆく河の流れは絶えずして、しかも、もとの水にあらず。

この一句を得たとき、長明は『方丈記』は成ったと確信したことであろう。

長明は長いあいだ自分の目で賀茂川の流れを見つめてきて、この一句を得たのだ。

ここには哲学的と表現すべき「時間の流れ」があります。私たちはこのような「時間」を持つことなく生き続けているのではないでしょうか。中野孝次は続けて、「だからこれを無常観などと言ってはならないのである。詩を読むように、その流れゆく河水やそこに浮ぶ泡の姿を、みずから思い浮べ、味わわねばこれはわからない。すると、『人と栖《すみか》と』という、人生の住居と並列して見る鴨長明独特の人生観、住居哲学が、こちらにも納得されてくる」とも書いています。私たちは今、鴨長明の『方丈記』に比べられそうな文学作品を持てなくなっています。

黒澤明が作った名画の数々には「水」が使われます。『羅生門』『酔いどれ天使』『生きる』『七人の侍』、そして『夢』……。黒澤明は水の流れ、雨、ぬかるみ、の中で「心的な時間」を表現しました。映画の中で水が現われるとき、私たちはごく自然に「心的な時間」というアンカー（碇《いかり》）を黒澤が私たちの心の底に投げ落としているのを知るのです。『羅生門』の最後の場面の激しい雨に、『夢』の中の河の水草のゆれに、私たちは「心的な時間」、すなわち「原生時間」を黒澤明を通して知らされるのです。

それは意識には上らない「時間」です。その「時間」は無意識の中で発見できます。ここで一人の哲学者を紹介したいと思います。井筒俊彦です。彼は代表作『意識と本質』の中で、深層意識を追究しました。引用します。

いわゆる東洋の哲人とは、深層意識が拓《ひら》かれて、そこに身を据えている人である。表層意識の次元に現われる事物、そこに生起する様々の事態を、深層意識の地平に置いて、その見地から眺めることのできる人。表層、深層の両領域にわたる彼の意識の形而上的・形而下的地平には、絶対無分節の次元の「存在」と、千々に分節された「存在」とが同時にありのままに現われている。

井筒俊彦が「いわゆる東洋の哲人とは……」と語る人物に黒澤明が入ると私は信じています。黒澤は映画の中で、表層、深層の両領域にわたる映像シーンを私たちに与えてくれたのです。鴨長明の「ゆく河の流れは絶えずして、しかも、もとの水にあらず」の文学を映画の中で私たちに見せてくれた東洋の哲人だったのです。
あらためて「時間とは何だろう」と問うてみます。すると、表層意識の下にある深層意識の中に流れている「水のようなもの」と解することができます。深層意識を知ることがいかに大切であるかを理解できたでしょうか。
カナダを代表する現代音楽の作曲家、R・マリー・シェーファーは著書『世界の調律』の中で鴨長明や黒澤明とは違った表現を用いて、水の本質を追求しています。

水が死ぬことはない。雨となり、泡だつ小川となり、滝や泉、うずまく川、深くよどんだ川となって、水は永遠にその姿を変えて生き続けるのだ。

私たちは「心的なる時間」を川の流れの中に発見することができます。シェーファーは次のように「海の音」についても書いています。

流木や防波堤に砕ける水の無限の変形をとらえるためには、思考速度を落とさなければならない。それぞれのしずくはどれも違った音高で響《ひび》き、尽きることなく供給されるホワイトノイズに、波がそれぞれ異なったフィルターをかける。断続的な音もあれば、連続的な音もある。
海では、両者が原始の調和の中に融合している。

『方丈記』と同じような記述であることが理解できたでしょうか。「心的な時間」を持つためには「思考速度を落とさなければならない」のです。

鴨長明は流れてやまぬ賀茂川の水を、河のほとりの家に住み、二十年ほど眺めて過ごしました。そして冒頭の文章を書いたのです。私たちはたくさんの情報を得て、逆に本当の「時間」を失っているのです。だから二十一世紀の今になっても、世界がどのようになっているのかを知りえないのです。

世界がどのように動いているのか、どのように生きるべきかを知るためには、生活エネルギーを補充して回復するための睡眠が必要であるのと同様に、心と精神にも静寂な時間が必要なのです。逆説のように思われますが、私たちは思考速度を落とさなければいけません。

## 「時」が粉砕され「時計」の時代となった

ドイツの歴史家オズワルド・シュペングラーは『西洋の没落』の中で次のように書いています。

西欧の諸民族の中で機械時計を発明したのはドイツ人である。これは時間の流れの恐ろしい象徴である。無数の時計塔から夜となく昼となく、西ヨーロッパに鳴り響くその音は、歴史的な世界感情のなし得るおそらく最も驚くべき表現である。

後に詳述しますが、キリスト教の時間の概念は「直線的」です。時計が私たちに知らせるのは直線的な時間の流れです。鴨長明、黒澤明、そしてマリー・シェーファーがとらえた「心的、あるいは原生的な時間」ではありません。

私たちは時計なるものを手にして直線的な時間の枠組みの中でしか生きられなくなりました。そして、シュペングラーが書いているように「歴史的な世界感情のなし得るおそろしく最も驚くべき表現である」時代を迎えたのでした。ヨーロッパで機械時計が誕生したのは十四世紀のことでした。それから何が変わったのでしょうか。

時計は音を発する機械です。それまでにも時間を告げるものはたくさんありました。水時計、砂時計、日時計……。しかしこれらは音を出さなかったのです。私たちは過ぎ去りゆく時間を聴覚的に刻みこむ時計を手に入れたのです。そして、ここにぜひ心に刻みこんでいただきたいのは、最も逃れがたい信号となったことです。

キリスト教世界の中では時間は常に直線的に走り続けています。終末という名の時間へと向かって。そして、時計がカチカチという正確な音を立てて、キリスト教世界の後押しをしているのです。鐘の音から時計の音に変わり、教会の時刻を知らせる音は無生物的になりました。私たち日本人もお寺の鐘の音の代わりに、この無遠慮きわまりない音を聴かされて、キリスト教徒ではないのに、知らず知らずのうちに、キリスト教徒的な物の考え方をするようになりました。水の音や風の音が作り出していた「時間の音」が「時計の音」に替わりました。カチカチと、脳の奥深いところでこの無生物的な音を聴くようになったのです。思考速度を緩《ゆる》めて静寂の中で過ごそうとしても、カチカチという音が聴こえてくるようになりました。

二十世紀最大の歴史家の一人として数えられるフランスの歴史学者フェルナン・ブローデルは『物質文明・経済・資本主義――世界時間』という本の中で、興味あふれることを書いています。

時間もまた空間と同じく分割される。歴史家はこうした分割に秀でているわけだが、これから問題となるのは、かつて存在したもろもろの世界＝経済という歴史上の怪物どもをば、この

オズワルド・シュペングラー（1880－1936）

フェルナン・ブローデル（1902－1985）

分割という手を使って、年代順によりよく位置づけ、またよりよく理解してゆくことである。

ブローデルは十五世紀から十八世紀にかけて「世界時間」が誕生したという説を立てます。時計が発明され、主としてヨーロッパの人々は、「時間もまた空間と同じく分割される」ということを知ったのです。「世界＝経済という歴史上の怪物ども」が分割されていくようになったのです。西ヨーロッパに鳴り響く音とともに、時間も空間も分割されてしまい、歴史上の怪物どもも分割されたのです。これをシュペングラーは「歴史的な世界感情のなし得るおそらく最も驚くべき表現である」と書いているのです。

真木悠介（社会学者。東京大学名誉教授・見田宗介の筆名）は『時間の比較社会学』の中で、時計がもたらした生の変化を追求しています。彼は「時計化された生――時間の物神化」について追求しています。

集合態《ケゼルシャフト》化した世界の時間にたいして、諸個人は外在化するというかたちで内在化しているのである。あるいは逆にいうならば、〈時間・内・存在〉としてみずからを意識するというかたちで時間を外在化し、「世界の時間」から自立する主観性を獲得している。

真木悠介はいささか難しい表現方法をとっていますが、要するに「心的時間＝原生時間」を取り戻すためには「時計化された生――時間の物神化」から逃げなさいと言っているのです。もし、「世界の時間」から逃げないとすればどのようになるのでしょうか。真木悠介は次のように書いて、その現実に迫ります。

> まず工場と官庁が、ついで学校が、最後に放送、とりわけテレビジョンが、近代人の〈生活の時計化〉の領域を順次拡大し、密度を細密化していった。
>
> 近代における国民的な義務教育、「普通教育」の主要な機能が――少なくともその潜在機能が――教科の内容自体よりもむしろ、時計的に編成され管理された生活秩序への児童の馴致《じゅんち》にあるということを、すでに幾人かの著者は指摘している。

真木悠介のこの本は一九八一年に出版されました。三十年前になります。二十一世紀の現在は大きく変わりました。それは、私の知るかぎりにおいて、「時計化された生の全社会的な浸透」がより深化しているのにもかかわらず、この重要な問題が無視され続けていることです。

> テレビジョンは、市民社会の最後の単位共同態である家族、古典的な市民社会における「聖域」たるブラック・ボックスであった「私生活」の内部に、客観化され計量化され管理化された時間の秩序をうちこむ。

三十年前に書かれたということを確認しつつ真木悠介の文章を読んでください。まさに二十一世紀に入って十年が過ぎた今、私たちは時計化された頭脳をかかえて、テレビから流れてくる「客観され計量化された時間」の奴隷なのです。そして今やインターネットと携帯電話の時代です。

私たちはブローデルが言う「世界＝経済という歴史上の怪物ども」を眼の前に毎日見て生きているのです。テレビ、パソコン、インターネット、携帯電話……という怪物どもは、世界＝経済という衣をまとって私たちを「世界時間」の中に放りこみ、ついにと言うべきか、時計化された生を持つ人間の群れを創り出したのでした。それは、私たちの欲望が、完全に操作されていることに他ならないのです。

私たちは時間比例制のような価値が主体となっている商業的な社会に、生きるのでなく、生かされています。だから私たちは、深く考えることもせず、昨日、今日、明日と単調に続くなかで、すべての出来事も実際以上に単調だと信じこんでいるのです。

このことは別の表現をすれば「予期できないことに無関心」なのです。予期できないことは突然に起きたように錯覚するのです。「世界＝経済という怪物」はあなたを狙っているのに、あなたは気づかないのです。それは、時間という名の怪物の奴隷になっているからに他なりません。時間という名の怪物は「世界＝経済」の中で物神化しています。キリスト教の神、ファシズムという神、マルクス主義という神を圧倒して、今や、「時間強迫」という主義をかかげて、この物神化した時間の神は私たちに迫っています。

では、この物神化した時間の神からどのようにして逃避したらいいのでしょうか。

ドイツの数学者、ユージン・ミンコフスキーは『生きられる時間』の中で悲痛な叫び声を上げています。

私自身、体のすみずみまで時計になる。……私は生きた時計。私はどこへ行っても時計だ。

# 「世界＝経済」という名の怪物の正体を見究めよ

　この世の生の時間は一瞬にすぎないということ、死の状態は、それがいかなる性質のものであるにせよ、永遠であるということ、これは疑う余地がない……。（パスカル『パンセ』）

これはパスカルの恐怖を伝える文章です。しかし、生の時間を賛歌する文章も存在します。パスカルが生を一瞬にすぎないと嘆くのに対し、ローマ時代の哲学者セネカは『生の短さについて』の中で生について書いていています。

　人間の生は、全体を立派に活用すれば、十分に長く、偉大なことを完遂できるよう潤沢《じゅんたく》に与えられている。しかし、生が浪費と不注意によっていたずらに流れ、いかなる善きことにも費やされないとき、畢竟《ひっきょう》、われわれは必然性に強いられ、過ぎ行くと悟《さと》らなかった生がすでに過ぎ去ってしまったことに否応《いやおう》なく気づかされる。われわれの享《う》ける生が短いのではなく、われわれ自身が生を短くするのであり、われわれは生に欠乏しているのではなく、生を蕩尽《とうじん》する、それが真相なのだ。

また、セネカは時間についても書いています。セネカにとって時間とは、彼自身が持っている時そのものなのです。

人間的な過誤を超越した偉人の特性は、自分の時間を寸刻たりとも掠《かす》め取られるのを許さないことなのであり、どれほど短かろうと、自由になる時間を自分のためにのみ使うからこそ、彼らの生は誰の生よりも長いのである。彼らの生の寸刻たりとも人間的陶冶《とうや》に費やされず、実りに費やされぬ時間はなく、寸刻たりとも他人の支配に委《ゆだ》ねられる時間はなかった。それも至当で、時を誰よりも惜しむ時の番人として、自分の時間と交換してもよいと思う価値のあるものは、彼らには何も見出せなかったのである。

このセネカの文章の中に時間の秘密が語られ尽くされています。人はセネカが語るように、「時を誰よりも惜しむ時の番人」になるべきなのです。しかし、私たちは自分の時間を価値のないものと、いとも容易に交換し続けています。ブローデルが書いているように「世界＝経済という怪物」に分割されて生きています。セネカが主張するような時間を私たちが持ち続けていれば、「世界＝経済という怪物」は生き続けることができなかったはずです。人間は時計じかけの機械的存在と化してから、虚無的存在となったのです。

パスカルは「時間のニヒリズム」を知ることにより、死の恐怖を持つにいたったのでした。「世界＝経済」という怪物は、別名を「近代精神の合理主義」といいます。過去・現在・未来という考え方が近代精神の合理主義から生まれたのです。過去が現在とはっきり区別されて（分割されて）、経済という観点から考えられるようになったのです。世界時間の時代に入る前はヨーロッパにおいてさえ、時間は魂の中で現われたり存在したりしました。だから、人々は自然のあらゆるものの中に、時間を発見することが可能だったのです。そこには自然と人間は連結されているという感覚がありました。

私たち日本人は「ハレとケ」の循環の中で生き、「聖と俗」の意味を知って生活していました。しかし、時計化された生を持つ哀れな存在となり果てたのです。では、偶然にそのような存在になったのでしょうか。私は偶然でなく、そのように故意に仕掛けた時計職人たちがいたし、今もいると思っています。その仕掛人こそは、幾度も書きますが「世界＝経済」という怪物なのです。この点に眼を向けるとき、キリスト教が世界を支配する前の時代と、ブローデルが言う「世界時間」を持つにいたった十五世紀以降の時代が大きく様変わりしたことを知ることができます。ブローデルの本から引用します。

このようにして十六世紀には、ヴェネツィア、アンヴェルス、ジェノヴァが権勢を分かちあった。

下り坂が長期にわたって、執拗に続くと、風景に変化が見られる。健康の優れた経済が残っているのは、ほとんど世界＝経済の中心地くらいのものである。後退が生じ、集中化によって、唯一の極点だけが利益を収める。諸国は牙をむきだし、攻撃的になる。

このようなことが十六世紀以降、続いて起きています。「集中化によって、唯一の極点だけが利益を収める」の中に、世界＝経済の秘密が描写されています。その結果、「諸国は牙をむきだし、攻撃的になる」。世界＝経済の中で、怪物が誕生してきたのです。この怪物は、絶えずその姿を変貌させています。あるときはマルクス主義の神となり、またあるときは、ファシズムの神となりました。今はグローバリズムの神となっています（グローバリズムの神については後章でゆっくりと検証します）。

「世界＝経済」という怪物は資本主義という精神の中に隠れて優雅さを獲得しました。マックス・ウェーバーがこのことを語っています。

「時間」と「貨幣」が論じられ、この両者の本質関係を追っていくとき、「典型的な資本主義の精神」の中に、あの怪物が身を隠しながら入りこみました。ここから「時間」こそが「貨幣」の本質であるということになりました。セネカの『時間論』は退けられ、ベンジャミン・フランクリンが言ったという「時は金なり」の世界の中に、あの怪物が棲《す》むようになったのです。鴨長明の「時間」も姿を消しました。すべてが物象化されてしまい、物象化されないものは「世界＝経済」という怪物により殺され続けています。時計化された生は、時計化されない生を執拗に殺害し続けています。

生きられる生がこの世にあるのかと、あなたは疑問をこの世界に投げかけたことがありますか。そんな疑問さえ持たずに、あなたは生きているのです。そして、死という恐怖の中で、パスカルのように「死の状態は、それがいかなる性質のものであるにせよ、永遠であるということ、これは疑う余地がない」と嘆いています。そんな死の恐怖であなたは慄《ふる》えているのです。

私たちは「世界＝経済」の本質に迫らないといけないのです。そしてこの「本質」が幻影であると見究めなければいけないのです。再び井筒俊彦の『意識と本質』から引用します。

『大乗起信論』（引用者註：大乗仏教の教義を要約した六世紀の論書）は「一切の言説《ごんせつ》は仮名《けみょう》にして実なく、ただ妄念に随《したが》えるのみ」と説く。全ての語《ことば》は本来、仮りに立てられた徒《あだ》なる名前だけであって、別にそれに対応する「実」、つまり「本質」があるわけではなく、ただ妄念の動きにつれて起ってくるものである、という意味だ。

「世界＝経済」という怪物を消す方法はただ一つあるのみ。それは、この怪物が妄念の動きによって生きていることを知ることです。私たちは自分自身の心に棲む妄念という生き物を発見し、「世界＝経済」という怪物の正体を見究め、この怪物退治をしなければいけないのです。そのときこそ、あなたは、世界がどのように動いているかの真実を知ることになるのです。

まずは、心の中に棲む妄念の何たるかを見る旅に出ることにしましょう。「帰り道は遠かった。来た時よりも遠かった……」という演歌が昔々、流行しました。私たちは、廻り道をしても真実を知る旅に出ないといけないのです。

## いかにして「世界＝経済」という怪物を退治すべきか

私は、あなたの生が時計化されているのでは、と書きました。それは「世界＝経済」という怪物のなせる業《わざ》によるのでは、と書きました。もしもあなたが努力して、時計化された生から脱出することができるなら、外在する怪物を退治できないまでも、あなたの心の中から、あなたの心の中に内在する、あの怪物を追放できるのではないか、というのが私の説です。外的な敵を眼前にし、そいつから逃げる前に、あなた自身の心の中の時計化された生を変貌させるべきだというのが、私があなたを説得する第一の方法です。

私は「原生時間」というものがあると書きました。太古から人間の斧鉞《ふえつ》の入らぬ原生林のような原生的体験をすれば、時計化されたあなたの生が甦生《そせい》されるのではないかと、私はあなたに今、ささやいています。それは暗い森の中へ、一歩足を踏み入れることです。路なき路を進めば、当然、路にはぐれる。それでも、深み、深みへと……、あなたのおとろえた思想をどこかに捨てて、糸のような息をしつつ、影絵を残しつつ、朝と夜が交差し、そして、ざわめきの消えたところへと落ちていってみましょう。

表層意識の世界から深層意識の世界へと旅立つあなたに一つの詩を贈りたいと思います。大手拓《おおてたく》次《じ》の「よみがへり」です。

すべてのものをすてて、
わたしはよみがへる。
ものをすて、身をすて、たましひをすて、
うつし世のなごりをすてて、
わたしは野辺の草のやうによみがへる。
けれども、そのさびしさは黄金《こがね》の月のように、
過去のほほゑみをわたしの胸にこぼしてゆく。

大手拓次は、深層体験を表層言語によって表現しようとしています。野辺の草はたんに野辺の草として見るべきではなく、野辺の草を深層体験の「存在」とし、深層意識の限定的顕《あら》われの姿として見るべきなのです。野辺の草があなたの眼前によみがえるとき、あなたは野辺の草という形のかげに潜む、ただ一つの真実を知ることができるのです。

大手拓次は、物の本質を、野辺の草の本質を秘かにあなたに告げているのです。
「ものをすて、身をすて、たましひをすて、うつし世のなごりをすてて……」
大手拓次は時計化された生を捨てて、本質的な生を生きるためには、あなたの意識の次元を転換

しろと言っているのです。

人生にはどこかで限界線があります。そこへ到りつき、その限界線を越えるべき時があります。大手拓次は表層次元では表現できないことを、彼の経験した意識の異次元の存在を、詩的体験のもとに「よみがへり」として創作したのです。彼の詩的言語が高次の言語になっているのが理解できたでしょうか。

一見、彼は人生を「眺め」の世界から見ているように見えます。この「焦点」をぼかした彼の視線は深層意識の世界へと向かっているのです。だからこそ、詩的情緒が深化し、ものの本質をつかんで私たちに顕示しえるのです。私たちはこの一片の彼の詩を通して普遍的な真理を知ることができるのです。

私たちは詩人ではありません。しかし、詩人の言語を通じて、本質なるものが次元を転換する瞬間に出会うことができます。そのとき、実存ともいうべき緊張感を詩人と共有できます。

大手拓次は私たちに「世界＝経済」の怪物を退治する術《すべ》を教えてくれていると思いませんか。大手の描く世界には、いかなる姿をとろうとも「世界＝経済」の怪物は寄りつけないのです。

彼が私たちに教えてくれるのは、時計化された生を捨てるには、あなた自身が根元的な存在の次元に入らなければならないということなのです。本当の詩人は、松尾芭蕉が門弟たちに教えた「松の事は松に習へ、竹の事は竹に習へ」を身をもって知っている人です。

私たちは政治学者や経済学者からたくさんの情報を提供されます。しかし、彼らは誰一人として時間の意味をあなたに語ったでしょうか。彼らは時計化された生を生き、「世界＝経済」という怪物に飼われた哀れな小動物たちです。洗脳を解いてやると意気まく洗脳学者（脳科学者という恐ろしい名を持つ学者たち）も同じように小動物たちです。

私たちは、大手拓次や松尾芭蕉たちを通じて「美的修練」を積むべき時を迎えています。そして、美的修練を通じて深層意識の世界へと入っていくべきです。その地点に拠って表層意識の世界を眺めるべきです。

私の経済学はこの場から始まります。私はあなたに経済学の第一歩として、沈黙の中に生まれる声に耳を傾けてみようと言いたいのです。

私たちは「世界＝経済」という怪物がこの世に出現して以来、それ以前のどの時代の人々よりも死を恐れるようになりました。永遠の生命という幻想の花が咲きました。その幻想の花を抱きつつ、沈黙を恐れるようになったのです。沈黙は否定的なものとして蔑《さげす》まれています。世にいう「コミュニケーションの時代」に入ったので、絶えず音を立てていないと世界は存在しないのです。

私は沈黙の世界に入ることを勧めます。沈黙の世界に通じるようになると、「物に入る」ことが可能になります。要するに、「物の意識」の世界に入ることができるようになります。芭蕉は沈黙の世界に入り、瞬間的に、感覚的に詩的表現をなしたのでした。

しかし、沈黙の世界に入っていくことは危険を伴います。それは理性が割れ目をつくる世界だからです。死の空間のような世界で、音なき音が聴こえる世界で一輪の花を想像してみるとき、突然、花が消えていきます。しかし、また花が見えてきます。大手拓次が「わたしは野辺の草のやうによみがへる」と詠じた野辺の草のように、花が、永遠を表わすような花が蘇ってきます。沈黙の世界がいつの間にか、深層意識の世界に変わっていることを後に気づきます。

私はあなたに何を伝えようとしているのか、理解できたでしょうか。沈黙の世界に入る努力をすることこそ、経済学の第一歩だということなのです。

どうしてでしょうか。この世の謎を解くのに、時計化された生を生きていては絶望的だというのです。美的感覚を磨くべきなのです。この経験的世界では、複雑な因果の糸で、あなたの生はがんじがらめにされています。その因果の糸を断ち切りもしないで、「世界＝経済」の怪物に立ち向かえるでしょうか。

この世は動きのとれない世界です。いろんな事件が発生しています。その原因を究《きわ》めて謎を解くのは美的感覚なのです。物理学や数学がこの世界を最初に解明したのではないのです。芸術が、美的感覚がこの世を最初に解明したのです。この美的感覚を磨くとリーマン・ショックの謎も解けてきます。美的感覚のない人間が謎解きをしているのを見てください。

さて、美的感覚を磨く最善の方法は創造的想像力です。この力こそが世界の謎を解く英知です。私の経済学の第二のステップは、この創造的想像力についてです。

## 「創造的想像力」という武器で経済の謎に挑め

「創造的想像力」とは私の造語ではありません。よく使われる言葉です。しかし、この力がどのようにして獲得できるのかの方法について書いた本はあるようでないのです。脳科学者は確かにこの言葉を使います。脳の中に心が存在するという彼らの立場からはとうてい解明できない力なのです。

ここでは従来からの方法、すなわち、哲学的、宗教的方法で創造的想像力を増そうというものです。前項でも少し触れた方法です。もう一つは物理学、数学などを使い、この力を増す方法です。この項では哲学的、宗教的方法について語ります。次項で物理学、数学的方法で、この力を磨く方法について記すことにします。

それでは哲学的、宗教的方法で、いかに創造的想像力を磨くかについて書くことにします。まずは次の文章を読んでください。井筒俊彦の『意識と本質』の中に書かれたものです。私が深層意識といってきた言葉の意味が述べられています。

これを特にアラヤ識《しき》と呼ぶのは、人が普通それの存在に気付かないからである。気付かないけれども、それは時々刻々に働いている。「転識」が働くとき、必ずその底に「言語アラヤ識」

が働いている。その働きがあるからこそ、ものが何々として存在するのだ。ものが何々として存在するのは、「言語アラヤ識」の暗闇から、そのつど、ある特定の「本質」が喚《よ》びさまされてきて、その意味的鋳型《いがた》で存在を分節するからである。

私が大手拓次の詩について書いた、あの無意識の世界の奥にあるのがこの「アラヤ識」です。このアラヤ識を意識して表層意識の世界に現出しようとするときに、創造的想像力が姿を見せます。そして私は、それが美的感覚を磨くと書いたのです。

しかし、アラヤ識は想像力をいかに駆使しても見ることも知ることもできません。幽隠《ゆういん》された存在でしかないのです。それでも、いろんなイメージを得ることが可能なのです。そこに間違いなく、生命の種子が存在するのです。原生時間もこのアラヤ識の存在の中に生まれてくるのです。もし、あなたが生命の「本質」を知りたいのなら、沈黙と静寂の世界に静かに、ゆっくりと入っていき想像力を働かし、見えるはずのないものを見ようとすべきなのです。聴こえるはずのない音を聴いてみようとすべきなのです。今までに経験したことのない世界であなたの意識は収拾のつかないものになるかもしれません。しかし、この経験なくして、創造的想像力は決して誕生してこないのです。

井筒俊彦は「転識」または「有心」という言葉を使い、この経験を語ります。彼は書いています。

「……そのような事物の認識が『本質』認知に基く認識である」と。

近代人のほとんどはこの「本質」を認知することがなくなりました。私はそれを時計化された生に見ました。「本質」を認知しようと努力しなくなり、欺《だま》されやすくなったのです。時間が貨幣化され、辺境的だった時間が「世界時間」になったからです。
もう一歩前進して、この「非思想の領域」を見ていきます。井筒俊彦は「転識」のことを「有心」とも言います。そして、「有心」を人間の正常な心の働き方だとも言います。「有心」があれば「無心」があるはずです。さて、もう一度井筒俊彦の文章を見ましょう。

分節的意識、「有心」、を人間の正常な心の働き方だとすれは、「無心」は一種のメタ意識である。「人人自ら光明あるあり。看るとき見えず、暗昏昏」と雲門（『広録』）の言葉にある、光明というのが、まさにそれ。事物を別々に分節して対象化し、「……の意識」的に見ようとしないとき、人々に自然にそなわる「光明」は存在をあるがままに照らし出す。だが、ひとたび分節意識が働けば、存在の真相は消えて影のみが残る。「看るとき見えず、暗昏昏」とはそのことだ。

この文章は「心」について書かれています。私は心とはアラヤ識にあると思っています。この文章は逆説的に読むべきです。そうすると、心とは何かが分かってきます。
あなたは、無意識への旅に出た。あなたの中の多くの者たちは旅の途中で表層の世界に帰ってしまった。しかし、あなたは、ただ一人でアラヤ識の世界に「有心」から「無心」の世界に入っていった。そこであなたは「光明」を見た。そして、この「光明」を表層の世界たる「有心」に伝えようとしたとき、光明は消えてしまった。そこにあるのは「暗昏昏」であった。

井筒俊彦は何を言わんとしてこの文章を書いたのでしょうか。心とは何か、心はどこにあるのか、光明とは何か、暗昏昏とは何か……を私たちに伝えようとしているのです。

　大手拓次は書いています。

「けれども、そのさびしさは黄金の月のように過去のほほゑみをわたしの胸にこぼしてゆく」

　彼は「野辺の草のやうによみがへる」ことができたのです。けれども、さびしさを感じます。存在の奥にある光明を見たことが書けないのです。それは詩的言葉で表現しようと試みるとき、まさに「暗昏昏」となるからに他なりません。光明は暗昏昏の中にのみ姿を見せます。看るときは見えず、の世界にのみ出現します。その光明こそが創造的想像力の源なのです。この力を身につけた人の芸術作品は、この力を身につけていない人の作品とは大きな差があります。あなたがもし、芸術作品の価値判断ができないとしたら、あなたは、光明を見たことのない人なのです。「世界＝経済」の怪物の正体も、光明が導く創造的想像力で暴《あば》くことができます。

　もう少し、創造的想像力について書きます。「夢幻虚華《むげんこけ》」という言葉があります。「夢幻虚華、何んぞ把捉《はそく》を労せん」という表現でよく使われます。この夢幻虚華と同じような意味で「空華《くうげ》」という言葉があります。大手拓次の詩、「空華」を見ましょう。

こころは　ことわりもないひびきをつれ、
あさのくらがりのかなしみのなかに
つめをたて、たてがみをそよがせて、
空華《くうげ》をちらし、
足はそよろとほそりゆくひとつのいきもの。

「こころ」を詠った詩です。私たちの心はこの詩にあるような存在です。しかし、心は創造的想像力を得るとき、大きな力を持ちます。想像力の代わりにイマージュを使うのも可能です。また創造的イマージュという表現も可能です。

「元型」という言葉があります。ユングが使った言葉です。私たちの無意識の世界に「集団的無意識」が存在するとユングは言います。しかし、この項はそろそろ、この辺で終わりとします。別の項でユングとフロイトを登場させます。

鏡に映る「世界＝経済」の怪物が怖いのならば、その鏡に石を投げればいいのです。創造的想像力を深める方法として、物理学と数学の力を応用することにしようと思います。

# 「世界時間」の謎を解き明かす力を得よ

さて、私はこの項を始めるにあたって、私個人の体験から書くことにします。もう三十年も前のことですが、その日が正確にいつなのかは記憶にありません。

私は鈴木大拙の英文で書かれた禅の研究書を読んでいました。全一という意味であろう、wholenessという英語がいたるところで出てくるので、考えこんでいると、私なりに理解したと思った瞬間に、ある方程式が偶然に私の脳裡に浮かんだのです。

それは「$M \times \frac{1}{M} = 1$」という方程式です。Mは極大です。$\frac{1}{M}$は極小です。私はこの方程式についてもう三十年このかた一つの疑問を抱いて、解答を捜し続けています。どうして極大と極小を掛け合わせたものが1という数字になるのか、という謎です。

この謎が解けずにいたある日、『世界でもっとも美しい10の物理方程式』（ロバート・P・クリース）の中に不思議な方程式（私にとってですが）を発見したのです。それは、十八世紀スイスの数学者、レオンハルト・オイラーによって発見された方程式です。

$$e^{i\pi} + 1 = 0$$

この方程式には説明が付されています。

π（無理数）にマイナス1の平方根（虚数）を掛けたもので自然対数の底（別の無理数）を冪乗《べきじょう》して1を加えると、ゼロという整数になる。
発見者　レオンハルト・オイラー
発見年　一七四〇年代

私には数学の素養がありません。だから、オイラーの方程式について解説することができません。そこで『世界でもっとも美しい10の物理方程式』の一部を引用します。

一四歳のリチャード・ファインマンが $e^{i\pi}+1=0$ という式に初めて出会ったとき、未来のノーベル物理学賞受賞者は、日記帳に太字ででかでかと、これは「数学でいちばんすごい式だ」と書きつけた。スタンフォード大学の数学教授、キース・デブリンは、「この式は、数学において、レオナルド・ダ・ヴィンチのモナリザの絵、あるいは、ミケランジェロのダヴィデ像に相当するものである」と書いている。

私はこの数学的理想美を理解する力を持ちません。しかし、私はこのオイラーの方程式を見た瞬間に、この方程式は生命の誕生、あるいは時の発生と消滅の方程式ではないかと直感したのです。

$e^{i\pi}$をマイナス1に置き換えると、マイナス1＋1＝0の方程式となります。この方程式の意味するところは、マイナス1が＋1を得て消えていき、0となるということです。すべてはマイナス1という負の世界で誕生し、零の世界へと帰っていくということです。オイラーの式によればπという無理数にマイナス1の平方根（虚数）が登場します。この二つの数も交じり合って零の世界に帰っていくということです。私は自分の作った方程式マイナス1＋1＝0を幾度も頭の中に繰り返すなかで、時間というイメージを得てきました。

私がこの本を書こうとする契機となったのは、オイラーの方程式に巡り合ったからと言っても過言ではないのです。この本を読み、「時間とは何だろう」と考える日々が続いたのでした。

オイラーの方程式とは似ても似つかぬ式を自分で作り、私は虚の世界からこの世は生まれたとする従来からの自分の説を裏付けられたと思いました。ゲーテが「根源現象」と呼んだのは何であったのか、と私は思ったのです。その現象に巡り合えるために詩的直観が必要である、とはゲーテの主張でした。数学者は二乗するとマイナスになる数字を発明しました。創造的想像力が産みの母でした。科学の進歩の中で「虚数」が虚構の数ではなく私たちの世界に潜む数、すなわち現実の数であることが分かってきました。空華は現実の花でした。虚数はドイツの数学者ガウスにより現実の数字であることが証明されました。ホーキングは虚数の世界が宇宙を創造したとの理論を立てています。「宇宙誕生に神は存在しない」と、はっきりと言明しています。

神々を想うのです。プラーマンは世界創造の神、ヴィシュヌは世界を維持する神、そしてシヴァは世界を破壊する神。この三つの最高神は時間の化身ではないかと思うのです。インド人は、時間を知り尽くしていたにちがいないと。創造、維持、破壊は時間の分身です。私たちの世界にはありえないと思われることが潜んでいます。私たちに創造的想像力がないために、現実としての姿を見せないだけなのです。

オルダス・ハクスリーは小説『恋愛対位法』の中で興味深いことを書いています。

> mは任意の正数として、「m÷0＝無限大」という式を知っているよね？　では、この式の両辺に0をかけて簡単な式にしてみよう。すると、m＝0×無限大ということになる。これは言ってみれば、正数が0と無限大の産物だと言っていることになる。このことは無から無限の力によって宇宙が創造されたことを実証しているのではないだろうか？　そうじゃないかい？

オルダス・ハクスリーの『恋愛対位法』が書かれて半世紀が流れました。彼の方程式は無視されているけれども、真理です。彼の方程式は、この宇宙が無から無限の力によって誕生したことを示しています。私たちは「0」について考察することがないのです。創造的想像力を働かせて0の世界について、あなた自身で方程式を立てるべきです。そして、その方程式について思いをめぐらせることにより、あなたの想像力は大きな力となっていくのです。

私が作った方程式に話を戻したいと思います。極大Mと極小$\frac{1}{M}$の方程式です。もう一度記します。

$$M \times \frac{1}{M} = 1$$

この方程式からいろんなことが分かります。たとえば量子の世界で物理学者が最小の量子を捜しています。この宇宙が膨脹していることはよく知られた事実です。宇宙の大きさが膨脹しているのですから、Mもより極大になります。$\frac{1}{M}$である極小はより小さくなっていきます。従って、永遠に極小の量子は発見できないというわけです。この方程式を応用すれば富者と貧乏人の関係も理解できます。

さて、もう一度、オイラーの方程式に戻ります。マイナス1＋1＝0、1－1＝0。この二つの方程式は同じ方程式でしょうか。あなたの創造的想像力を駆使して考えてください。もちろん正解はありません。さて、次にニュートンの方程式と、彼の方程式から導いた私の方程式を連記します。

$$Fg=\frac{Gm^1m^2}{r^2}\ (①)$$

$$C=\frac{Gm^1m^2}{t^2}\ (②)$$

オイラーの方程式同様、ロバート・P・クリースの本からの引用です。クリースはこの①の式に次なる説明をつけています。

リチャード・ファインマン（1918－1988）

レオンハルト・オイラー（1707－1783）

オルダス・ハクスリー（1894－1963）

引力は、すべての物体のなかに普遍的に存在し、二つの物体のあいだの引力の強さは、両者の質量に比例し、両者の重心間の距離の二乗に反比例する。

私が作った方程式（②）は「Fg」の代わりに「C」（カタストロフィ＝崩壊）を使います。そして、「$^2r$」の代わりに「$^2t$」を使います。リーマン・ショックがどうして起こったかは後章で詳述しますが、要するに、私の方程式のいわんとするところは「$^2t$が限りなく1に近づくときカタストロフィが起きる」ということです。AIG、ファニーメイ、フレディマックらの大企業がリーマン・ブラザーズとほぼ同時期に（$^2t$がほぼ1になる時期）に倒産の危機に陥ったのです。このことから判断して、私はこのリーマン恐慌を「八百長恐慌」として、拙著（『ロスチャイルドと共産中国が2012年、世界マネー覇権を共有する』）の中で書きました。$^2t$がもし大きいのなら、衝撃は小さいということです。個々の大企業が月日を大きく隔てて倒産すると$^2t$が大きくなると考えてください。$^2t$をもっと具体的に表現するなら、$^2r=(^2t_1\times{}^2t_2\times{}^2t_3\cdots\cdots)$となります。

リーマン恐慌のとき、同じ月の同じ日ごろに起きたのです。それで、$^2t$は限りなく1に近づいたというわけです。

あなたは気づいたかも知れませんが、経済学のすべて（例外はほとんどなく）は、先のリーマン恐慌は暴走資本主義のためだとの一点で決まりです。彼らは「世界＝経済」の怪物について語ることがないのです。私は八百長方程式を作成し、それを記しているのです。一九二九年の恐慌も、二〇〇八年の恐慌も「世界＝経済」の怪物が作ったと私は主張しています。

私がニュートンの方程式を利用し、八百長方程式を作ったことは別に特別なことではないのです。カール・マルクスもこのニュートンの方程式の影響をうけて思想を展開しています。この方程式の中に、多くの政治家や政治学者たちは集団や国家どうしのあいだでも成り立つ社会秩序の法則を探し求めようとしました。

次に生物学者、今西錦司を紹介します。彼は『進化とは何か』の中で次のように書いています。

一＋一であるかぎり、どうしても二という解答しかだせないということである。なんというきゅうくつなことであろう。そんなことではちっ息してしまう。そこで私はしばしば一＋一＝三とか、五とかいった結論をだしてしまうのである。資料を無視したわけではけっしてない。むしろ、その資料の導くままに資料を飛びこえて、理論をさきどりするといってもよいし、あるいは資料に限定された狭い世界にしんぼうしきれず、最後はいつもよりひろびろとした世界を求めて、理論に走ってしまうのだということなのかもしれない。

今西錦司はダーウィンの『種の起源』に異論を唱えました。そして独自の理論「棲み分け理論」を発表しました。ここでは詳述しませんが、興味のある方には彼の本を読むことを勧めます。今西は何を言おうとしているのでしょうか。創造的想像力で物を見る場合、一＋一＝二という常識を打ち破れ、といっているのです。このことは「時間とは何か」の問題と同じことなのです。他の人々と共通の時間しか持っていないのであれば、世界が新しい姿をあなたの前に現わすということは決してないでしょう。

次は1＝0という説を唱えるロケット博士、糸川英夫の『新解釈〝空〟の宇宙論』を紹介したいと思います。長い文章なので私が簡単にまとめます。

糸川は、イスラム教、ユダヤ・キリスト教のルートは砂漠、岩石地帯であり、主力商品は羊である、といいます。羊の数はデジタルであり、「迷える羊」はたった一匹でも重要な財産なので、「迷える羊」は飼い主の手に戻れば1になり、戻らなければ0となるというのです。それに比べ、農耕民族の代表生産物の米は一俵であったり、米椀一杯であったりします。つまりアナログ型であるといいます。従って、遊牧系はデジタル型、農耕系はアナログ系だということです。

そこで、農耕民族にとっては万事アナログになるから、1か0でなく、『般若心経』の極意である「色即是空」であり、1＝0ということが成立するというのです。

糸川英夫が考案した『般若心経』が同書に出ています。

色即是空《しきそくぜくう》　空即是色《くうそくぜしき》

正即是負《せいそくぜふ》　負即是正《ふそくぜせい》（プラスとマイナスは同じ）

動即是静《どうそくぜせい》　静即是動《せいそくぜどう》（運動と静止は同じ）

マイナスがプラスになる、という発想は実は「逆転の発想」のルーツなのです。プラスは誰の目にもつくが、マイナスは意識的に見まいとする。そこでマイナスをキュッと見据えれば、もう一つマイナスをつくって逆転し、「新しいプラス」が生まれる、というのが糸川英夫の主張です。私たちは、1＝3ないし5、1＝0の世界について真剣に学ばなければなりません。

ジョージ・オーウェルは『1984年』の中で「戦争＝平和」という方程式を使っています。あなたも創造的想像力を使って、いろんな方程式を作ってみたらいかがでしょう。私が例を少し挙げます。

神＝悪魔、恐慌＝八百長、戦争＝富者の製造、貧乏＝反乱、民主主義＝共産主義、グローバリズム＝悪魔＝神、「世界＝経済＝怪物」＝グローバリズム＝神＝悪魔、世界時間＝悪魔時間＝時計時間

さて、いよいよこの項も最後になりました。私は時の始めの音は「阿《ア》」だと思っています。阿を深く追求していったのは空海でした。この言葉はアラヤ識で発せられると空海は言います。もう一度、オプラーの式を変えてみます。

$i+1=0$、$i$は虚数です。$i^2$の世界を知る人は、阿《ア》音の意味を知る人だと私は思います。人は喜ぶときも、悲しいときも口から出るのは阿音です。そしてまた、その音が時の始まりなのです。空海はオプラーの方程式を知りません。しかし、深いところで、空海とオプラーは結ばれていたの

です。阿音が、すべての言語の最初なのです。人間は深いところで遠い過去から結ばれているのです。しかし、今、「世界＝経済＝怪物」の時代に入り、時計化した生の誕生となり、人間どもは狂いだしたのです。次項は「世界＝経済＝怪物」の世界の誕生物語です。

## 日本人の時間は円環的から直線的となった

私たち日本人はかつて円環的な時間を持っていました。しかし、「世界時間」の時間に支配されるようになりました。日本が大きく変貌していったことを私たちのほとんどは意識することすらなく、当然のことと受け取って生きています。直線的な時間を生きるとは時計化された生を生きることを意味すると、前項で私は書きました。

では、直線的な時間が私たちを支配する前に、私たちを支配した円環的な時間について書くことにします。

ユダヤ教、キリスト教では世界創造の物語を持っています。これは日本でも同じです。しかし、これらの宗教は終末思想も持っています。ユダヤ教、キリスト教は、時間は世界創造の始源から一直線で終末に向かっていくという宗教です。次項で詳述しますのでここではごく簡単に書くことにしますが、時間が方向づけられているのです。時間とは、神の創造の方向にかかわっています。時間が方向づけられその中で過去から未来に向かって、唯一の終末点である神による最後の審判という到達点に達するということになっています。こういう視点から二十一世紀の諸々の事件を見る必要があります。後章で詳しく書くことにしています。

さて、日本人のごく一部の人しかキリスト教徒（あるいはユダヤ教徒）でないので、時間について深く考えることはありません。私たちは、直線ではない、周期的な時間の中で、永遠なるものを認識し、その永遠なるもので不変なるものを、それとなく同一視しつつして生きた民族でした。「でした」と私が過去形で書くのは、現在、キリスト教徒でない私たち日本人が、キリスト教徒のように、直線的な時間の中に生きるようになり、永遠的なものや不変なものを同一視できず、英知を失ってしまったのではないかと思えるからです。

私たち日本人は、生まれては朽《く》ちていくこの世の中で「無常観」という思想を創り出しました。この世は円環的に、あるいは無限的な周期の連続の中で続くものと知っていました。すなわち、消えたものは、また再創造されるということを自覚していました。それは、すべての生命は、鳥にしろ、魚にしろ、虫にしろ、過去に生起しただけでなく、現在にも未来にも生起するものと知っていたのです。私たちの宇宙には、無限の時があり、鳥にも、魚にも、虫にも、それぞれが固有の時を持って生き、そして死んでいくことを知っていたのです。このことは永遠が回帰しているといえます。日本人は美しい風土の中で、常に「永遠の今」の中に生きていたと私は思っています。表現を換えれば、世界に始まりも終わりもなく、ただ永遠があり、無限の円環の中で、永遠を友として生きていたのでした。

『万葉集』に柿本人麻呂の有名な歌が出ています。

東（ひんがし）の野にかぎろひの立つ見えてかへり見すれば月かたぶきぬ

人麻呂はかたぶく月を見、そして昇り来る日に眼をやります。それは永遠の今に回帰するたしかさを深く知りえた覚醒の詩なのです。時間はまさしく、過去と現在と未来が、永遠の今の中で溶けあっているのです。もはや、現代の歌詠みがとても到達しえない秀作です。時計化された生を生きている人は永遠の今を自覚できないので、平凡な歌を作るしか能がないといえます。

道元の『正法眼蔵』第五十三は「梅華」です。原文は難解なので、中村宗一の訳で、ごく一部を記します。

老梅樹が忽ち開花するとき、花の開く世界が起る。花の開く世界が起るとき、春が来る。このとき、一華が五華を開く。この一華の開くとき、よく三華四華五華があり、百華千華万華億華があり、更には無数華がある。これらの開花はみな老梅樹の一枝、二枝、無数枝の働きである。優曇華《うどんげ》（三千年に一度咲くといわれる稀有の花）や睡蓮も、同じく老梅樹の一枝二枝である。およそ一切の開花は老梅樹の恵みによる。人間界、天上界を覆う老梅樹があり、老梅樹の中に人間界、天上界を現わしている。従って百千の花を、人間、天人の花というのである。

永遠の今とは、老梅樹が開花する時です。昔の日本人は道元の思想を共有していました。しかし、時計化した生を持つ現代人は、道元を師とすることはできません。日本人は古代より美的感覚（美意識）を持ってこの世を見、そして生きてきました。道元は永遠に回帰する時（永遠回帰）の中で、すべて生起するものが根元において同一であると私たちに教えてくれます。

二人の哲学者について考察します。最初は西田幾太郎です。『善の研究』で有名ですが、これから紹介するのは『思索と体験』（『西田幾太郎全集』第一巻）からです。彼はその本の中で「永遠の今」について書いています。

現在が現在自身を限定するといふ時、現在は何処までも掴むことのできないものである。かういふ意味に於ては現在は無である、是に於て永遠の今の限定として単なる受動性といふのが考へられる。無は単に受け取るもの、単に映す鏡と考へられる。そこに「時のないもの」が考へられるのである。併し無が無自身を限定する所に、現在が現在自身を限定する真の永遠の今の限定の意味があるのである。

ご理解できたでしょうか。私はなんとなく理解した、と正直申しておきます。彼は『善の研究』では「永久の今」という表現を使いますが、「永遠の今」と同じです。私はかつて『善の研究』に挑戦したことがありますが途中であきらめました。難解すぎて手に負えなかったからです。次に森信三という哲学者を紹介します。寺田清一の『森信三先生全一学ノート』からの引用です。

かくして真の意味における永遠とは、結局は生命新生の根源力といってよく、その無限の創造活動と考えるべきであろう。随ってそれは、先の時間の無窮性の象徴としての直線の無窮性並びに機械的な輪廻の永遠性が、循環的な円運動によって象徴せられるのとの対比からいえば、真の永遠とは、もし強いてこれが図式的象徴を求めるとすれば、一種の螺旋《らせん》的な上昇運動として表象しうるでもあろうか。即ちそこでは、元へ戻ることが、そのまま一段高次の段階へと飛躍することであり、かくして真に尽きる期《とき》なきわけである。

かくして永遠とは、もともと生命の無期創造の謂いに外ならぬが、われわれの生命の創造的尖端は、つねに「現在」の一点に離れてはあり得ない。かくして「永遠の今」とは、「日に新たに日々に新たなる」生命の創造的尖端として把握するとすれば、この語は依然として永遠の真を捉えたものと言ってよいであろう。

難解ではありますが、西田幾太郎の文章に比べれば分かりやすいと言えます。森信三が「日に新たに日々に新たなる」という言葉の中に、永遠の今が見事に描けていると思います。

次に、梅原猛の『日本人の「あの世」観』からの引用です。

私は、生命の永遠の循環の思想こそ、まさに生命の真相であり、人間というものも、そのような生命の流れの中にあるものとしてとらえる必要があると思います。それは、人間から世界ではなく、世界から人間を、つまり宇宙の大きな運動から人間を見る世界観であります。人間は、もう一度、現在まで人間がとってきた人間中心、自我中心の世界観を反省し、大きな宇宙運動の中に、生命の永遠の循環運動の中に自分を位置づけねばなりません。この点について、この原初的世界観は、かえって人類の将来の思想のあり方に大きな示唆を与えるのではないでしょうか。

梅原猛は「永遠の今」という言葉こそ使っていませんが、別の表現で、見事に永遠の今の意味を私たちに伝えてくれます。私たちは原初的世界観（アニミズム的なもの）を捨てて、西洋的な哲学や宗教を取り入れて堕落してしまったのではないでしょうか。

百田宗治の『百田宗治詩集』の中にとても信じられない詩が入っています。

「歸《かえ》り花」
冬日《ふゆび》のなかの歸り花のやうに、
妻よお前はみごもつたのだ。

たった二行の詩です。私は数十年前にこの詩を読んだときに大きな感動をおぼえました。今も昔のように胸が震えます。なぜでしょうか。このわずか二行の詩の中に、深層意識を通して表層意識にのぼってくる生命誕生の花が見えるからです。

大手拓次の「よみがへり」という詩を先に引用しましたが、その中に「わたしは野辺の草のようによみがへる」という一節がありました。歸り花と野辺の草が重なります。百田宗治の詩、「觸日」を記すことにします。

ひとりで生き、この世を観
この世の雨の音をきき
そしてまた死んで行つたとしても
何者をこの世に残さなかつたとしても
それだけで澤山ではないか
かすかな薄日を落しただけで
日のひかりは消えてゆくではないか
その片鱗をかがやかせただけで
蝶はわが眼から失はれて行つたではないか

私はこの詩に永遠と永遠の美を発見し、永劫回帰する日本の風土を発見します。大手拓次の「よみがへり」の詩と同様に。

大手拓次は一九三四年（昭和九年）に生前に一冊の詩集も出すことなく、誰にも見とられず四十六歳で死去しました。百田宗治は一九五五年（昭和三十年）に肺癌で亡くなりました。数え年六十三歳でした。百田宗治が死んでから半世紀以上経つのに、彼をしのぐ詩を私は見出すことができません。

私は詩をたくさん読んできました。そして今、気づくのです。近代から現代にいたる詩人の中で、大きな特長があることに気づくのです。ほとんどの詩人は時計化された生を生きていて、その生の立場から詩を量産し続けていることに気づくのです。永遠の今をうたえる詩人を失ってしまったのです。

詩だけではありません。芸術から永遠の今が消えつつあるのです。横山大観の描く「富士」に比べられる富士を描く画家はもう出てこないと思います。あまりにも直線的な時間に支配され、時間を貨幣に換算している芸術家たちを見て絶望的になります。芸術家たちのみならず、政治評論家たち、経済評論家たちに、時計化された生を発見し続けています。どうしてこのような日本になったのか、この日本はどうなっていくのかを追求してみようと思います。

「日本経済新聞」（二〇一〇年十二月九日付）の「モンブラン《MONT BLANC》」という時計会社の全一面を使った宣伝広告の中に、現代日本の代表的詩人である谷川俊太郎の「駄々」が出ていました。ここに記します。私はこの詩を、いかに私の創造的想像力を使っても理解できません。

言語は億劫だ
性交は不憫だ
未来は粗大だ

詩歌は呂律だ
否定は恒怩だ
貪欲は人災だ
晴天は神慮だ

酩酊は遁走だ
細君は人間だ

貴君は愚民だ
自我は宿痾だ
哄笑は泡沫だ
頓死で満願さ

以下、私も詩を書くことにします。

「無題」
詩が死んでいくのを
詩人だけが知らずにいる

詩が死んでいくのを
詩人の詩を読んで知る

こいつは何の詩とさけんでも
私一人の声は消えていく

ここで第一章は終わりです。時間とは何かを中心に書きました。そして、円環的時間が壊されていく様子について書きました。次章では、時間がどのように変化していったのかを説明します。どうか、創造的想像力を養ってください。それ以外に、この複雑化した世界、とりわけ経済社会の謎は解けないのです。

［第二章］

# これぞ歴史の大転換——円環的時間から直線的時間へ

## キリスト教の誕生により直線的な時間が生まれた

ローマ時代の哲学者セネカを前章で紹介しました。もう一度、彼の『生の短さについて』から引用します。

　生は三つの時期に分けられる。過去、現在、未来である。このうち、われわれが過ごしている現在は短く、過ごすであろう未来は不確定であり、過ごした過去は確定している。過去が確定しているのは、運命がすでに支配権を失っているからであり、何人《なんぴと》の裁量によっても取り戻せないからである。その過去を、何かに忙殺される人間は見失ってしまう。

セネカは「過ごした過去は確定している」と書いています。二千年前の「確定している」過去について書こうと思います。

一九四五年、エジプトのナグ・ハマディというところで、一九四七年にはワムランで、キリストと同時代の古い宗教的写本が発見されました。

一九四五年に発見された写本群には、五十二篇の異なる文書が含まれていました。以下、『キリスト教と聖書の謀略』（モーリス・シャトラン）から引用します。

おもな文書としては、『ヨハネのアポクリュフォン』『ペテロ黙示録』『パウロ黙示録』『トマスによる福音書』『ピリポによる福音書』『真理の福音書』『エジプト人福音書』『ヤコブの秘書』『ペテロからピリポへの手紙』の九篇があげられる。これらは、いずれも初期キリスト教徒によく知られていた文書だが、教会に異端の外典と決めつけられ、三一三年のコンスタンティヌス帝の勅令《ちょくれい》で、正統派キリスト教がローマ帝国の公認宗教になると、あっというまに姿を消してしまったのだ。

コプト語で書かれたナグ・ハマディの写本群は、一二〇年から一五〇年にかけて、一二〇年以前に書かれたギリシャ語原典を筆写したものだった。そのギリシャ語版『トマスによる福音書』の断片も、最近になって発見されている。（中略）現在では、『トマスによる福音書』が書かれたのは一四〇年だったが、五〇年から九〇年にかけて書かれたギリシャ語文書の翻訳だったことは、ほぼ確実になっている。つまり、七〇年から一一〇年にかけて成立した、マルコ、ルカ、マタイ、ヨハネの正統派四福音書よりも古い文書だったのである。

さて、ナグ・ハマディから出土した聖書には、イエスの妻としてマグダラのマリアが登場します。彼女はイエスの妻だったようです。イエスがマグダラのマリアの唇に接吻する場面が描かれています。弟子たちが、どうしてマグダラのマリアをいちばん愛しているのかと問うと、イエスは「わからない」と答えています。また、大事なことは、この写本では、イエスの処女懐胎による生誕や、死後三日目の復活など初期キリスト教のいくつかの信仰を嘲《あざけ》っていると、モーリス・シャトランは書いています。この『キリスト教と聖書の謀略』の中に写本に出ているという詩的な言葉が引用されています。

私は最初にして最後のもの。崇《あが》められ、蔑《さげす》まれるもの。聖者にして娼婦。処女にして妻。石女《うまずめ》だが息子らがいる。私は、私を呼ぶ声のあとの、謎めいた静寂。

ローマでは貴族の少女たちは少年たちと同じ学校教育を受けていました。いろんな文献がこのことを証明しています。しかし、キリスト教が国教になると、女性は蔑視され続けます。

一九四七年、アラブ人の羊飼いがパレスチナのクムランの死海にほど近い断崖の横穴で、ユダヤ教の独立宗派エッセネ派のものと思われる古い写本の入った壺を発見しました。この写本は『死海文書』として知られるようになりました。「キリスト教は、遅くともキリスト生誕の三百年前までに成立していたことになる」とシャトランが書いています。

デーヴィッド・アイクは『大いなる秘密（上）』で、そもそも、キリストその人が存在しなかったという説を立てています。彼の説を箇条書きにしてみます。

（一）イエスの誕生日の十二月二十五日は、古代の物語の繰り返しである。古代エジプト人は、十字架に磔《はりつけ》にされたオシリスを占星的象徴として描いた。古代人たちの信仰によれば太陽は十二月二十一日～二十二日に「死に」、復活には三日を要する。福音書ではイエスの「死」から「復活」まで三日かかっている。

（二）聖なる十字架すらもキリスト教のオリジナルではない。T型十字は古代ドルイドの神、フーのシンボルであった。

（三）パウロは存在しなかった。完全な創作である（このことは後述します）。

（四）イエスはナザレの地からやってきたといわれるが、当時ナザレという土地はまったく存在しなかった。これは秘密結社ナザレ派のことを指している。エッセネ派、テラペウタイ派、ナザレ派の三位一体は、旧約聖書と新約聖書の掛け橋となりキリスト教を生み出した。

（五）キリスト教の聖餐式ではキリストの肉と称してパンを食べ、キリストの血としてワインを飲むが、これは生け贄の動物や人間を実際に食べた食人儀式に由来する。

（六）イエスが実在したという確たる証拠はどこにもない。考古学的な証拠もなければ、歴史文献上の証拠もない。それは、ソロモン、ダヴィデ、アブラハム、サムソンなど、数多くの聖書の〝スター〟たちについても同じことである。

イエス非在説を知りたい人には、デーヴィッド・アイクの本を勧めます。イエスが結婚していたことを知りたいならば、ナグ・ハマディ文書を詳しく解説したシャトランの本をお勧めします。この両人の書はキリスト教信者にも勧めます。イエス・キリストを神として信仰しているのですから。ここで、もう一つ、気になることをデーヴィッド・アイクは書いています。

一族の長であったルキウス・カルプルニウス・ペソは、ヘロデ王の孫娘と結婚していた。ロイヒリンの研究によると、多くの筆名を使っていたペソは、紀元六〇年頃に、マルコによる福音書の原型である『原《ウル》・マルコ』を書き上げたという。彼の協力者には、あの有名なアナエウス・セネカがいたが、両者はともにネロ皇帝によって六五年に処刑された。このときをもってペソ一族の名はローマの歴史の表舞台から姿を消すことになる。
それが再び表舞台に現われたのは紀元一三八年、ペソの孫アントニヌスがローマ皇帝になった時だ。

アイクは、アペラード・ロイヒリンの『新約聖書の本当の著者』(一九七九年、アメリカ)から引用しています。ロイヒリンによると、ペソ一族のアリウス・カルプルニウスを中心に、現存する福音書が書かれたとします。アイクはこのように述べています。

コンスタンティヌス帝（272－337）

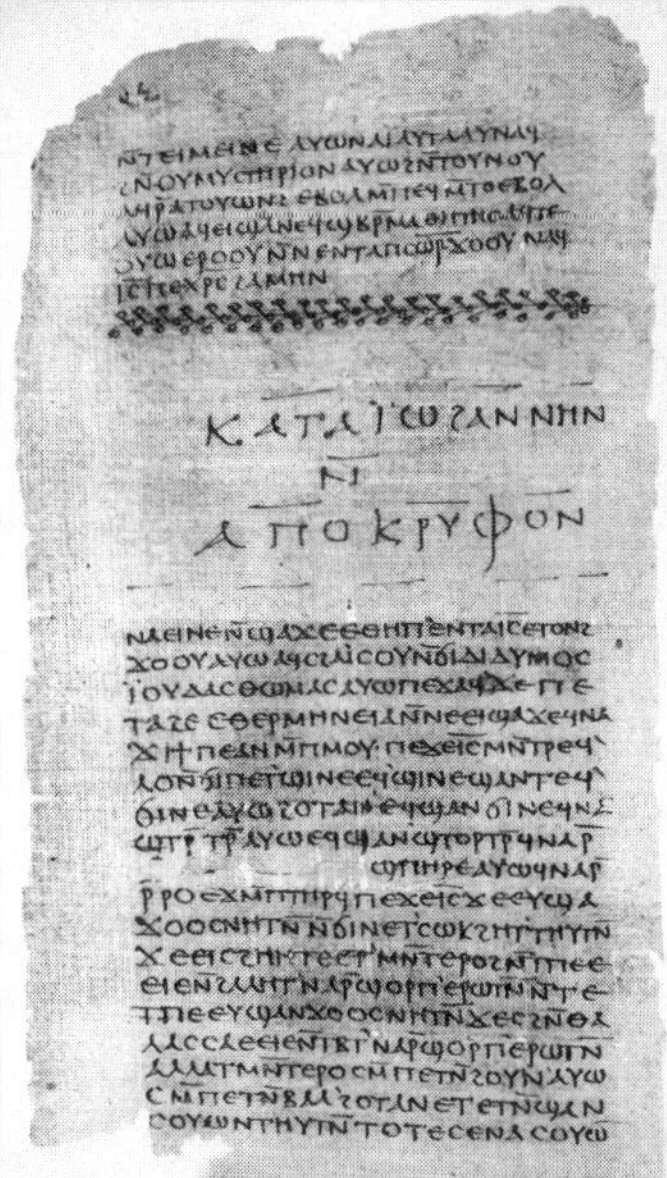


ナグ・ハマディ文書

写本は偶然、農夫によって発見された

ロイヒリンの言うように「イエス」は架空の人物であり、その物語は、旧約聖書のなかのエジプトでのヨセフの物語の焼き直しであると同時に、エッセネ派や古代の異教の要素を多分に含んでいる。

私の立場を明確にして書き進めることにしましょう。私はアペラード・ロイヒリンとアイクの説を正しいとします。すなわち、神となったイエス・キリストは存在しなかったと思っています。『生の短さについて』を二度引用しました。この本を書いたころのセネカは皇帝ネロの信頼を受けていました。若きネロの家庭教師でもありました。セネカがどのような人生を生き、どのように死んでいったかは書きません。セネカが聖書の実の作者ではなかったかと私は秘かに思っています。当代一流の哲学者であったからでもあります。なお、セネカの死は自決です。詳しくは『生の短さについて』（大西英文訳、岩波文庫）の訳者解説を読むことを勧めます。セネカなら聖書を書いたのではと、私が思うようになったのは同書の巻末の「解説」を読んだからです。

ここから「キリスト教」と〝時間〟について書くことにします。

キリスト教は絶対的な始まりと終わりを持っています。それは直線的な時間を意味します。その直線とは何でしょうか。神の意志に他なりません。神の意志によって支配された直線にそって、人間たちは、個人であれ、集団であれ、生から死までを含めて全体的な生成すべてにおいて、神の意志である直線上に並べられて動かされることになったのです。従って、時間は一方的に、不可逆な方向へと流れていくことになりました。神の子となり、創造神と一体となったイエス・キリストは唯一の例外として、窮極という名の終末に向かって、すべての人間は一直線に進むことを運命づけられました。この世は、神により、連続的時間の場と決められました。

では、世界はどうなるのでしょうか。キリスト教により、世界は直線的時間の中で、神により作られたものですから、時間の中で終わるということになります。キリスト教は、旧約聖書を採用しています。その中に「創世記」の物語がありますが、これが時間の始まりの物語となっています。また、「黙示録」を持っています。この中に終末論的予見が出てきます。この世のすべては、神の創造の中で直線上に時が進み、そして「最後の審判」を迎えるというわけです。

では、現在とは何を意味するのでしょうか。「創世記」の時と、「最後の審判」の中間期というわけです。神により創造された唯一の宇宙という時間と空間の中で、最後の審判がある宇宙とは有限の世界というわけです。そこには永遠もなければ、永遠の今もありません。そして、宇宙は一回かぎりの出来事で終わり、決して繰り返すことのできないもの、この世界は時間の中で、がんじがらめに位置づけられたのです。

言葉を換えて表現しますと、この世界も、あなたも、すべてが神の意志のまま、ということになります。また別の表現をしますと、キリスト教により、はじめて歴史哲学が完成したことになります。イエスが神として迎えられて、神の出来事が歴史になったのでした。創造と堕罪の時がすぎ、預言的に知らされたキリスト再臨の時が来て、キリスト教は歴史哲学を確立したといえるのです。

分かりやすく言えば、イエスとともに、歴史は決定的な一歩を踏み出したのです。私たち日本人が知らぬところで、二千年前に、歴史哲学が創造され、勝利を決定していたというわけです。私たち日本人が希望さえしないのに、イエスが神の地位に就き、「神の国」が現実として「近づいて」、そして実現したということです。

イエスは新しいアダムとなり、旧約聖書の出来事や予言が真実となりました。イエスであった男はキリスト再臨から最後の審判の最高審判官として、終末時に私たち日本人も一人残らず裁判にかけるということになりました。

キリストはわれわれの罪のために、一度だけ、一回限り死んだとされます。

さて、ここでもう一度、モーリス・シャトランの『キリスト教と聖書の謀略』から引用します。シャトランはキリストを実在した人物だと信じています。

奇跡の最大の眼目は見物人から寄付金を集めることで、イエスはつねに同行させていた盲人や麻痺患者のサクラに、奇跡のおかげでたちどころに全快したふりをさせていた可能性はきわめて高い。じつのところ、この奇跡巡業はビリー・グレアムのそれに瓜二つだ。アメリカの大富豪の福音主義宣教師グレアムも、やはり明らかにサクラとわかる、だが間違いなく観衆の財布の紐をゆるめるのに役立つ盲人や麻痺患者を雇っておいて、彼らと一緒に街から街へとめぐっているのだ。

現代アメリカ最高の聖者ビリー・グラハム（グレアム）については後章で詳述します。現在も新しいキリストの宗派が続出しています。

私たち日本人はキリスト教を勉強せずに生きています。すべての罪と罰が生まれ出ずる源はキリスト教にあると知らないのです。直線上のアリアならぬ直線上の時間に飼い馴らされ、時計化された生を生きるように飼い馴らされたのも、二千年前のキリスト教の誕生にその原因を負っているのです。前章で谷川俊太郎の詩を紹介しましたが、彼は完全に時計化された生を生かされ、詩を書いていると思います。大岡信もそのような生の中から詩を書いています。

それでは、どうして直線上の時間が生まれてきたのかを別の面から検討します。

## ギリシャの衰退と一神教グノーシス主義の興隆

私はこの本の最初に、「時間には二つの時間がある」と書きました。「原生時間」と「リニア時間」（線型時間）です。日本人は原生林（森）の中に棲《す》みつき、文化を育んできました。そして、植物の育っていく様子を観察し続け、一年のリズムを発見し生き続けてきました。永遠に回帰する時間を発見し、あるいはその中で永遠なるものを発見しました。また、永遠なるものは永遠の今を持つことも知ったのです。

同じような意味で、時間が永遠に回帰する思想を持つ人々たちがいました。その人たちは、日本人が天空を木々の間から眺めたのに対し、見上げれば空に星辰《せいしん》の世界があったのです。それらの人々はギリシャを中心に文化を発展させました。私たちはその文化を「ヘレニズム」と呼びます。ヘレニズムの時間は私たち日本人の時間と同じで、直線的ではありません。ギリシャ人は永遠なものを不変なものとみなし、自分と同一視したのです。この宇宙の空間に、時間の流れの中に、無《む》窮《きゅう》のかたち、かたちなき反復の中で回帰する円環運動を知っていたのです。私たち日本人は下を向いて、すなわち、植物を細かく観察することにより、植物が枯れ、腐土となり、それを栄養源として次の草木が生まれるのを知り、生命の輪廻《りんね》・転生《てんせい》の宗教、思想を形成してきました。

一方、ギリシャでは、プラトンのような哲人が出て、天球の公定周期を決定づける時間とは何かを論じました。彼らギリシャ人は宇宙に永遠なる動的なイメージを創造し、生まれては朽ちていくこの世の中で、私たちの宇宙は全体として生成を循環的にくりかえし、無際限の連続では解体されたものは再創造されると考えました。私たち日本人も、解体されたものは再創造されるという思想を森の中に発見し生き続けてきました。

このことは別の表現をすれば、一度だけ生起するものはない。一つの出来事、過去に生起したことは、現在にも未来にも永久に生起するということです。私はこのことを永遠回帰（＝永劫回帰）といいました。ギリシャ人と日本人は多少の差異こそあれ、同じような思想を持っていたと思われます。

永劫回帰には別の意味があります。始めもなければ終わりもないということです。日本の古神道の世界を想起してください。日本人もギリシャ人も相対的な時の流れの中に生きていたのです。ここでは宇宙の創造も終焉もありえない世界です。時間の流れが重要な意味を持つことはなかったのです。私たち日本人は世界の孤島の中で生きていましたから、永遠回帰の時間の中で永らく生きてこられました。しかし、ギリシャはヘブライ文明の隆盛とともに滅びることになります。どうしてギリシャは滅びたのかを知るとき、一神教の世界の恐ろしさが見えてきます。

時間がいつも回帰する世界にいることは、一神教の神を持たないことを意味します。ギリシャは円環の時間の中で哲学を繁栄させました。しかし、ソクラテス、プラトン、アリストテレスの哲学は、歴史を過去や未来を定義するような哲学ではなかったのです。もっと分かりやすくいえば、歴史と哲学が結びついていなかった。彼らは永遠の昔から永遠に秩序づけられた世界に生きていたのです。彼らが創造した哲学は、正しく、美しいものでした。しかし、私たちが知るように、この宇宙宗教と呼ぶにふさわしいヘレニズムは敗北します。そして、二度とヨーロッパの地に現われることはありませんでした。ギリシャが衰退してゆき、グノーシス主義が出現してきます。

一神教の世界が宇宙宗教ヘレニズムを打ち破る舞台となるのは、イスラム教、ユダヤ教、そしてキリスト教を生み出した、パレスチナを中心とした砂漠や岩石地帯です。そこは不毛に近い地域で、オアシスが点在するだけの場所でした。ベトウィンの名で知られる砂漠遊牧民が今でも羊を飼っています。

旧約聖書の「創世記」にあるように、ユダヤ人たちは「天地創造」の物語をつくります。同時に彼らは「終末の日」の物語をつくります。次項でユダヤ人及びユダヤ教について書きますので、ここでは簡単に記しておきます。ユダヤ教においては「ヤハウェ」が最高神です。一神教の誕生です。もう一つ記さねばなりません。イスラエル民族の祖といわれるのはアブラハムです。このアブラハムを祖として、ユダヤ教、キリスト教、イスラム教が登場するのですから、この三つの宗教は同一の宗教といえるのです。

私はすべての宗教（一部例外があるとはいえ）は、人々を恐怖の底に突き落とし、その過程で罪悪感を持たせる、いわば、人民支配の詐術であると思っています。

日本には森の文化が発達しました。中近東には砂漠と岩石群の中で「太陽の文化」が発達しました。宗教者を名のる詐術師は太陽神宗拝を通じて神を創造しました。宗教による監獄をつくったといえば分かりやすいでしょう。

キリストの誕生日が十二月二十五日である意味は前述しました。それは、十二月二十一日〜二十二日が、北半球では冬至となり、太陽の力が最低になる。そして十二月二十五日頃に、太陽は、夏に向かって再び活動しだすのです。キリスト教は、バビロニアでの宗教を復活させたいと願う宗教家がエルサレム付近に集まり創り出したものでした。

イエスが実在したか、非在であったかは別にして、初期のキリスト教がユダヤ教のエッセネ派の聖書と同じような聖書を持っていたこともこの証しとなります。

キリスト教が広まっていく初期、すなわちイエス・キリストが死んでから、キリスト教徒の間で二つの派が生まれました。最後に勝者となった宗派を正統派とすれば、敗者となった派は異端宗派となります。異端宗派はイエスの神性を認めませんでした。イエスは一人の予言者にすぎないとしました。この異端宗派のほうが説得力があり主流でした。この異端宗派はグノーシス派とよばれるようになったのです。

また、正統派はイエスを超自然的な神の子とする、パウロの見解に従う一派ともいえます。その一方、イエスを神ではなく人間であるとする見解をとる一派をアリウス派ともいう場合がありますが、ここではグノーシス派で統一します。エジプト・アレキサンドリア派が中近東で初期キリスト教をつくったという説もあります。しかし、なんといっても両派の争いに終止符を打ったのはコンスタンティヌス大帝でした。コンスタンティヌスは「あなたの旗に十字架を描きなさい。そうすれば勝利が与えられるでしょう」と言うイエスの幻が彼の前に現われたのでキリスト教を国教にしたという伝説があります。もちろん私は、これを単なる伝説であろうと思っています。しかし、この伝説は二十一世紀の今日でも生きています。

ポール・ヴェーヌは『「私たちの世界」がキリスト教になったとき』の中で、「コンスタンティヌスというひとりの個人を起爆剤とした革命であり、その動機はひたすら宗教的なものだった」と書いています。ポール・ヴェーヌはコレージュ・ド・フランスの教授で、しかもローマ史学の碩学《せきがく》といわれている歴史家です。

果たしてそうでしょうか。コンスタンティヌスは、夢を見た翌年の西暦三二五年、キリスト教信仰の内容を決定すべく、ニケーア（現在のトルコのイズニック）で将来の統一教義を決めます。この会議の後で出たのがニケーア信条です。

「……イエス・キリストは、われらの人類を救済するために肉体を持ってこの地上に降りられ、受難の三日後、再び天へと昇られた。そして聖霊とともに生者と死者を裁くべく、再びこの地上に帰って来られるであろう」

この三二五年に決定したニケーア信条をもってキリスト教が誕生したと私は思っています。当時ローマには、紀元前七世紀にペルシアでゾロアスターが創始した拝火教《はいかきょう》が広まっていました。この宗教も禁止されました。ゾロアスター教には善神と悪神が闘う様子が描かれています。私はこのニケーア信条によりキリスト教は監獄宗教になったと思います。

前項で、あるローマ女性の詩を紹介しましたが、イエス・キリストが神となり、女性の持つソフィアが罪であるとされ、多くの女性たちが魔女裁判にかけられました。男が自分の出世のためにカトリックに入るのは多少は理解できますが、女性がキリスト教を信仰することは私にとって永遠の謎です。しかし、書きづらいのですが、一つだけ確かな理由を見出します。それは裸体の十字架上のイエス・キリストの姿です。あの姿に惚れこんで女性たちは処女を捧げるのではないでしょうか。

前項でキリスト教と時間との関係について書きました。ここでは、異端とされたグノーシス派について書くことにします。異端とされた宗派はたくさんありますが、グノーシス派またはグノーシス主義（者）とします。グノーシス主義はヘレニズムとキリスト教の世界で、特に西暦二〜三世紀頃に流布しました。ヘレニズムが終焉を迎える頃、イエス・キリストが生まれたとされ、キリスト教が誕生する頃、簡単に表現すれば、ヘレニズムとキリスト教を否定する哲学・宗教として生まれました。

ヘレニズムのような永遠に回帰する時間を持たず、キリスト教のような直線上の時間を持たず、円環する時間が狂い、直線が折れた時間を意識として持った者たちが、ニケーア信条の後に世界史の中に登場するのです。

グノーシスを知るとき、私たちは世界の闇の部分を見ることになります。グノーシスから、虚無主義、アナーキズムが生まれてきたのです。グノーシスの中から、ファウスト博士も錬金術師も生まれました。また、ゲーテ、ヘーゲル、ドストエフスキー、ワーグナー、マーラー、ニーチェたちはグノーシス主義的人間であるといえます。

私たち日本人は世界の闇の部分から眼を逸らして生きています。グノーシス者は「時間は苦悩である」と知る者たちです。彼ら、知性ある者たちは、ほとんどあのニケーア信条の発令の後に殺されました。かろうじて逃亡に成功した者たちがいました。その彼らの一部がイランに逃げてマニ教をつくります。

この項の終わりにマニ教頌歌《しょうか》「イエスへの詩篇」の数行を紹介します。キリスト教への憎悪の詩です。

この深い虚無から私を解放したまえ！
まったくの消滅である暗き深淵から
拷問、死に至る痛み以外のなにものでもない深淵から
救済者も友人もいない深淵から！

断じてそこには救いはない。
いっさいが闇でふさがり……
いっさいが牢獄でふさがり、そこにはどんな出口もない。
そこにやって来る者たちを痛みつける。

旱魃《かんばつ》の乾き、灼熱の風に焼かれて
そこには……どんな草木もない。
誰が私をそこから解放するのか、傷つけるものすべてから。
誰が地獄の苦悩から私を救うのか。
（中略）
私は神である。神々から生まれた。
きらめき、輝きを放ち、光っている。
眩いばかりで、芳香に満ち、美しい。
しかし今は苦難に陥っている。

## 時間は汚れ、苦悩のシンボルと化した

グノーシス派の聖書の数多くが一九四五年にナグ・ハマディで発見されたことはすでに書きました。その中の『トマスによる福音書』の中で、イエスはトマスに「私が生まれたのはおまえと同じだ。私はおまえの主人でなく、霊的な導きにすぎない」と語っています。しかし、グノーシス派が異端となり大きな変化が起きました。グノーシスとは「心魂なもの」という意味です。グノーシス者はキリスト教に完全な解釈を与えようとしたのです。

彼らグノーシス者が初期の聖書の作者であることは間違いありません。多くの聖書作家がいた可能性があります。無数の思想体系が生み出されたのでした。マニ教は三世紀ごろ、グノーシス者たちによって生み出されました。そしてニケーア信条により異端とされ、前項の終わりで見たような詩を作るのです。グノーシス主義にはプラトンの思想が影響しているようにもみえます。もう一度、モーリス・シャトランの『キリスト教と聖書の謀略』から引用します。

もっとも初期の——正統派と対比した場合における——異端宗派の一つは、一四〇年ごろのマルキオンだった。小アジア出身のキリスト教徒だった彼は、正義を要求し、教えを破った者

には必ず罰で報いる「旧約聖書」の神と、「新約聖書」の愛と許しの神は相容れない存在だと考えた。彼はまた、どうして強大な神が、富者と貧乏人、強者と弱者、それに蛇やサソリや蚊が存在する不完全な世界を創造したのだろう、といぶかった。彼にいわせれば、それゆえ、二人の異なる神、つまり善なる神と悪の神、キリスト教の神とユダヤ教の神が存在しているのは明らかだった。しかし、正統派を自称するキリスト教徒にとっては、神は唯一無二の存在であり、そうでないと主張する者は滅ぼすべき異端者だったのだ。

ここで正統派とグノーシスがはっきりと分かれました。キリスト教は、法王、司教、司祭、助手からなるピラミッド状の位階制によって支配されるべきとする正統派が勝利を収め、グノーシス派は抹殺されることになったのです。こうして世界時間が誕生し、世界の歴史という概念ができあがっていくのです。

私たち日本人は学校で世界歴史を学びますが、この歴史誕生のドラマは教えられません。彼ら西洋人にとって、世界歴史とは、ユダヤ教、キリスト教、イスラム教、すなわち一神教の歴史に他なりません。マルクス主義も一神教の世界歴史なのです。世界歴史とは彼らにとって一神教の神の誕生と創造と黙示録の物語に他なりません。

ヘレニズムが姿を変えてキリスト教に入りこみグノーシス化した一面もあります。グノーシス者たちがプラトンを引合いに出しているからです。時間に関していえば、グノーシスとヘレニズムの考えには共通する部分があります。

初期のグノーシスは、西暦一世紀以前にさかのぼります。古代オリエント、エジプト、あるいはバビロニア、そしてイランに見出されます。私はむしろインドの影響もあると見ています。この項の最後で触れます。

要するにギリシャの哲学や神秘学にオリエントの密儀宗教が融合してグノーシス主義が生まれたというべきでしょう。グノーシスとは「認識する」というギリシャ語からきています。認識を通して救われるという主義です。

異端とされたマルキオンの思想を見てきました。マルキオンは、世界あるいは創造と神の対立を見ます。マルキオンは、神は世界のうちにある悪に対してのみならず、悪であるこの世に対しても責任があると主張します。ここに、グノーシス・キリスト教と正統派キリスト教の差異が見えてきました。世界は神によって生み出されたものではない、神は世界を支配してはいないとグノーシスは考えたのでした。「無為なる神」というわけです。イエスはグノーシスにとって異邦人なる神となったのです。グノーシスはイエス・キリストを捨て、「闇の王子」を神にすえたともいえます。不完全の中で、悪意の中で、直線的な時間を要求する神を捨てて、救いと恵みの神を、自己を認識する中に求めたともいえます。

私たち日本人の自然観も宇宙論的な点があります。永遠に回帰する時の意識を持っていたからです。ギリシャ思想は私たちの思想よりもいっそう宇宙論的です。このことはすでに書きました。グノーシス者はキリスト教から異端とされ、ギリシャ思想をも変えていきました。彼らはギリシャが讃美した宇宙の永遠の法則＝永劫回帰をも拒絶するようになりました。反宇宙的な思想を持つにいたったのです。グノーシス者は無時間的なものと、時間的なものを、正統派キリスト教徒、そしてローマという国家から殺戮され続けるなかで知ったのでした。彼らグノーシス者にとって、過去は断罪され捨てられるべきものとなりました。これは、歴史はなんら役に立たないということです。正統派キリスト教が神の創造とするものを、彼らは粉砕しようとしました。

真の神が存在しない時間、価値もなき実りもない時間を彼らは要求し続けました。この彼らの思想はドストエフスキーの『カラマゾフの兄弟』や『悪霊』に見ることができます。グノーシスの思想は今も生きています。この思想は反歴史的なものです。時間は汚《けが》れたものであるとされました。私はロシアにこのグノーシスの悪しき面が今も残っていると思っています。「赤い《ロシアン》マフィア」の連中の心の中に……。

ここで、日本人が驚くべきことを書こうと思います。それはマニ教についてです。マニ教はキリスト教の異端派＝グノーシスが三世紀ごろにイランでつくった宗教です。このマニ教が仏教と同一視されているのです。輪廻《りんね》の思想をマニ教が受け入れています。牢獄から牢獄へと生は続いていくという思想をマニ教は持っています。釈迦はこの悪しき輪廻を断ち切る方法を説いたのです。それが仏教といわれるものです。

グノーシスはマニ教と仏教を同一視しています。彼らは果てしなき苦悩を持つ現世を汚れた時間の連続としてとらえました。身体はこの汚れた時間の中で堕落して囚《とら》われの身となって、私たちが誕生した、と。各瞬間は生まれてはすぐに次の瞬間に呑みこまれてしまう。一瞬のうちに、時間は無秩序に無目的になると、停止も終わりもないと、マニ教徒は理解していました。

私はマニ教徒たちは、キリスト教に絶望してイランへと逃げる過程で仏教に出会ったと思うようになりました。彼らはキリスト教に絶望し、輪廻という思想に巡り合ったのでしょう。光の世界から闇の世界に呑みこまれたとき、仏教の輪廻の思想は衝撃だったと思われます。あの『意志と表象としての世界』を書いた厭世哲学者ショーペンハウェルも仏教を研究しました。彼もまた、グノーシス者でした。

グノーシス者が時間をひとつの宿命ととらえるのは理解できます。彼らにとって時間は苦悩であり、悲惨であることも理解できます。私たち日本人は仏教について誤解してはいないでしょうか。釈迦は間違いなくアーリア人種です。その思想は地獄の思想です。私たち日本人は仏典を通してしか仏教を知りません。日本に入ってきた仏教は釈迦の死後数百年を経てから書かれたものがインドから中国経由で入ったものです。釈迦の地獄の思想を日本流に解釈しなおしたものです。仏教の思想の根底にあるのは恐怖です。魂の呻《うめ》き声が輪廻の思想そのものなのです。

グノーシス者たちは仏教の教えの中に、輪廻を説く仏教の中に、嫌悪や不安や絶望を発見したのです。輪廻の思想とはそのようなものです。この思想ほど恐ろしい思想をつくった人間は釈迦以外にいないと思います。いかに解脱《げだつ》の方法を示したとはいえ、仏教もグノーシス主義も「救い」を求める宗教です。仏教が哲学的な「救い」を求める宗教であることは、禅宗や密教を見ればよく分かります。

しかし、仏教とグノーシスが決定的に異なるところがあります。それはグノーシス者が悪に対して執拗な感情を持ち続けていることです。仏教は個人の解脱の方法として地獄の思想を受け入れたのでした。

「悪はどこから生まれてくるのか。そいつは、なぜ悪なのか」

この叫び声が、カトリックがローマ帝国の国教となって以来、ローマ帝国の内と外で聞こえるようになりました。そして、自らを異邦人と認め、反抗と拒絶の運動が闇の中で始まったのです。カトリック世界では（プロテスタントを含めて）、グノーシス者たちが時間に対抗するようになったのです。

世界にどうして戦争が起きるのか、どうして大恐慌が起きるのか、を探求していくとき、私たちは、グノーシスについて考えを巡らさねばならないのです。反道徳主義が、暴走資本主義が大恐慌の元凶であると多くの経済学者がいくら叫んでも、それは表層的な物の見方なのです。「神が死んだ」と狂気の中で叫んだ、あのニーチェもグノーシス者なのです。ニーチェは自己を解放せんとする闘いの中で、「完全者＝超人の思想」を得ます。しかし、彼は時間を打ち破ろうとして狂気の世界に入っていきます。そうです、「神は死んだ」のです。無道の世界が現出しているのです。

彼らグノーシス者たちは今日も生き続けています。彼らは今日、たぶん、こう叫んでいるはずです。

——あなた自身を崩壊させることなく、世界を解体せよ——

［第三章］

# ユダヤ人の黄金への執念がキリストを神にした

## 神になったイエスが導いた「連続化した時間」

時間について、マルティン・ハイデガーほど思索した哲学者はいません。彼の『存在と時間』という大作は、まさに時間論に多くの頁を割いています。

私は若い頃、ハイデガーのこの本に熱中したものです。しかし、私はハイデガーにしろ、ヘーゲルにしろ、ベルグソンにしろ……多くの哲学者が時間について考察しているのに、この本の中で紹介すらしませんでした。その理由はただ一つ、哲学的時間論は難解すぎると思っているからです。一度だけ、ハイデガーの文章を引用します。歴史の時間性について書いています。

歴史は現存在の存在に属し、しかもこのような存在が、時間性に基づいているならば、歴史性の実存論的分析は、明らかにひとつの時間的な意味をもっている。歴史的なもののさまざまな性格とともに始まることは、明白です。それゆえ、歴史の概念のなかでの「過去」の奇妙な優位に、いっそう鋭く目的をつけることが、歴史性の根本構えを解明する、準備となるわけです。

難解です。それで哲学者はほとんどこの本に登場しないのです。たとえ登場しても、ほんの少しだけです。

ヘーゲルは「精神が時間のなかへ落ちる」という表現を用い、時間と精神の本質へと迫りました。今から書くことになるユダヤ人は、ヘーゲルの言うように「精神が時間のなかへ落ちた」特殊な人々なのです。すべての歴史は現代史です。それをハイデガーは「時間性に基づいて」というのです。私は歴史上の事柄を書いているとは思っていません。現在進行中の問題の謎を解くために、現在の問題に照らして過去なる歴史を見つめています。どうか、現代史の一場面として、紀元前に発生したユダヤ教を見てほしいと思います。過ぎ去りしものは死んではいません。今も生きています。難解な文章でハイデガーも言っています。

私は今からユダヤについて書きます。このユダヤの人々の行為の背後にある思想をあなたの創造的想像力をつかって理解してほしいと思います。私は悪しざまにはユダヤ人を書かないつもりです。

E・H・カーが『歴史とは何か』の中で次のように書いています。

「歴史とは何か」に対する私の最初のお答を申しあげることにいたしましょう。歴史とは歴史家と事実との間の相互作用の不断の過程であり、現在と過去との間の尽きることを知らぬ対話なのであります。

歴史はこまかく分類されて、政治、経済、文化、宗教……と分かれています。しかし、私は世界＝経済という立場から歴史を見ています。まず第一に、人間が生きていくためには食を得る必要があります。そして衣と住です。こうした生活の中から、政治も文化も宗教を誕生したというわけです。時代が進むにつれて、ギリシャにヘレニズム文化が繁栄し、中近東にヘブライ文化、イラン文化、そしてインド文化が誕生してきて、いろんな宗教が生まれました。前章で私が書いたのは、キリスト教初期におけるグノーシス主義というものでした。特に、キリスト教グノーシス派と後に正統派となるキリスト教との争いと、コンスタンティヌス帝による三二五年のニケーア会議、そしてニケーア信条の発令でした。

不思議なことに、日本の学者の書いたグノーシス関係の本にはほとんど、ニケーア会議のことも、ましてや私が書いたグノーシスの「時間」についても登場しません。私は日本人が「時間」というものに関心のない民族であることをあらためて知るようになりました。

もう一つ、大事なことが分かりました。日本の学者たちのほとんどは例外なく、宗教とマネー＝金《カネ》の関係を書こうとしないのです。世界＝経済の立場からキリスト教を見るということに考えが及ばないようです。それで、金の視点からキリスト教、特にグノーシス・キリスト教を見ることにします。

前章でデーヴィッド・アイクの「イエス・キリスト非在論」を紹介しました。また、モーリス・シャトランの本の中の「ナグ・ハマディの聖書」についても紹介しました。アイクは神としてのイ

マルティン・ハイデガー（1889－1976）

ヘーゲル（1770－1831）

エス・キリストを否定したのであり、キリストそのものの存在を、それらしき人物の存在を否定したのではないと思います。ナグ・ハマディ文書は今日、全四巻にまとめられ、岩波書店から発行されているので日本人も読むことができます。今日の聖書とは全くといっていいほど異質です。興味のある方は読まれるといいでしょう。十字架のイエスについて書かれている箇所を記すことにします。

（イエスの発言）……十字架を担いだのは別の者、シモンであった。彼らが茨の冠をかぶせたのは別の者であった。私は喜んでいた……そして彼らの無知を私は笑っていた。

（大いなるセツの第二の教え）

（ペトロの問い）……十字架の傍で喜んで笑っているのは誰ですか……。
（イエスの答）あなたが見ている、十字架の傍で笑っている人物は、活けるイエスである。両手と両足で釘で打たれているのは、彼の肉的な部分で……ある。

（ペトロ黙示録）

私たちは今日の聖書とまるっきり異なるイエスをナグ・ハマディの文書の中にたくさん発見できます。この二例は間違いなくイエスの姿です。このようなイエスが神の座にどうして就いたのかを知らねばなりません。
初期キリスト教は前章で書きましたが、ユダヤ教エッセネ派の中で生まれました。この初期キリスト教はユダヤの民族内部の一宗教にすぎなかったのです。単なるイスラエル民族の一宗派の預言者にすぎないイエスが、十字架上で殺された犯罪者が、どうして全世界の救い主になったのかということです。イエスが神になったのは、世界＝経済が作り出した作文であると私は考えます。ここで少し別の角度からユダヤ人を見ることにします。
糸川英夫の『新解釈〝空〟の宇宙論』は第一章で紹介しました。彼は、「羊の数はデジタルです。『迷える羊』はたった一匹で重要な財産なのです。『迷える羊』は飼い主の手に戻れば1になり、戻らねば0です。1か0か。つまりデジタルや、二進法がベースになります」と書いています。このことはすでに書いた通りです。ユダヤの人々はデジタル思想（こういう表現が適当かどうかは別にして）の持ち主です。私は貨幣が生まれたとき、デジタル思想の持ち主たるユダヤ人が、いちはやく貨幣による世界制覇に乗り出したものと思います。糸川英夫は、また次のように書いています。

羊の取引はデジタルで厳密に行わなければなりません。だから「契約」の概念が初めから出てきます。

モーゼの十戒は人間共同体と神との間の「契約」でした。それは法律という名で「契約」されました。仏教では仏と人間との間に「契約」をする、というコンセプトは全くありません。

ユダヤ人はデジタル化した思想を経済の中に持ち込んで大成功します。つまり異国の中に入りこみ経済を支配しようとします。まず彼らはギリシャの国家経済に介入します。そしてローマ帝国の財政に深く介入します。

ユースタス・マリンズは『衝撃のユダヤ5000年の秘密』の中でテキサス大学のハリー・J・レオンの『古代ローマのユダヤ人』について書いています。マリンズの本からレオンの文章を引用します。シーザー（カエサル）のことが書かれています。

ユダヤから受けた支援に対する見返りとして、カエサルは目にあまるほどユダヤびいきを示した。そして運良くヨセフスによって記録されたユダヤの利益のためのカエサル法令は、ユダヤのマグナ・カルタと呼ばれてきた。カエサルは徴兵からユダヤ人を免除し、エルサレムの神殿に黄金を船で積みだすことを許可した。そしてユダヤの特別法廷の権威を承認した。

これについてマリンズは解説しています。

このようにしてカエサルは、ユダヤ人をローマ法を超越した特権集団にしたのである。国家間の黄金の取引は、二〇〇〇年前も今日とおなじようにユダヤの国際的な勢力の基礎であった。

黄金取引は、「宗教的」営為であることを偽装して営まれた。
もしわれわれが、ユダヤ人の宗教が昔もいまも黄金であることを理解するならば、これは正確な言い方であった。エルサレムのユダヤ神殿は、依然としてバール神すなわち黄金の子牛崇拝の総本山だった。ただし、いまはエホバと呼ばれてはいたがローマの元老院議員のなかには、黄金取引を禁じようとする者もいたが、ユダヤ勢力に打ち倒されただけであった。

『古代ローマの歴史』の一〇ページにレオンは次のように語る。
「カエサルの暗殺ののち幾晩も、ユダヤ人集団はカエサルの火葬用の薪の積み重なった場所にきて嘆き悲しんだ」

二十一世紀の今も黄金はユダヤ人の手中にあります。ほとんどの黄金はスイスの山中に運ばれることになっています。シーザーの死後も、ユダヤ人たちは定期的にユダヤ人の名において、イタリアおよびすべての属州からエルサレムへと黄金を運びこんでいたのです。西暦五九年、キケロがユダヤ人による黄金流出を嘆いた演説をした記録が残っています。あの大ローマ帝国を支配し続けたのはユダヤ人でした。

もう一度、コンスタンティヌス帝のことを書くことにします。ユダヤ人たちはローマの法律を超えた自分たち独自の法廷を開いていました。そこでユダヤ人たちの支配に背いたのがコンスタンティヌス帝でした。ユダヤ人はコンスタンティヌス帝をローマから追い出しました。皇帝はコンスタンチノープルへ逃れ、ビザンチン帝国をつくります。あのニケーア信条は別の意味では、ローマ帝国からのユダヤ人の完全追放を目的としていたのです。ユダヤ教の色が濃かった初期キリスト教が、イエスを神とすることでほとんど姿を消すことになったのでした。かくてイエス・キリストを神とするキリスト教が〝正統〟ということになったのです。

ユダヤ教の審判を下し断罪するヤハウェよりもはるかに優れた神が、ニケーア信条の後に正統の神となったのです。それは赦《ゆる》しと救いを与える神が登場したということです。しかし、ユダヤ教グノーシスもキリスト教グノーシスも消されゆく運命にありました。赦しと救いを与える神は何よりも異端者を恐れて皆殺しを命じたのでした。あのニケーア信条の後、イエスはユダヤ人を「バリサイ人」と罵《ののし》り、ユダヤ人を非難し続ける神となりました。彼こそがユダヤ人であり、バリサイ人そのものであったにもかかわらず。

ニケーア信条の後、キリスト教の世界にあっては、始めから終わりまで神（イエス・キリスト）によって連続的に導かれた時間を持つことになりました。グノーシス者たちは前章で書いたとおりの、反宇宙的、否、脱宇宙的な時間の中に生きるようになりました。「もし」という言葉が歴史の中で存在するとすれば、ユダヤ人がいなければグノーシス思想も生まれなかったかもしれません。生まれたとしてもローマ帝国は多様な宗教を受け入れていたと思われるのです。

私はマニ教の教典の中の詩を前章で引用しました。あの詩は、グノーシス者であったがゆえにローマ帝国により捕囚の身となった人々の嘆きの詩でした。仏教の輪廻の思想をグノーシスの人々が受け入れたのは、ごく自然の流れでした。その一節を再度引用します。

闇に堕ちると
私は苦い水を
飲まねばならなかった。
自分のものでない重い荷物を担いだ。

イエスはユダヤ人から突然に神となりました。グノーシス者たちは、この劇的な事件を、時間の中で受け入れることができませんでした。十字架の上で他の人物と入れ替わったかもしれない人物が、諸々の奇跡を生み、十字架にかけられたとして、復活したのでした。時の終わりをグノーシス者がヴィジョンに見るのです。

この劇的な事件は今日も大きな影響を私たち人類に与え続けています。ユダヤ人の黄金に対する執念がキリストを神に仕立てたともいえるのです。神話が生まれ、無時間と化したその中で、それを乗り越えようとする人々がグノーシス主義者となり、キリスト教という宗教文化とは異なる文化を創造していくことになります。グノーシス主義者たちは、キリスト教がつくり出す時間と衝突し、あるいは傷つき、あるいは支離滅裂となりつつ、「キリストは突然に神となった。なぜか」と叫びつつ生きてきたのでした。

しかし、ユダヤ人はグノーシス主義者たちとは異質の〝時間〟を持って生きてきました。それではユダヤ人の時間について書くことにしたいと思います。

## 拝金教が誕生し、時空に拝金霊が満ちていった

私は宗教のすべては金（マネー）なくして成立しないと思っています。マネーはそれだけで宗教です。金を崇拝する宗教を拝金教と呼ぼうと思います。そして、マネーが宗教に深くかかわっていくにつれて、マネーは拝金霊を持つに至ったと思います。貨幣としてのマネーが誕生したのはいつかという定説はありません。しかし、紀元前一五〇〇年頃にはマネーが流通していたといわれています。

一神教がマネーを作ったのか、マネーが一神教を作ったのかは、これも判然としませんが、たぶん、マネーが誕生して一神教を生んだのは間違いないでしょう。もう一度、モーリス・シャトランの『キリスト教と聖書の謀略』から引用します。

キリストが率いる反体制グループは、わずか四人から始まった。洗礼者ヨハネ、のちにペテロになる猟師のシモン、そして二人の兄弟、ヨハネとヤコブの四人である。ヨハネとヤコブの母親サロメは、この集団に食事と金銭を恵んだ。おそらく、息子たちが天国で最上等の席に、つまりキリストの左右に着けるようにしたかったのだろう。

しかし、ほとんどが奴隷や物乞い、そして身体障害者だった新たな信徒が増えると、天国の最前列を約束するだけでは十分ではなくなった。信徒たちを食わさなければならず、したがって、もっとずっとたくさんの金が必要になった。イエスが神殿で両替人相手に引き起こした事件のおもな原因は、それだったのだろう。イエスは両替人の台をひっくり返し、金貨や銀貨を床に撒き散らして、活動資金が必要になったら銀行を襲撃する現代のテロリストさながらに、信徒たちに急いで拾わせたのだ。

いかにイエスに預言者としての力があろうとも、マネーがないかぎりにおいては、布教がままならなかったことを示しています。また、神殿に両替所が置かれていたことも重要です。ユダヤ人たちはデジタル技術をマスターし、ついに貨幣を使って大儲けする技術を発明したのでした。それは、神殿という神聖とされる場所で、貨幣を人々に貸し出して利子を取るということでした。神殿の両替所が銀行の始まりというわけです。

利子とは何でしょうか。利子は「元本×利率×貸付期間」により計算されます。ユダヤの商人は利子で儲ける方法を発明したというわけです。ここに貸付期間が登場します。この期間はマネーを貸すユダヤ商人にとっては利子を生み続ける時間です。しかし、借りた人々にとっては苦しい時間です。同じ時間なのに、二つの時間が同時進行で別々の意味を持っています。つまり、ユダヤの商人たちが、デジタル技術を発明し、時間をうまく利用して大金を稼ぐ方法を身につけていたことになります。イエスと四人の仲間たちが、新宗教（これはカルト組織と言ったほうがいいでしょう）を創って金儲けをしようと試みた頃、神殿を襲ったということは、金儲けの別の方法を捜していたということになります。

ナグ・ハマディ文書の「フィリポによる福音書」の中でイエスは次のように語っています。

なぜなら、人間は罪を犯してしまわない間に、この世から抜け出ることは善いことであるから。

イエスは「銀行を襲う現代のテロリストさながら」の行為をし、信者を増やしていきました。しかし、人間として「罪を犯してしまわない間に」方向転換したのでした。そして「現代のテロリストさながら」の手法をとり、ユダヤの王として堂々とエルサレムに乗り込んだのです。そして逮捕され、処刑されることになります。イエスの生涯は、彼が時代の波をいかに把握していたかのよい例となります。彼は身代わりを立てて長生きしています。

イエスが説教をしていた紀元三〇年頃、そして十字架上で死んでから数十年後、歴史は大きく変わりました。イエスの死の後に、キリスト教のいろいろな諸派が生まれました。どのような派が生まれ、どのようなキリスト教をつくったかはここでは書きません。グノーシス関係の本を見ると、ほとんど、そのことのみを書いています。

私は紀元前にマネーが発明され、それからしばらくして、利子を取る方法も発明されて、世界は混乱の時代に突入したと思っています。

その一は、マネーの流行、そして利子の発明による、貸付側に有利な時間が生まれたこと。

その二は、貸付けられた借金に追われる時間が生まれたこと。

この二つの時間については書きました。もう一つ大事なことがあります。

キリストの死後、キリスト教の諸派が多数生まれたことによる混乱の時間が生まれたこと。いろんなグノーシス派のキリスト教の誕生の中で何が起こったのでしょうか。マネーの価値が高まったということです。どうしてでしょうか。グノーシス者たちがローマをはじめ主要都市から辺境まで溢れていきました。イエスがしたように「現代のテロリストさながら」の行動をとるグノーシス者が溢れていきました。これは何を意味するのでしょうか。

私がこの項の最初で書いたように、ローマ帝国の底辺部で多くの貧しいグノーシス者が生活を得るために次々と福音書をつくり、キリスト教の、つまり死せるキリストの後継者たらんとして、拝金教が生まれたということです。いつの世も同じことを繰り返しています。多くの拝金教徒の誕生がローマ帝国を滅ぼす原因となったのです。

〝時間〟という面から見てみます。キリスト諸派の乱立ゆえに、ヘレニズムの世界が終わりを告げます。永遠に回帰する宇宙のイメージが消えていきます。そして、イエスをどのように見るのかという思想が生まれ、一神教の誕生がローマで見られます。永遠に回帰していた時間が直線上に存在するということになります。

私は前章で、敗北したグノーシス者たちの悲惨な時間について詳述しました。しかし、グノーシス者の敗北以上に大きな問題が起きていたのでした。それは拝金教が世界を支配する時を迎えることになった、ということです。

端的に書くならば、ユダヤ教の秘密結社がパウロなる人物を創造し、正統派キリスト教徒となり、ユダヤ人以外のグノーシス者たちが作ったキリスト教を追放したということです。たしかにパウロなる人物は存在したかもしれません。しかし、パウロに奇跡が起こったとは信じられないのです。幻夜の中でイエスが彼に語りかけ、偉大な光を見て、イエスが彼に未来の使命を与えた……。しかし、パウロはユダヤ人の両親のあいだに生まれたパリサイ派のヘブライ宗教の熱心な信者です。デーヴィッド・アイクの『大いなる秘密（上）』から引用します。

パウロなる人物は、プリニウス（軍人としての名はマキシマス）とユストゥス・ペソとが作り出した架空の人物像である。彼らは、一族の者や知人たちをパウロの物語に登場させている。たとえばパウロの盲目を癒《いや》した「アナニアス」という「使徒行伝」のなかの人物は、ネロによってルキウス・ペソとともに処刑されたアナエウス・セネカがそのモデルとなっている。（中略）紀元一〇〇～一〇五年、ユストゥス・ペソ、その父アリウス・ペソ、そしてプリニウスの三人は、一族、友人、奴隷を引き連れて、小アジア、ギリシア諸都市、アレキサンドリアなどを回り、各地の貧民や奴隷たちを、自分たちが作り出した新しい宗教（キリスト教）の信者にした。最初の教会は、プリニウスによってビチュニアとポントゥスに建設された。彼は、八五年以来、何度もそれらの地を訪れている。

グノーシス派キリスト教、ユダヤ教エッセネ派のキリスト教がキリストを預言者としてしか認めなかった時代に、ローマ帝国の中枢に位置するペソ一族が『マタイによる福音書』『マルコによる福音書』『ヨハネによる福音書』……を書き上げたというのは真実であると思います。キリストが死んでから、数多くの聖書がつくられました。ナグ・ハマディ文書もその一例です。もっと数多くの聖書が書かれたのです。しかし、正統派による聖書だけが唯一、今日まで残ったのです。

デーヴィッド・アイクは「ペソ一族はローマ帝国上層部からの強大な援助を受けつつ、自分たちの人民操作活動を展開することができた」と書いています。あの正統派キリスト教は「ペソ一族」と「ローマ帝国最上層部」との合作でした。この創作劇がつくられていた頃の紀元七四年にマサダに立て籠ったユダヤ民族主義者たちが全滅しました。マサダは死海を眺望する平坦な山につくられた要塞です。イエスの出発点となったエッセネの最終拠点です。イエスはその過去をローマ帝国により封印され、ユダヤ人ではないとされます。正統派の聖書の中では、イエスがユダヤ人（パリサイ人）を非難する場面がたくさん登場します。しかしローマ教会は旧約聖書も、正統派聖書としています。なぜでしょうか。一神教で統一したいという願いからです。

グノーシス者たちが殺され続け、四世紀から七世紀にかけて、ローマ帝国内でほぼ皆殺しが完成しました。なぜ皆殺しにされなければならなかったのか。それは「現代のテロリストさながらの」イエスを、唯一絶対神と聖霊とともに神の子イエスとして崇拝させるために、「邪魔者は殺せ」となったのでした。しかし、ナグ・ハマディ文書が発見され、真実がはっきりしました。

一神教の神が世に姿を見せてから、拝金教の時代となりました。ユダヤの神殿もローマ教会も絶対権力を持つようになりました。一神教に逆らう人々は殺されるか、牢獄に入れられるようになっていきました。富が神殿と教会に集まるようになり、巨大な銀行と化していったのです。

現在では、この神殿と教会の名残りを各国の中央銀行に見ることができます。中央銀行は秘密結社です。一種のカルト組織です。この秘密組織は、国家を債務漬けにしています。国家は利子を課され、それをカルト組織に支払っています。私たち日本人も慢性的な政府債務に苦しめられています。それはまた、利子によるマネー稼ぎをしているカルト組織に利用されていることになります。

創造的想像力を働かせてください。そして利子とは何かを考えてください。巨大な権威が何者たちにより動かされているのかを知ってください。二千年前に完成した一神教による人民支配の何たるかについて次項で書くことにします。

## タルムードの世界に棲む者たちがローマ帝国を破滅に追いこむ

旧約聖書はユダヤ教とキリストの聖書です。「創世記」の冒頭の記述を引用します。

はじめに神は天と地を創造した。地は混沌であって、闇が深淵の面《おもて》にあり、神の霊が水の面を動いていた。神は言った、「光あれ」。こうして光があった。神は光を見て良しとした。神は光と闇を分け、光を昼、闇を夜と呼んだ。夜になり、昼になった。第一の日である。

これは旧約聖書の冒頭の数行です。この数行の文章に多くの学者たちが昔からその意味を追究する論文をたくさん書いてきました。しかし、私はただ、光と闇について書いていると書くにとどめます。次章でユダヤ教について書きます。この旧約聖書がいつ完成したかの年代もはっきりしません。普通に考えればユダヤ教の聖書なのですから、ユダヤ人はこの聖書に基づいて信仰していると思いがちです。旧約聖書のヤハウェを神とし、キリスト教のイエス・キリストの如く崇めていると思うのが当然です。しかし、ユダヤ人たちは「タルムード」をより信仰の拠りどころとしています。「タルムード」とは何でしょうか。ラビ（ユダヤ教司祭者）たちは、モーゼがその最初の著述者とします。彼がシナイ山で神から授かった、石板の上に記された文字＝律法です。これはまた「トーラ」とも呼ばれます。モーゼはこのトーラをヨシュアに伝えたといわれています。この口伝から二千数百年もの長い年月のあいだに、数多くのユダヤ教のラビたちが「あれをなすな」「これをなせ」と、厳しく生活のための教えを説いたものです。

これは長い間、ユダヤ人以外の人々が知ることができないものでした。しかし、キリスト教徒の間でこのタルムードが知られるようになります。I・B・プラナイティスの著書『仮面を剥がされたタルムード』から私が選んだ文章を引用します。

どうして「タルムード」を引用するのかを前もって書きます。この「タルムード」が現在も生きていて、「世界＝経済」を支配している怪物の正体であると私が固く信じているからです。タルムードには多くの文献があります。出典を例記しない場合もあります（詳しいことを知りたい方は、二〇〇三年に歴史修正研究所の監訳で邦訳版『ユダヤ人と彼らの嘘・仮面を剥がされたタルムード』が出ていますので、是非読んでください）。

「タルムードの中のイエス・キリスト」

タルムードには、イエス・キリストの生誕、生涯、死及び教えについて数々の叙述がある。しかし、その名前はいつも同じではなく、「あの男」「あいつ」、「大工の息子」「吊された者」など、種々の名で呼ばれている。

ヘブライ語のキリストの真の名はナザレ人イエス（ジュシュア・ハノツリ）であり、彼の育った地、ナザレの街にちなんで、ノーツリと呼ばれた。それで、タルムードでは、キリスト教徒もまたナザレ人と呼ばれる。（中略）

タルムードではキリストは、オト・イシュと呼ばれている。アブホダ・ザラー六ａの中に、次のように書かれている。「キリストは弟子たちに偽りの教えを説き、週の最初の日——ユダヤ教の安息日の次の日——礼拝するよう教えている。

「キリストの生涯」

タルムードでは、イエス・キリストは私生児で、生理中に受胎し、エサウの魂を持ち、また彼は馬鹿で、呪師で、誘惑者である。そして、十字架につけられ、地獄に埋められ、死後、彼の弟子たちにより偶像として祭り上げられた——と教えている。

「マリアについて」

このマリアはスターダ、つまり娼婦である。それはバンバディータで言われているように彼女は夫から離れ、姦淫を犯していたからである。このことは、エルサレム・タルムードにも書かれているし、またマイモニデスも記述している。

私はほんの少しだけ、「イエス・キリストとその母マリア」について引用しました。この引用文で分かるように、ナグ・ハマディ文書に記されたイエス・キリストとちがい、憎悪の対象となっています。どうしてでしょうか。私はローマに対するユダヤの反乱が原因であろうと思っています。マサダに立て籠ったユダヤ民族主義者たちが紀元七四年に全滅させられます。この堅固な要塞こそはユダヤ教エッセネ派の拠点でした。この紀元七四年という年に私は注目します。「マタイによる福音」が登場するのは、七五年ごろからです。また、「マタイによる福音書」もほぼ同時期です。「ルカによる福音書」は九〇年〜一〇〇年ごろには姿を見せます。「ヨハネによる福音書」の登場はこれらの福音書より約二十年後です。

これらの福音書を元にした布教活動はローマ帝国の辺境から始まります。ローマ帝国の有力な貴族とローマ帝国の皇帝に近い最上層部が、暴動を起こしたユダヤ民族を追放し虐殺する過程で、その元凶をユダヤ教エッセネ派と決めつけ、彼らの最終拠点マサダを殲滅させたのです。同時に彼らローマ帝国は宗教の恐怖を知り尽くしたといえます。宗教の布教とは民衆の心をとらえる行為です。ローマ帝国は後に正統派となるキリスト教を広めるために、新しい聖書を作るのです。この正統派キリスト教が国家宗教になるのに百数十年を要したとしても不思議ではありません。キリスト教グノーシス派は敗北し、虐殺と逃亡の中で、彼らがそれまで使用していた聖書の一部をナグ・ハマディに隠すのでした。しかし、ユダヤ教のラビはタルムードを延々と増やしつつ、「ローマ憎し」を、「イエス・キリスト憎し」に変えるのです。そして、奸計を使ってでも、ローマ帝国を敗北に導くべく作戦を練るのです。そこで、武力ではなく経済力でローマを支配しようとする方針へと転換します。その方法がタルムードに書かれています。以下の文章は『仮面を剥がされたタルムード』からの再度の引用です。

全ての世界はユダヤ人のものであり、全てのものがユダヤ人に仕えねばならない。とりわけ「人の形をした動物たち」は。

彼らの偶像崇拝的祝祭の三日前からは彼らに何かを売ったり、また彼らから買ったりすることは許されない。彼らに援助を与えることも、受けることも、彼らと両替することも借金を返すことも彼らに借金を返済させることもまた禁止されている。

どこでもユダヤ人はキリスト教徒を殺すべきであり、また、それを情け容赦なく実行すべきである。

ユダヤ人は自分ができるところではどこでも、キリスト教徒に対して、彼らの手助けをしないことにより間接的に、また彼らの計画や企てもめちゃくちゃにすることにより直接的に、損害を与えて苦しめるべきであると命じられている。ましてや、死にかかっているキリスト教徒を救助してはならない。

ゴイム（動物のこと）は荷馬のようにユダヤ人たちに奉仕するのだから、彼らの生命及び能力は共にユダヤ人の所有物である。ゴイムの生命と彼の全ての肉体的力とはユダヤ人に所属するものである。

ユダヤ人のキリスト教徒（ゴイムとかゴイ）に対する軽蔑感、優越感を見てきました。これは差別された民族であるユダヤ人の裏返しの思想です。しかし、差別され賤民視されたユダヤ人はタルムードを完成させる過程で、世界＝経済の支配者となっていきます。そして、拝金教を創り出すのです。いかにして彼らが、世界＝経済の支配者になっていったのかが、これから引用するタルムードに書かれています。

＊キリスト教徒に取引を教えることは禁止されている。
＊キリスト教徒がユダヤに対して支払い過ぎたとしても、そのことは教えられるべきではない。
＊キリスト教徒の失われた財産は彼らに返還されてはならない。
＊キリスト教徒はだまされてもさしつかえない。ゴイをだますことは許されている。
＊ユダヤ人はキリスト教徒に対して、高利貸しをすることが許されている。偶像崇拝に陥った

背教者から高利を取ることはさしつかえない。

＊「私はあなたの父上にある物を与えたが彼は死んでしまった。だからあなたは私にそれを返さねばならない」という嘘をついても、あなたが嘘をついているということをゴイが知らない限り、神の名が汚されることはない。ユダヤ人は、はっきりとした意識をもって偽証をなすことを許されている。

＊ユダヤ人は常にキリスト教徒をだまそうと努めねばならない。

＊病気であるキリスト教徒は援助されてはならない。キリスト教徒の女性は出産に際し手助けされてはならない。死にかけているキリスト教徒は助けられてはならない。

＊異教徒、裏切り者、背教者らは、井戸に投げ込まねばならぬ。決して救い出されてはならない。

＊君主たち、とりわけローマの君主（皇帝）は殺されなければならない。

＊キリスト教徒を殺す者たちは、天国で高い地位を得る。

これらのタルムードを読まれて、どのように思われたでしょうか。私たち日本人には全く異質ともいうべき民族がこの地上にいることが理解できたでしょうか。二十一世紀の今、このタルムードの思想がもっとも強力なものとなり、ユダヤ人が世界＝経済を支配しているのです。

多くの経済学者たちが、二〇〇八年の大恐慌（リーマン・ショック）の原因を「強欲資本主義」

という言葉でいとも簡単に片付けていますが、私はタルムードの作り出した拝金教の心霊である拝金霊が多くの人々の心を支配するようになったからだ、と見ています。

このタルムードを信仰する者たちが秘密組織（カルト集団）を作り、拝金教を秘かに広めていくのです。これが、現代の金融システムを創り出していったのです。私たちが信じて疑わない金融システムは、タルムードが作り出した悪魔集団の手の中に落ちています。その良き例があります。イングランド銀行が公定歩合（利率）の決定をする際に、儀式めいたことをしています。そして何よりも驚きなのは彼ら役員の衣装です。まるでソロモンの神殿で神官たちが着ていたといわれる衣装によく似ているのです。彼らイングランド銀行の役員たちはソロモンの権威を一般民衆に示すかのように振る舞います。彼らは間違いなくタルムードの世界の住民なのです。中央銀行、ＩＭＦ（国際通貨基金）、世界銀行はすべて負債を垂れ流しています。その負債は高利貸したちにより利子をつけられて一般の人々に返ってきます。タルムードは言います。「キリスト教徒がユダヤに対して支払い過ぎたとしても、そのことは教えられるべきではない」。高利貸しの利益はすべて、タルムードの人々に入っていきます。

私たちは彼らタルムード族により集団催眠にかけられています。一神教の概念に私たちは魂を束縛され続けているのです。神という存在が私たちの精神を奴隷化しているのです。

私たちは、キリストを唯一神として信仰する人々が間違いなく、拝金教の神をも信じるようになった現実を知るべきなのです。私たちは「二重思考」というパラドックスの犠牲者ではないでしょうか。私はローマ帝国が国教とした正統派キリスト教も拝金教そのものになったと思います。カトリックについては後章で詳述します。

すべての宗教はマネーなくしては存在しえないのです。神はすべての拝金教の神であることを知るべきです。この唯一神は私たちに大変なマイナスを与え続けています。拝金至上主義は自然の破壊者を大量生産したのです。十九世紀の哲学者ヘーゲルの『歴史哲学講義』から引用します。ヘーゲルはユダヤについて論じています。

広い意味でペルシャ帝国に属するもう一つの沿岸民族が、ユダヤ民族です。この民族の根本経典は『旧約聖書』で、そこには、これまでのべてきた民族とは正反対の原理にたつ、ユダヤ民族の世界観があらわれています。フェニキア人にあっては、精神的なものがなお自然の制約をうけていたが、ユダヤ人にあっては、それがまったく純粋な形であらわれる。思考の純粋な産物ないしは自己の思考が意識されるようになり、精神的なものが、自然と極端に対立し、自然との一体化をきびしくしりぞけるものとして展開されます。

ヘーゲルは、ユダヤが欲望のあまり、自然を殺すにいたる過程を書いているのです。一神教は盲目の人々を量産する宗教です。拝金思想と一神教は表裏一体です。「自然と極端に対立し」、その結果、環境破壊が起こるのは当然です。今から約三百年前にヘーゲルは二十一世紀のイメージをユダヤの動きの中に見ていたのではないでしょうか。
私はグノーシスを中心に書いてきました。ギリシャ文明についても書くべきだったかもしれません。なぜなら、ユダヤ人によりギリシャ文明は崩壊するのですから。私がグノーシスになぜ拘《こだ》わったのか。私はキリスト生誕から死、そして神となる過程で時間が大きく動いたがゆえに、紀元一世紀から四世紀に的を絞ったのです。回帰的な時が、一神教による直線的な時へと変化していったこの時代こそ、世界＝経済の始まりとなったからです。世界は私たちが思う以上に二千年前に急に狭くなっていったのです。

では、この章の最後に、どうしてローマ文明が滅びていったのかを書くことにします。タルムードにも書かれていますが「割礼《かつれい》」がユダヤ人たる証しでした。ユダヤ人は割礼を自分たちの奴隷にも課します。この非ユダヤ人への割礼に対して反ユダヤの動きが出ました。西暦三一五年、皇帝コンスタンティヌスがユダヤ人を排撃する最初の勅令《ちょくれい》を出します。これに反対したユダヤ人がコンスタンティヌス帝に反感を抱き、皇帝をローマから追い出します。この間の事情は前に書きました。ユダヤはどんなに排除されようと、富の中心地ローマに戻ってきました。多くの史家は「ローマの没落は、古い価値が段階的に崩壊したことが原因である」と言います。また別の史家は「野蛮人たちがローマを襲撃したからである」と書いています。しかし、ローマ帝国は内部から崩壊するのです。それはタルムードにあるようにローマに対する憎悪心ゆえなのです。

アメリカ合衆国の崩壊が近づいています。タルムードの世界に棲むリーダーたちが、憎悪心をもってアメリカを崩壊させようとしています。ローマ滅亡のドラマは今、アメリカの中で進行するドラマと同じです。オバマ大統領のような皇帝を創って滅亡させていくのです。そのよき例としてユリウス・カエサル（ジュリアス・シーザー）について書きました。

二十一世紀は国家の滅亡の時代ではないでしょうか。タルムードをもう一度読んでください。いかに巧妙に罠が仕掛けられ、あのリーマン恐慌が演出されたのかが分かるはずです。

［第四章］

# 「世界時間」が直線化し「世界＝劇場」が暗黒化した

## ユダヤ教とキリスト教は一体である

私は前章でタルムードについてかなり詳しく書きました。このタルムードが二十一世紀の今日においても生きている、否、「旧約聖書」よりも重んじられている、とも書きました。まことに不思議なことですが、ユダヤ教の歴史書やユダヤ人の歴史を伝える書物で、タルムードの内容について記しているものは皆無といえます。ユダヤ教徒にとって、それは秘すべきものであり続けているからです。

ニコラス・デ・ラーンジュの『ユダヤ教入門』を引用します。タルムードがいかに重要であるかが書かれています。しかし、肝腎のその内容については全く書かれていません。

ラビたちは、宗教的規範と伝統の保護者であり、個人やコミュニティー全体に影響を及ぼすような問題の裁定をおこなった。律法上の問題を決定するための主な構成はバビロニア・タルムードで、これは、常に増え続ける膨大な律法文学のなかで解釈がほどこされ、その時代に一層ふさわしいものになっていった。コミュニティーのリーダーは、さまざまな裁可をまかされていて、最後の手段として、権威に従わなかったものを、ヘレム（「破門」）によって追い出すこともできた。このような状況にあって、伝統はあらゆる場合に尊重され、変化はゆっくりと起こり、教育の最終目的は立派なラビを養成することであり、ラビという職業は名誉あるものだった。

私はキリスト教もユダヤ教も、普遍主義というものと敵対していると思います。これらの宗教はあまりに偏狭ではないでしょうか。キリスト教も旧約聖書を新約聖書とともに聖書としています。タルムードは律法（トーラ）です。『出エジプト記』を引用します。エジプトから脱出したモーゼがシナイ山で神から十戒を授けられます。その十戒は以下のとおりです。


神はこれらすべての言葉を告げられた。

「わたしは主、あなたの神、あなたをエジプトの国、奴隷の家から導き出した神である。

あなたには、わたしをおいてほかに神があってはならない。

あなたはいかなる像も造ってはならない。

あなたの神、主の名をみだりに唱えてはならない。

安息日を心に留め、これを聖別せよ。

あなたの父母を敬え。

殺してはならない。

姦淫してはならない。
盗んではならない。
隣人に関して偽証してはならない。
隣人の家を欲してはならない」

私が前章の中で書いてきたタルムードの一部と比較してください。「殺してはならない」から「隣人の家を欲してはならない」までは、タルムードに書かれていることと矛盾しています。それには理由があります。この十戒の最初に書かれている文章に注目してください。

「わたしは主、あなたの神」とは、「あなた以外の神ではない」と神が言っているのです。ではどんな神でしょうか。「あなたをエジプトの国、奴隷の家から導き出した」神なのです。

私たち日本人は日本のキリスト教徒と、とりわけ欧米の協力者と化したキリスト教御用学者、牧師なる職業の人々によって、ユダヤ・キリスト教の恐ろしい部分を故意に隠されて、うわつらの教義を教えられています。

モーゼを導いた神のみが神であり、私たち日本人は、ごくごく一部の人々を除けば、皆殺しにすべき人間なのです。たとえば、彼らユダヤ・キリスト教の神、ヤハウェはアブラハム（彼らユダヤ・キリスト教徒の先祖とされる）に次のように告げています（「創世記」）。

わたしはあなたを大いなる国民にし、
あなたを祝福し、あなたの名を高める。
祝福の源となるように。
あなたを祝福する人をわたしは祝福し、
あなたを呪う者をわたしは呪う。
地上の氏族はすべて、あなたによって祝福に入る。

この「創世記」の意味するところを理解しないといけないのです。二十世紀後半から、とくにユダヤとその周辺の人々により、「新世界秩序（ニュー・ワールド・オーダー）」が叫ばれるようになりました。彼らは、この「創世記」を信じて行動する人々なのです。「あなたを呪う者をわたしは呪う」とは、なんと恐ろしい神がこの世に出現したことでしょうか。荒井章三の『ユダヤ教の誕生』を引用しようと思います。

後代のラビたちは、「モーセ五書」のなかに六一三の規定（Mizwot〔義務〕）を見いだした。これは、一年に対応する三六五の禁令と、社会の成員数に対応する二四八の戒めとを足したものである（バビロニア・タルムード「マッコート〔鞭打ち〕」）。つまり、トーラーは、安息日や祝祭日のみならず、毎日のために存在するのであり、あらゆる人間にかかわるものである。

このような戒めや禁令には価値の優劣はなかったから、原理的には、すべてのものが等しく口伝的展開の対象となった。

荒井章三にはまことに申し訳ありませんが、ユダヤ・キリストの真実に少しは迫ってほしいと私は思いました。いかに多くの〝制約〟があるのだろうかと思われます。日本のユダヤ・キリスト教学者、司祭は、「ユダヤ・ロビー」の一員に成り下がっています。反ユダヤ・キリスト教の立場を少しでもとると、消される（仕事がなくなる）のは間違いないことです。

「光を造り、闇を創造し、平和をもたらし、災いを創造する者。わたしが主、これらのことをするものである」（イザヤ書）とヤハウェは言いました。「災いを創造する」神としてこの世界を破壊することを目標としているのを知るべきです。その神はまさに偉大なのです。「手のひらにすくって海を量《はか》り、手の幅をもって天を測る者があろうか」（イザヤ書）という唯一神なのです。

「殺すなかれ」はユダヤ・キリスト教徒の信者どうしの合言葉です。この言葉は、ユダヤ・キリスト教徒の外の民族（私たち日本民族も）に対しては全く適用外なのです。

私は若い頃、ニーチェ、ドストエフスキー、サルトルに熱中しました。しかし、旧約聖書、とくに「ヨシュア記」を読んで非常に驚いたことがあります。西洋崇拝熱がいっぺんに醒めたのでした。

主はヨシュアに言われた。「恐れてはならない。おののいてはならない。全軍隊を引き連れてアイに攻め上りなさい。アイの王も民も町も周辺の土地もあなたの手に渡す。……ヨシュアは全軍隊を率《ひき》いて行動を起こし、アイへ攻め上った。……イスラエルは、追って来たアイの全住民を野原や荒れ野で殺し、一人残らず剣にかけて倒した。全イスラエルはアイにとって返し、その町を剣にかけて撃った。その日の敵の死者は男女合わせて一万二千人、アイの全住民であった。……ヨシュアはこうしてアイを焼き払い、とこしえの廃墟の丘として打ち捨てた。

同じ神ヤハウェを最高神とするユダヤ教とキリスト教が憎み合っているのです。それはユダヤ人がキリストを「私生児で、生理中に受胎し、エサウの魂を持ち、また彼は馬鹿で、呪師で誘惑者である。そして十字架につけられ、地獄に埋められ、死後、彼の弟子たちにより偶像として祭り上げられた」と見ているからです。兄弟ゲンカといえるでしょう。

では、キリスト教徒はユダヤ人をどのように見ているのでしょうか。

ユダヤ人が神（イエス・キリスト）を殺そうと企《くわだ》てた、というのがキリスト教徒の一致した意見です。いっぽうユダヤ人は、イエスはユダヤ人であり、裏切り者であると主張します。ユダヤ人とキリスト教徒との関係を知るのには、一二一五年の第四次ラテラノ宗教会議で教皇イノセント三世のもと、ローマ・カトリックのユダヤ人に対する態度を決定した教会法第六七－七〇の採択が重要です。マルチン・ルター、I・B・プラナイティス共著の『ユダヤ人と彼らの嘘・仮面を剥がされたタルムード』から引用します。

まず第一に財政上のことで、高利貸しとしてのユダヤ人の強奪に対する、キリスト教徒保護対策を含む。ユダヤ人だけは利息付で金を貸すことが許された。

第二に、全てのユダヤ人は、服の色と特有のバッジによって、キリスト教徒から常に識別される法令。

第三にユダヤ人がキリスト教徒を看護婦、家庭教師、家付召使とすることを禁止し、更に、キリスト教徒がユダヤ人やユダヤ女と同居することを禁止する。彼らとの法律上の結婚はできなかった。

第四にキリスト教徒に対するユダヤ人の法的証言を受理することを禁じ、ユダヤ人に対するキリスト教徒の証言の優先を命じている。更に命令はまた、教会と国家の全ての権力は、引き続き、改宗し洗礼を受けたユダヤ人が以前の彼らの信仰の儀式の実行を続けないように見張るべきことを付け加えている。

ユダヤ人がバッジを縫いつけていなければならないと決められたのは、一二一五年の第四次ラテラノ会議からです。ナチス・ドイツが一九三五年の人種法でユダヤ人バッジを復活させています。

ユダヤ人とは何か、とよく問われます。伝統的解釈では、ユダヤの両親、もしくはユダヤ人の母親を持つ子供とされます。今日では、ユダヤの母親を持たなくとも、父親がユダヤ人で、ユダヤ人

バッジを着けたユダヤ人（十六世紀の画）

第四次ラテラノ会議（1215）

ナチス・ドイツもユダヤ人にバッジを強制した

ユダヤ・バッジの一覧

として育てられている子供もユダヤ人の子供とされています。また例外もあります。非ユダヤ人でも、ラビの法廷に申し出てユダヤ人になることができます。ユダヤ教の勉強をすること、水をくぐる儀式と割礼の儀式（男性の場合）を受けることが条件です。

ここで疑問が残ります。どうしてバッジをつけることが一二一五年の第四次ラテラノ会議、そして一九三五年の人種法で決められたのでしょうか。それは八百年も昔から、ユダヤ人と非ユダヤ人の区分がつかなかったということです。もちろん、私たち日本人にもユダヤ人と非ユダヤ人の区別はつきません。極端な言い方が赦《ゆる》されるのなら、ユダヤ教とキリスト教の差異は、割礼ということだけではないでしょうか。彼らはモーゼの十戒に生きています。

そして、外観上、思想上の外に大事なことがラテラノ会議で決定しています。それは「ユダヤ人だけが利息付きで金を貸すことが許された」ということです。ユダヤ人がこの権利を持ち続けることで、世界＝経済を支配することになります。私は利子を取ることにより世界経済は拡大し、そして破滅を迎えるほどに金融機関が拡大したと書きました。しかし、ユダヤに利用されているユダヤ・キリスト教の学者たちが「タルムード」を語らないのと同じように、ユダヤが支配するようになった最大の秘密「利子」について、多くの経済学者は語ろうとしません。第四次ラテラノ会議で決まった第一は「高利貸しとしてのユダヤ人の強奪に対する、キリスト教徒保護を含む対策」でした。その対策について協議した決定の中で「ユダヤ人だけが利息付きで金を貸すことが許された」のはなぜでしょうか。

ユダヤ人なくしてローマ・カトリックの経済が成り立たない状況に置かれていた、ということを意味します。第四次ラテラノ会議における教会法六七－七〇の採択により、ユダヤは世界＝経済の主役であることがはっきりしました。

「旧約聖書」はユダヤという一部族の物語です。この部族が神というものを創り、栄枯盛衰を繰り返し、ローマ帝国とローマ・カトリックに敗北します。しかし、このユダヤという民は金融という技を磨き上げ、ローマ帝国を滅亡へと導きます。また、ローマ・カトリックに潜入し、財政上の支配者となっていきます。ユダヤ人はディアスポラ（離散）を繰り返します。しかし、この民は、離散の終わりを希望と祈りで待ち望むという「旧約聖書」を創造します。あのタルムードはラビたちによるラビ文学です。あのタルムードが教えるのは、政治的な民族としてでなく、祭祀的民族でもない、世界＝経済を支配することこそ民族の究極の目標である、ということではないでしょうか。「あきらめない時間」を持つ少数民族が、二十一世紀の世界を支配しようとしています。「あきらめ続けた時間」しか持たぬ私たち日本人は、敗北とは何かの意味を知らず、美しく回っていた永遠回帰の時間を捨てて時計的な生を生き続けているうちに、破滅のシナリオ通りに滅びようとしているのではないでしょうか。

キリスト教について少しだけ書いて、この項を終わりにしようと思います。キリスト教はそのはじまりはユダヤ人の間に広められた宗教でした。キリスト教が誕生してから、ローマ・キリスト教はユダヤ人を改宗させようとしました。しかし、ユダヤ人はイエス・キリストの神への昇格を認めませんでした。ただその一点以外は、ユダヤ・キリスト教に不都合な点はないのです。「継続は力なり」という言葉があります。継続とはあきらめないで続けることです。継続の言葉にふさわしい民族はユダヤ以外にありません。継続を別の言葉で置き換えるならば、〝時間〟以外にないのです。「時間は力なり」と私は信じています。

## 限界なき時間が創り出した「宇宙樹」について

ハイデガーの哲学は難解であると書きましたが、もう一度、彼の『存在と時間』を少しだけ引用しようと思います。それは、「宇宙樹」について書こうと思うからです。

この地球上に宇宙樹が聳《そび》え立っているということを、私たち日本人は考えたことがありません。しかし、それは私たちが意識しないだけで、現に生きて存在しているのです。神社に御神木《ごしんぼく》がありますが、これも宇宙樹の一種であると思います。また鎮守の杜《もり》の樹々も宇宙樹であると、私は理解しています。私たちは日本人はとりたてて意識することなく、時間の中で、伝承された歴史を共有しながら生きているからです。ハイデガーは直截に、「宇宙樹」について語っているわけではありません。

それゆえ精神は、必然的に時間のうちに現われることになり、しかも精神は自分の純粋な概念を捉えないかぎり、換言すれば、時間を消し去らないかぎり、時間のうちに現われることになるのです。時間とは外的に直観され、自己によって捉えられていない純粋自己であって、ただ直観されるにとどまる概念なのです。

ハイデガーの『存在と時間』の最後の文章、第八十二節の末尾に近いところにこの時間論が出てきます。ハイデガーは、存在とは何か、時間とは何かを究《きわ》めようとし、「時間とは外的に直観され、自己によって捉えられていない純粋自己」であると記すことにより、時間を神秘なものとする宗教的な境地に返ったものと思います。ヘーゲルの「時間は〝今〟であるところの自然のうちに現われるもの」という思考を追求していくうちに、ついに捉えることのできない時間をハイデガーは知ったのでした。

ハイデガーはこの『存在と時間』では書いていませんが、彼が到達した「時間論」は、ゾロアスター教の神学論に近いものです。ゾロアスター教は紀元前七世紀頃、東イラン地方で宗教活動したゾロアスター（ザラスシュトラ）が創った宗教で、「拝火教《はいかきょう》」とも呼ばれています。仏陀の誕生よりも百七十年前の人です。アフラ・マズダー神が「光と闇」を創造し、世界を創造し、宇宙を支配するのです。

先に旧約聖書の「イザヤ書」を紹介しました。その中で「手のひらにすくって海を量《はか》り……丘を天秤にかける者があろうか」を引用しましたが、ヤハウェの創造の神たる物語はゾロアスター教の影響を大きく受けています。仏教も（再度極端な言い方が赦されるならば）、ゾロアスター教の一流派ではないかと私は思っています。このゾロアスター教の「光と闇」の二元論が彼の宗教の原点となりました。「天国と地獄」の概念も、このゾロアスター教から生まれてきたのです。

私はここで、岡田明憲の『ゾロアスターの神秘思想』から引用しようと思います。

古代イラン人は、ギリシャ人の場合と異なって、存在を静止したものと見なさず、時間の中で生成するものと考えていた。これは後のゾロアスター教神学で、ズルワン主義となって開花する。それによれば、ズルワーン（時間）は、万物の創造に先立って、神とともに在る。ここに、時間は存在から導き出されず、かえって時間から存在は解明される。いわば、ハイデッガー（一八八九－一九七六）が計画しながらついに未刊に終わった『存在と時間』の第二部「時間から存在へ」が、神話的表現をとるとはいえ、実現されるわけである。

私が引用したハイデガーの文章は哲学的表現というよりも神話的表現になっているのが分かるでしょうか。ハイデガーはついに哲学的に時間を説明できないままに、自身の哲学者としての立場を放棄したのでしょうか。否、彼は、存在とは何かを究める過程で、時間こそが存在に先立つものであることを解明したのです。

岡田明憲は、私たちが知りえなかった時間について教えてくれます。続けて引用します。

ゾロアスター教の神学は、ズルワーン・ダルゴー・クワーザータとズルワーン・アカラナの二種の時間を説く。このうち前者は、「長い自律的な時間」を意味し、我々の時間意識と一致する。通常人が経験可能な唯一の時間であるそれは、歴史を支配し、季節をめぐらし、人がその中で老いる時間である。これに対し後者、ズルワーン・アカラナは、万物の創造に先立ってすでに有り、世界の終末の後にも無くならないことから、「限界なき時間」と称される。アフラ・マズダーは万物の創造に際して、この無限時間から有限なる時間を切り取り、それを世界史の舞台として定めたのである。

ゾロアスター教は、全なる神アフラ・マズダーの創造した善きものか、さもなければ、悪魔アンラ・マンユの創造した悪しきものかです。岡田明憲は「ギリシャ以来の西洋哲学の伝統は、かえって存在が善であることを示しているのである。ただ、悪のイデアが存在しないように、また闇が光の欠如にすぎないように、反価値を非存在と同一視する点で、ゾロアスター教と意見を異にしているのである」と書いています。

私がソクラテス、プラトン、アリストテレス、スコラ哲学と続く歴史を本書で書かなかった理由は、哲学は宗教と結びつかなかった、この一点にあります。人の心に「光と闇」、「天国と地獄」の世界を現出してみせて初めて、人々はこの世に生きることの恐怖を知ったのでした。私はゾロアスターが「拝火教」を創り出し、この世に「拝金教」なる宗教にして金融業なる怪奇な組織が生まれたと理解しています。

俗なる表現をするならば、次のようなことを「拝金教」の金融司祭は語るはずなのです。

いいか、何も知らず生きている者たちよ。お前たちが、この世に生きられるのは善神が悪神を懲《こ》らしめておられるからじゃ……。善神の言う通りにしなければ、お前たちは闇の世界に堕《お》ちてしまうのじゃ……。悪神をこらしめるために、善神の神殿に来て拝むがいい……。

貨幣の発明も、貨幣による取引も、最初はすべて神殿の取引所で神官によって行なわれました。宗教が「光と闇」「天国と地獄」を説くとともに、貨幣がゾロアスター教の神殿にも、ユダヤ教の神殿にも集中したのでした。神官が政治と経済の支配者となっていくのは必然的な成り行きでした。これが国家の誕生となったよき例が、イスラエル王国というわけです。

神殿にはシンボルが必要になってきました。もう一度、岡田明憲の『ゾロアスターの神秘思想』から引用します。

ゾロアスター誕生の際、光輪とともに合一する他の二要素は、いかなる経路で運ばれたのか。まずフラワシについて述べよう。三千年間を不可視の状態で過ごしたゾロアスターのフラワシは、最高神アフラ・マズダーの命により、地上に降下することとなる。天界より彼のフラワシを運ぶ役目は、大天使たるウォフ・マナフとアシャ・ワヒシュタが仰せつかる。彼らは人の高さのハオマ樹を作って、その中にゾロアスターのフラワシを移し、それをアスナワント山に立てた。後にこの山には、ゾロアスター教の三大火の一つである「戦士の火」が祭られた。ハマオ樹は、東西の神話に広く見られる宇宙樹で、生命の木である。

私が先に述べたように、日本の御神木も宇宙樹なのです。北ビルマで生活した吉田敏治が『宇宙樹の森』の中で、宇宙樹について書いています。

その木はとてつもない巨樹である。……いや、正確に言うと巨樹らしい。なにせ、間近に見た者は誰ひとりとしていないのだ。ただし、遠く遠くからなら誰にでも見えるという。なぜなら、それは月に生えていて、満月の面《おもて》に太い幹と豊かにひろがる枝葉が望めるからである。

私たち日本人も、北ビルマの人々も、同じような感覚で、限界なき時間の中で、限界なき空間で生き続けた人間でした。そして、「光と闇」「天国と地獄」を意識することなく、否、正確に言いますと、意識しなくても生き続けることができたのです。

ゾロアスター教が姿を変え、仏教の姿をとり、私たちの世界に入ってきてから、私たちの生活は一変しました。なぜなら、「光と闇」「天国と地獄」がこの世にもあの世にも存在することを、一方的に、否、強引に知らされたからです。ゾロアスター教はユダヤ教を生み、そしてキリスト教も生みました。ユダヤ教が伝える宇宙樹を知ると、二十一世紀に進行中の「光と闇」「天国と地獄」の戦争が一段と激しくなっているのが分かります。

タルムードが実生活を規制する実法とするなら、カバラは神秘思想といえるものです。カバラは長い間、タルムードと同様に、ユダヤ社会のみで知られていました。私たち日本人は、森の中で生きてきましたから、御神木が宇宙樹になりました。ゾロアスター教の誕生した時代、まだ樹木が、すなわち、森が少しは残っていましたから、ハオマ樹を宇宙樹としました。イスラエル（いろんな国家名がありますが、一応イスラエルで統一します）はユダヤ教が誕生したころにはすでに砂漠化が進んでいましたから、木をもって宇宙樹を考えることはできません。そこでユダヤ教神秘思想家たちは、宇宙樹なる思想体系を想像していったのです。彼らユダヤ人は離散を繰り返し、ついに領土という国家を持ちません。一九四五年に、パレスチナという土地に国家を建設しますが、彼らは、散りゆく土地で、砂漠でつちかった能力を捨てることはありませんでした。それを小岸昭は『離散するユダヤ人』の中で以下のように表現しています。

このような砂漠の経験から、その後、離散地のユダヤ人は財産を持ち運び可能なものに、しかも換金可能なものにして、追放という「非・場」の真っ只中へ繰り返し戻って行った。それだけにとどまらずユダヤ人は、すべてを明るい光の下に見るという、砂漠で培ったもうひとつの能力、すなわち文学的・哲学的な思考や貨幣経済などの分野で発揮される、そのずばぬけた抽象能力を携えて、世界各地に離散して行ったのである。

この小岸昭の文章に、私は一つだけ異論があります。それは「すべてを明るい光の下に見るという」、この部分です。私は「すべてを明るい光と〝漆黒の闇〟の下で見るという」と修正したいと思います。なぜならば、ゾロアスター教の影響をいちばん受けたのはユダヤ教だからです。

私が小岸昭のこの文章を引用したのには理由があります。それは「砂漠で培ったもうひとつの能力」について追究していることです。すなわち、「文学的・哲学的な思考」と「貨幣経済などの分野で発揮される」能力です。その能力を「ずばぬけた抽象能力」と小岸昭は表現しています。

この「抽象能力」を、私は「創造的想像力」という言葉を使って表現してきたのです。文学も哲学も貨幣経済も、これらの本当の姿を理解するのには、抽象能力をずばぬけた程度にまで高めなければいけないのです。そのために、人は何をどのようになすべきかについて、私は書いているのです。ユダヤ人が「ずばぬけた抽象能力」を持っていることは事実です。彼らの能力がいかに形成されていったのかを知ることなく抽象能力を高めることはできません。

私たち日本人はこの日本という国土の中で、世界の歴史から離れて暮らしてきた民族です。だから、創造的想像力においてはある部分、欠落したところがあります。すなわち、世界歴史の中で進行中の直線的時間の進み具合について無知なところがあるのです。

脳科学者が抽象度を高める方法（頭がよくなる方法）についてあれやこれやと解説していますが、それらのほとんどは、洗脳されたあなたの脳を解くのでなく、あなたを逆洗脳しているにすぎません。脳の仕組みを知っているだけでは、抽象能力を高めることはできないのです。ユダヤ人の能力を知ることは、文学そして哲学の勉強になり、何よりも貨幣経済の仕組みを解明する王道なのです。小岸昭は「追放の中の追放は、かつて砂漠がそうであったように、彷徨《さまよ》えるユダヤ人に抽象性の能力を育むのに役立った」とも書いています。創造的想像力を育むために役に立つ素材がありま す。それは、カバラという神秘思想です。

そして、頭の上の大空の上に……サファイアのような玉座の形があった。また、その玉座の形の上に人の姿のような形があった……主の栄光の形のさまは、このようであった。そして、わたしがこれを見たとき、わたしは顔をふせ、そして、語る者の声を聞いた。

(『エゼキエル書』)

この文章は、旧約聖書の中で「エゼキエル書」といわれる文書からの引用です。預言者エゼキエルが見た幻の一部分です。バビロンに捕囚の身となったユダヤ人に対する神の姿を幻として見たのです。神はエゼキエルに「こうして、あなたたちはわたしの民となり、わたしはあなたたちの神となる」と言います。エゼキエル書に登場する神をUFOに乗った宇宙人だという人々がいます。しかし、ここで論ずべき問題としては取り上げません。旧約聖書の中に書かれた神秘思想がユダヤ教の研究家たちの手で姿を変えて伝えられていきました。小岸昭はアルゼンチンの作家ホルヘ・ルイス・ボルヘス（一八九九－一九八六）の詩「バルーフ・スピノサ」を偲んでつくった詩をのせています。哲学者スピノサは一四九二年、スペインから追われたユダヤ人の一族の子孫でした。スピノサのように高い抽象度を持てるようとの祈りをこめて、以下の文章を紹介します。文中、「彼ら」とあるのはウイリアム・ダ・コスタ（一五八五－一六四〇）とバルーフ・スピノサ（一六三二－一七七七）です。

このような彼らが、時の砂丘に深く埋もれることがなかったのは、追放の薄明かりの中でますます燃え立つ彼ら自身の抽象能力によってだった。

「金色の靄《もや》に似た西日が
窓を明るませる。苦心の原稿が
すでに無限を孕《はら》みつつ、待ち受けている。
薄明かりの中で何者かが神を組み立てている。
一人の男が神を産む。悲しそうな目をした、
肌が檸檬《れもん》色のユダヤ人である。」

ウイリアム・ダ・コスタとスペノサは、一四九二年のスペインによるユダヤ教徒追放令により、新キリスト教徒（マラーノ）として、ポルトガルからオランダのアムステルダムに移住した一族の

子孫でした。しかし、二人はユダヤ教徒であることを隠さなかったために、マラーノ社会からも追放されます。

このコスタとスピノサのような哲学者たちが、旧約聖書ができた頃から密かに「神を組み立てて」きたのです。その組み立てられたものが「カバラ」なのです。カバラは、師から弟子たちへの「口伝」の形で伝えられたものです。

一つの説ですが、十二世紀後半フランスのラングドック地方およびプロヴァンスのユダヤ共同体の中で起こり、ついで十三世紀にスペインのローナなどへ伝播していった一大精神運動である（小岸昭説）といわれていますが、別の説もあります。小岸昭は「しばしば異端的な色彩をもって宇宙や人間の創造世界をえがくグノーシスの遺産で、宇宙的宗教性の諸構造を、象徴的な神話の氾濫のうちに再生するものであった」と書いています。

私はカバラをユダヤ教グノーシス派の書いた、もう一つの聖書だと思っています。ユダヤ人は離散を強要されていくなかで、彼らの心の支えとして別の聖書を作ったと理解すると分かりやすいのです。カバラの思想の中核をなすのが宇宙樹です。現存する最古のカバラ文献と呼ばれるのが「バーヒルの書」です。私はカバラについて勉強していくうちに、小岸昭の『離散するユダヤ人』が、カバラ入門書としていちばん分かりやすいと思いました。ユダヤの司祭やユダヤ人たちが書いたカバラ入門書がたくさんあります。しかし、初歩的な入門書としては難解すぎます。小岸昭の本から再び引用します。宇宙樹誕生のドラムを知ることができます。

カバラに特有の神話的傾向は、例えば、ショーレムが『カバラとその象徴的表現』の中で引用している、『バーヒルの書』のつぎの文章にはっきりとうかがわれる。

「神の諸力は、すべて重なりあっており、さながら一本の樹に似る。樹が水によって実を結ぶように、神もまた水によって「樹」の諸力をふやされる。では、神の水とはなにか？　それは、ホクマ（叡知《えいち》）のことであり、これ（樹の果実）は、源泉から大運河へと飛翔する義なる人々の魂のことである。魂は飛びたち、樹にとまる。では、樹はなにによって花を咲かせるのか？　イスラエルの民によってである。彼らが善良にして義を守るならば、シェキーナが彼らのもとに住まうのだ。」

文中の「シェキーナ」とあるのは、カバラの中で「神の臨在」という意味で使われています。このカバラの中に登場する宇宙樹は今まで歴史に登場したすべてのそれとは大きく異なります。カバラを代表する教典は、十三世紀の末期に書かれた『ゾーハル』（『光輝の書』）です。この中に「宇宙樹」が出ています。セフィーロト（神があらわれてくる諸力の源、あるいは神の力が満たされる器）が「宇宙樹」であるとされています。

このセフィーロトに十個の名が挙げられています。

（一）王冠《ケテル》、（二）叡知《ホクマ》、（三）理知《ビナ》、（四）慈愛《ヘセド》、（五）厳正《ゲブラ》、（六）美《ティフェレト》、（七）勝利《ネツァア》、（八）栄光《ホド》、

（九）基礎《イエソド》、（一〇）王国《マルクト》

宇宙樹の上にあるのは（一）の王冠です。また下にあるのは王国です。（二）〜（八）は樹の姿なのです。この宇宙樹は性を表現したものであるともいわれています。

小岸昭は「第九セフィラー『基礎』がずばり男根そのものとして表現され、さらに第十セフィラーの『王国』が神における女性的原理『シェキーナ』としてとらえられる時、ここに聖なる結婚『ヒェロス・ガモス』に関する驚くべき構想が表明されているからである。こうした異端的な構想はしかし、もっぱら観念の世界に生命の根源を見出そうとする離散ユダヤ人に大きな共感を呼んだのである」と書いています。

私はカバラに関する本をいろいろと読み検討したことがあります。そんな本の中でも前述しました、井筒俊彦の『意識と本質』の中で書かれた「セフィーロト」が異彩を放っていると思いました。井筒俊彦は「セフィーロト」構造体を「セフィーロト」マンダラととらえていたのです（マンダラ、そして元型については次章で詳述します）。少し難解ですが井筒俊彦のカバラ論を引用します。

> カバリストによれば、神（あるいは神的実在）は巨大な、絶対無限定的な存在エネルギーである。この存在エネルギーは内から外に向って充溢するが、その充溢には幾つかの発出点が始めから用意されており、発出点の各々において、無限定のエネルギーが原初的に限定される。それがカッパーラーの見る「元型」である。「元型」は数限りなく様々なイマージュを生み出し

ていく。

離散ユダヤ人たちは、哲学を通して、私がいう創造的想像力を働かせ、この虚空《こくう》の中に、存在エネルギーを創造しました。言葉を換えて表現すれば、何もないところに、莫大なエネルギーが存在することを知ったのでした。（一）から（一〇）までのセフィーロトは、彼らが発見し、井筒俊彦が「元型」と名づけたものなのです。

ユダヤ教神秘思想家たちは、神についての従来からの認識に異論を唱えました。そして、多くのシンボルを乱造し続けたのです。人間が人間の側からイマージュを働かせ、神の生きた実在を心のうちに認識しようとしたのでした。彼らはその過程で、普通の人々（合理的に物事を判断する人々）が知りえない深秘の世界を知りえたのでした。私は「イマージュを働かせ」と書きましたが、これを別の言葉に置き換えれば、創造的想像力を働かせることに他なりません。

この宇宙樹の創造に多くのユダヤ人が参加しています。そして、この宇宙樹がユダヤ教神秘主義者の手から、一般のユダヤ人の間に秘かに広まっていきます。文学的、哲学的才能を獲得することは逆境に打ち勝つ最良の方法であると、ユダヤ人たちは知るようになります。そして月日が流れ、私がいう「時間という経過の中で」、彼らは貨幣経済を支配する力をも身につけていくのです。哲学する心なくして、経済を語ることはできないのです。

日本の政治学者や経済学者のほとんどは、「哲学する心」なきままに本をただ書いています。従

宇宙樹

『ゾーハル（光輝の書）』

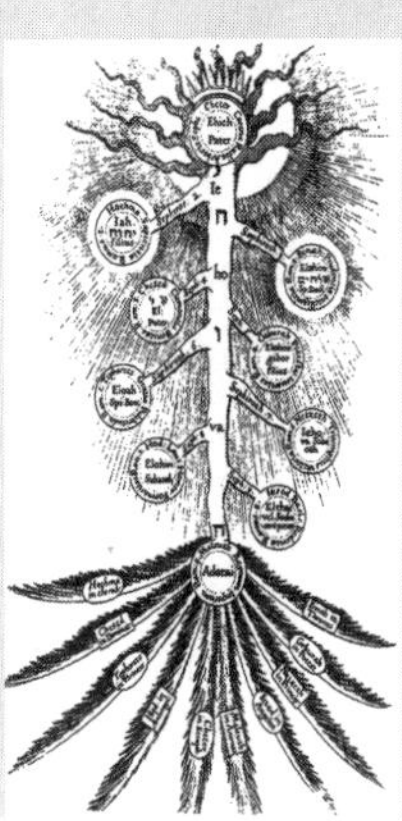

十個のセフィーロトが記された『ゾーハル』中の宇宙樹

って、世界＝経済を支配する怪物たちについて全く考えることの出来ない連中ばかりです。哲学者井筒俊彦の「換《セフィーロト》」に関する解釈を少しだけ引用します。小岸章の「セフィーロト論」とは異色のものです。

第一、「ケテル」(kether)、意味は「王冠」。Kether Elyon「至高の王冠」ともいう。存在流出の究極的始源であって、それ自体は、厳密に言えば、流出ではない。『旧約』(「出エジプト記」三章十四)の有名な神言、我は「在りて在るものなり」に当る純粋「有」、絶対的「一」である。仏教的に言うなら「空」すなわち「真空妙有」の「妙有」的側面に当り、一切の「多」を無分節的に内蔵する。

きわめて難解です。しかし、ユダヤ人の秘密について知ろうとするならば、タルムードとカバラを学ばなければならないのです。第二〜第九までを省略し、宇宙樹の第十、すなわち、いちばん下にある「王国」についての井筒俊彦の文章を引用します。

第十、「マルクート」、「王国」。勿論、至高の王者である神の支配する王国の謂いである。最後の——空間的構造表象では、最下に位置する——「セフィーラー」。上位の、先行するすべての「セフィーロート」のエネルギーが一つになってここに流れ込んでくる。全「セフィーロート」系列の終点として、上位の一切、すなわち神のあらゆる側面、を己れのうちに再現しつつ、全被造界そのものの「元型」をなす。神的実在の世界は、「元型」構造的に、ここで終端に達し、その下には被造界が展開する。従って、被造界の側から見れば、「マルクート」は被造界が超越界につながる連結点であり、「マルクート」あるがゆえに人は神を、親しげに「我が主よ《アドーナーイ》」と喚ぶことができるのである。つまり、人間にとって「マルクート」は、神の国に上る登り口であり、神の家の敷居に当る。

「マルクート」は、「シェキーナ」と呼ばれています。神の「臨在」を意味します。このことは、神が神自身の内面において女であるということです。そこから、神が神自身と結婚するという「聖なる結婚」へと進みます。カバリストは「シェキーナ」をイスラエル化します。ここにおいて、カバラの秘儀がついに明らかになります。神は、ユダヤの女性と霊的に結婚し、イスラエル王国を創造する、となるのです。

宇宙樹の創造物語は、新しいイスラエル王国をいかに造っていくかの物語でもあります。いまだ宇宙樹は生長しているというのが、カバリストたちの考えです。しかし、限定なき時間の中で宇宙樹は育っていますが、あるとき限定なき時間が終了し、宇宙樹が完成の時を迎えます。それは、ユダヤが目指す「世界政府」が樹立したときなのです。そのとき、それまでの「世界時間」は停止し、新しい「世界時間」が誕生するのです。哲学者井筒俊彦は見事に来たるべき未来を予言しています。

イスラエルといえば、普通は神の選民として、神と特別の親しい関係で結ばれるイスラエル民族のことであって、いかにその関係が親密であれ、あくまで神とは区別される人間集団だが、ここではそれは神内部の女性的領域になってしまう。この神の内なるイスラエルという考えは、前に挙げたカッバーラー最古の文献「清明の書《バーヒール》」にも既にはっきり表現されている。こうして「シェキーナー」は地上の民族宗教的共同体である歴史的イスラエルの「元型」となるのである。

カッバーラーたちが意識するか、しないかにかかわらず、イスラエル王国の実現こそが、宇宙樹を創造した彼らの夢であったことは間違いありません。カバラ思想は秘密結社のイルミナティ・フリーメイソンの世界に深く入りこんでいきます。そして、究極の目標である世界政府樹立へのシナリオが作られていきます。

ゼブ・ベン・シモン・ハレヴィの『カバラ入門』には、宇宙樹がいろいろと姿を変えて出てきます。特に注目したいのは「神と富」についての宇宙樹が描かれています。現代のカバリストたちが、経済に関する宇宙樹を作成しているのが分かるのです。一例を挙げるだけにします。

帝国主義の戦争のほとんどは通商に関して起こった。一八世紀のイギリスとフランスの衝突が、インドと北アメリカに関して起こったのはそのよい例である。一方でティフェレット(美)は、共産主義の経済にもなりうる。ここでは理論的に人民を代表する党が、国の経済の責を負う。産業は国営になり、銀行もそうである。しかし利益が個人の投資家に行くより国に行くほうが多いとはいえ、同じような経済の原則は適用される。通貨のイメージは、東欧圏においてもほぼ同じである。

セフィーロトの第六番「美」は「聖なる結婚」というヴィジョンへと進展する、とされています。この「美」がどうして「共産主義の経済にもなりうる」のかは理解しがたいところがあります。しかし、現代のカバリストたち、特に国際金融家たちは、「セフィーロト」を自在に操作して、世界政府樹立のための宇宙樹をほぼ完成していると思われます。ハレヴィの『カバラ入門』は奇書ですが、世界政府樹立という立場から書かれた書とすれば納得がいきます。国際金融を支配するユダヤ人たちは、セフィーロト第六番の「美」を応用して共産主義を創造し、独裁者と一般民衆を「聖なる結婚」へと導き、一般民衆の富を奪ったと、『カバラ入門』を読むと納得できます。カバラについては後章でもう一度書くことになります。カバラの思想から原子爆弾が誕生したからです。

ここで一つ、提案をします。読者のみなさんには創造的想像力を働かせ、あなた用の宇宙樹を作ってほしいのです。その際にはセフィーロトの第一番から第十番の単語を利用することも可能ですし、また、別の単語を利用することも自由です。この行為は、哲学する心を養います。また、この世が一方的に報道されている世界とは異なることを発見することが出来ます。「大恐慌、世界最終恐慌をもたらす宇宙樹」について、後章で書くことにします。

## 一神教が憎悪の心をこの地球上に産み落とした

私は〝憎悪〟について、これから書こうと思います。まず結論から書いて、先に進もうと思います。憎悪する心がユダヤ教の信者の中に生まれ、それが反キリスト教となり、キリスト教徒に対する嫌悪心を生み、育て、そして反抗心となり、ユダヤとローマの間の国家戦争へと発展したというものです。その結果、ユダヤは敗北し、勝利したローマが認めた正教キリスト教のみが唯一の宗教となり、ローマ帝国とともに繁栄したのでした。

ユダヤ教の信者たちにとって、十字架刑となったナザレのイエスが旧約聖書で預言されている民族の救い主であるというのは、ユダヤ教徒であるかぎり認めがたいことでした。しかし、紀元七〇年、エルサレムが陥落し、キリスト教が世界宗教になっていくのでした。

この後に、タルムードが生まれてきます。もう一度、『仮面を剥がされたタルムード』を引用します。

キリスト教の成文法には、「もし、ユダヤ人が片方の頬を打ったら、彼にそのもう片方を向けなさい、どのようなことがあっても、なぐり返してはいけない」。また、六章二七節に、「汝の敵を愛せよ、自分を憎む者に親切にして、呪う者を祝福し、辱める者のために祈れ。あなたの頬を打つ者には、ほかの頬を向けてやり、あなたの上着を奪い取る者には下着も拒むな」。等々。

同じ言葉がマタイ五章三九節にもある。しかし、私はキリスト教徒でこの戒を守った者を見たことはないし、イエス自身が、他の者に教えていることを実行したのを見たこともない。何故なら、ヨハネ十八章二二節に、ある男がイエスの顔を打った時、イエスはもう片方の頬を向けなかった。それればかりか、この撃に立腹し、「なぜ、私を打つのか?」と聞いているのである。

(中略)

聖書を少しでも知っているならば、これらの命令が文字通り受け取るものだと考える者はいないだろう。根深い悪魔とイエスの生きていた時代に対する無知のみが、何故今日に至る迄、ユダヤが、イエスがキリストの教義から、これらの句を引用してけなすかを説明するのである。

ここにあるのは、イエス・キリストへの憎悪心です。しかし、新約聖書を読むと、このタルムードの裏返しの表現がイエス・キリストにより言われているのを発見することができます。パリサイ人(ユダヤ)に対する憎悪に満ちた言葉に溢れているのです。多くの人々がキリスト教は「愛の宗教である」と言ってきました。私は、キリスト教は「憎悪に満ちた宗教である」と思っています。

イエス・キリストはパリサイ人に向かって「ヘレナ(汚物の焼却炉)に落ちろ」と言い放ってい

ます。私はたびたび書きましたが、モーゼの十戒も人類に対する憎悪の書であると思っています。イエス・キリストはモーゼの十戒を信じています。自らの教えを信じない者を殺す自由をイエス・キリストは持っています。ユダヤ教のキリスト教への憎悪とキリスト教のユダヤ教への憎悪はまったく同じような病的要素を持っています。この病的要素を持つ憎悪の感情、心的利害をもたらす要因により、この世界は、二十一世紀の今日まで動かされているのです。世紀の始まりのときに、すなわち、イエス・キリストが十字架にかけられ、死んだ後に、神となってから、この地球は憎悪が渦巻く球体となったのでした。このことを知らずして、二十一世紀に起きている政治と経済について語ることはできないのです。

ユダヤ人のキリスト教徒への憎悪心を理解するために、私はタルムードを引用しました。それでは、キリスト教徒がユダヤ教徒、ないしはユダヤ人に対して憎悪の炎を燃やし続けている最大の原因は何でしょうか。

ユダヤ人の作曲家ジャンケレヴィッチは『仕事と日々・夢想と夜々』の中で次のように書いています。

ある詐欺師がカトリック教徒あるいはプロテスタント信者だと、それはなんらあともひかず反響もない孤立したひとつの三面記事以外のものではけっしてない。だが、もし不幸にもその詐欺師がユダヤ人だと、その運の悪い詐欺は深い反響、無限の帰結を生み、油のしみを作ることになろう。その詐欺は、ユダヤ民族総体を非難する価値判断を確認することになるのだ。この人種は《神を殺害した》罪の遺伝を背負っているのだから、責任はすべて必然的に過失における連帯性をも意味し、呪われた民族というその資格を確認し、その集団に汚辱の印を刻みつける。要するに、それは、ユダヤ人排斥という途方もない碑にさらに新しい石をひとつ加える。

キリストが十字架上で殺害された責任をユダヤ人全体が背負っていることを理解できたでしょうか。ユダヤ人たちの中でも頭脳に優れた人たちが、復讐という憎悪の心を持ち続け、それがタルムードとカバラを作り上げていくのです。そして宇宙樹、ユダヤ人による世界支配という宇宙樹を作りあげていくのです。その宇宙樹が二十一世紀に、ほぼ完成することになっているのです。

「愛の宗教」となったキリスト教への讃美は世界中に満ちています。特にローマ教会は栄光に満ちたキリストの讃美に捧げられています。栄光に満ちたキリストとともに、ローマ教会は、その尖塔を天に向かって伸ばしました。町を一望の中に収めるところから、ローマ教会は教会の鐘の音を流すのでした。ホイジンガーは『中世の秋』の中で「ひとつの音があった。忙しい生活のざわめきを押えて、くりかえし鳴り響く音、どんなに重なり鳴ろうともけっしてみだれることなく、この世のものすべてを、秩序の領域へと高く押しあげる音――鐘の音である」と書いています。続いて「鐘は、日々の生活の、あたかも警告の善霊であった」とも書いています。『中世の秋』は、キリスト教が中世を支配した時代を描いています。ホイジンガーは、教会の鳴らす鐘の音の中に、一つの大きな変化を読み取っていたのでした。

「パリの教会という教会、修道院という修道院が朝から日暮れまで、それどころが一晩じゅう、鐘を打ち鳴らしたというのだが、してみると、そのときパリの人びとは、恐るべき知覚麻痺状態にあったにちがいない」

この風景は一四四五年のパリを描いたホイジンガーの文章の中に見られるものです。「知覚麻痺状態、すなわち精神の牢獄化状態」が見られるのが中世のキリスト教の姿です。カトリックがイエス・キリストを神として祀り上げた結果の見事な芝居が、教会の鐘による演出結果によって完成したというわけです。

パリの教会の鐘の音は十四世紀に誕生した機械時計の音でした。この時計の音は、過ぎゆく時を聴覚的に人々の胸深く刻みこんでいきました。鐘の音はベルの音となり、あらゆる方向に一様に響きわたりました。教会の時計台から一方的に流される好戦的な尊大さが、人民を、キリスト教徒たちを好戦的な人間に仕上げていったのでした。この時計台から夜となく昼となく鳴り響く音の中に、世界＝経済の怪物が姿を見せてくるのでした。

R・マリー・シェーファーの『世界の調律』から再度引用します。

すでに七世紀には、ローマ法皇がザビニアヌスの大勅書において、修道院の鐘は一日七回鳴らされることが定められ、これらの定刻点は祈禱《きとう》の時間として知られるようになった。時間はキリスト教世界の中で常に走り続け、時計のベルがこれを強調した。そのチャイムは音信号だが、意識下のレベルではむしろ、そのカチカチと時を刻む絶え間ないリズムが、西洋人の生活にとって逃れることのできない重要性をもった基調音となっている。時計は、夜の深みに届き、人の死すべき運命を思い起こさせる。

文中の「時間はキリスト教世界の中で常に走り続け、時計のベルがこれを強調した」に注目してください。私は、キリスト教の誕生により時間は円環する時間から直線的な時間へと変わった、とたびたび書きました。イエス・キリストという神がこの世に登場して以来、人間は考えることを拒否されました。だから人間どもは（ローマ・カトリックの信者となった人間どもは）、時間とともに走り続ける以外になすべきことがなくなったのでした。

では、時間とともに走り続けることを拒否した人間の運命はどうなったのでしょうか。それは私がすでに幾度も書いたとおり、グノーシス者の運命であり、ユダヤ人の運命でした。グノーシス者やユダヤ教信者は「中世の秋」の時代、数百万人、否、一説によれば一千万人を超えるグノーシス者が殺され続けたのでした。「魔女裁判」によっても数百万の女性たちが殺されたのです。これが「愛の宗教」たるキリスト教の正体なのです。

一四九二年、フェルナンドとイザベルのカトリック両王による追放令で、スペイン系ユダヤ人「セファルディ」が追放されます。このユダヤ人のうち、カトリックへの改宗者は「マラーノ」(豚の意)としてスペインに残ります。この「マラーノ」の一部がパリのモンマルトルの丘に集って、一五三四年、「イエズス会」を創立します。イグナティウス・デ・ロヨラが中心となって設立されたイエズス会がローマ教皇の公認を得たのは一五四〇年でした。そして、わずか四十年たらずの間にイエズス会は世界中にその教勢を拡大していきます。イエズス会の歴史については拙著『天皇のロザリオ』の中で詳述したので、この本では書かないことにします。しかし、少しだけ書きます。

イエズス会がとった世界戦略は、ユダヤ教、タルムード、カバラの共同による、とのみ記しておきます。キリスト教とユダヤ教は共同の世界戦略を採り入れ、憎悪の心を世界中にばら撒いたのでした。多くの土地で原住人が数千万単位で殺されました。世界=劇場は、憎悪の劇場と化しました。世界中の富がヨーロッパのカトリックの国々に運びこまれました。ユダヤ人たちは、カトリックの手先となり世界中を回っているうちに、富を独占する方法を身につけたのでした。ここから資本主義が生まれてきます。そして富を独占する方法の一手段として共産主義なるものを創り出していくのです。

第四章はこれで終わります。次章では、世界=経済を支配する怪物の正体に迫ってみようと思います。

# ［第五章］ユダヤ人はいかにして世界＝経済を支配していったのか

## ユダヤ人の合理的知性がキリスト教的な時間を打ち破った

十九世紀の哲学者ショーペンハウエルの『哲学入門』から、「時間」について書かれているところを紹介しようと思います。それは何よりも、読者に創造的想像力を一段と高めてもらい、世界＝複雑さ、について理解を深めてもらい、世界＝劇場に興味を持っていただきたいからです。

カントによって発見された時の観念性は、本来、すでに、力学に属する惰性の法則に含まれていたのであります。というのは、この法則が言い表わしていることは、根底において単なる時間は決して物理学的な作用を起させることは出来ない、従って、時間は、それ自身として、また、単独には、或る物体の静止もしくは運動に、なんらの変化をも与えないということと等しいからです。すでに、このことから、時間は、決して物理学的に実在するものではなくて、一つの超絶的に観念的なものである、いいかえると、時間の起源は、事物のうちにはなくて、認識する主体のうちにあるということがわかります。

賢明なる読者は、哲学者ショーペンハウエルの言わんとすることを理解できたはずです。単なる時間でなく、憎悪の心に色づけられた神の時間のみがイエスズ会という事物を動かしえたということも理解できたはずです。

「時間と物体との二つの質の異なる天性を持っている」のが時間の特色であることも理解しえたのではないでしょうか。ショーペンハウエルは次のように書いています。

時間・空間・運動と静止との相反などは、現われるもの（物質・物自体）から現象のうちに来たものではなく、かえって、これらのものは知性の形式として知性に属するので、現象を把握する知性から現象のうちに来たものであるということを証明します。

難しい書き方をショーペンハウエルはしていますが、要するに、時間とは心が、知性がつくり出すものであると言っているのです。単なる時間は何も生み出すことはありません。しかし、キリスト教の時間は、キリスト教がそれ自体持っている心性ゆえに、大きく世界時間を創造し、その時間に介入しえたのでした。「時間は絶対に観念的なものである」とショーペンハウエルは書いています。この観念的である時間に最大限に挑戦し、キリスト教の持つ直線的な時間を打ち破ろうとするのがユダヤ人の持つ〝凄さ〟です。それゆえ、ユダヤ教、タルムード、カバラを通して、私はユダヤ人を追究してきました。しかし、これらを通じてユダヤ人に迫るにはおのずから限界があります。それゆえ、近代のユダヤ人を通して、「ユダヤ人とは何か」に迫ってみようと思うのです。

私はカール・マルクスについて書こうと思います。あの有名な『資本論』を書いたころのマルクスではなく、若い頃のマルクスについてです。

マルクスはボン大学とベルリン大学で法律学や哲学を学びます。当時のドイツ思想界で、「青年ヘーゲル派」の一員になります。ダヴィッド・シュトラウス、アーノルド・ルーゲ、ブルーノー・バウアー、ルートヴィヒ・フォイエルバッハらが学派にいました。特に、フォイエルバッハが有名でした。ヘーゲルの「法の哲学」を信奉する一派でした。しかし、彼ら「青年ヘーゲル派」はヘーゲルによるキリスト教と哲学との和解に不満を持っていました。シュトラウスは『イエスの生涯』を一八三五年に刊行しました。シュトラウスは、イエスを人間として理解し、福音書に述べられているイエスを実在のイエスでなく、「神話」であるとしました。また、フォイエルバッハは、はじめ神学者でしたが、後にヘーゲル信奉者となり、最後には無神論者になりました。そのような時代にマルクスはヘーゲル信奉者として、また、ヘーゲルを批判する哲学者になっていきます。

共産主義とマルクスを結びつけて、あたかも共産主義思想を発明したのはマルクスだという人が多いのですが、真実は異なります。マルクスの以前から共産主義の思想はすでにあり、運動団体も存在していたのです。若きマルクスは反共産主義的行動をとっています。しかし、『共産党宣言』と『資本論』で有名になったので、前述の人々は共産主義をマルクス主義と呼ぶようになったのでした。

さて、前置きが長くなりました。ここで私が紹介する『ユダヤ人問題によせて』（一八四四年刊）は、マルクスが二十六歳のときに書いた本です。

まずマルクスは、ユダヤ人の眼を通して、ユダヤ教を見ています。

ユダヤ人の秘密を彼らの宗教のなかに探るのではなく、その宗教の秘密を現実のユダヤ人のなかに探ることにしよう。

ユダヤ教の現世的基礎は何か？　実際的な欲求、私利である。

ユダヤ人の世俗的な祭祀は何か？　あくどい商売である。彼の世俗的な神は何か？　貨幣である。

よろしい！　それではあくどい商売からの、そして貨幣からの解放が、したがって実際の現実的なユダヤ教からの解放が、現代の自己解放だということになろう。

私はすべての宗教は拝金教であり、その神は拝金霊であると書きました。マルクスも同じように書いています。マルクスはキリストについても次のように書いています。

宗教は、まさに回り路による人間の認知にほかならない。つまり一つの媒介者を通じての人間の認知なのだ。国家は人間と人間の自由との媒介者である。ちょうどキリストが、人間のすべての神的性質、すべての宗教的偏執を人間から負わされている媒介者であるように、国家は、人間のすべての神的でない性質、すべての人間的な偏執のなさを押しつけられている媒介者なのである。

マルクスの信奉したヘーゲルは『法哲学』の中で「国家が精神の自覚的な人倫的現実態として現に存在するようになるには、国家を権威および信仰の形式から区別することが必要である。しかしこの区別は、教会の側がそれ自身のなかで分裂してくる場合にかぎり、現われてくる。このようにしてのみ国家は、特殊な諸教会を超越して、国家の形式の原理である思想の普遍性を獲得し、普遍性を実現させせるにいたる」と書いています。ヘーゲルは回りくどい言い方でしか、キリスト教会の解体について書けないのでした。しかし、十九世紀の半ばになると、若きヘーゲルの信奉者たちは、ある程度、自由に発言するようになっていきました。キリスト教の絶対権威が揺るぎだしたのです。若きマルクスは「人間は、宗教を公的権利から私的権利へと追いやることによって、みずからを宗教から政治的に解放する。宗教はもはや国家の精神ではない」と書いています。キリスト教が直線上の時間を独占していた時代の崩壊を若きマルクスが予言していたのです。では、キリスト教国家はどうなっていくのでしょうか。

マルクスは「むしろ無神論的な国家、民主的な国家、宗教を市民社会の他の諸要素のなかに追いやってしまう国家が、完成されたキリスト教国家である」と書いています。

彼の予言が当たり、二十世紀はそのようなキリスト教国家が続々と誕生してきたのです。マルクスは共産主義の神のごとき存在となっていくのですが、ソヴィエトのような国家を予言したとは思

ショーペンハウエル（1788－1860）

青年時代のカール・マルクス（1818－1883）

えません。しかし、若きマルクスは恐ろしい未来国家をヴィジョンしています。

もちろん、政治的国家が政治的国家として市民社会のなかから力ずくで生まれてくる時代、人間的な自己解放が政治的自己解放という形態をとって完遂に向っている時代には、国家は宗教の廃棄、宗教の絶滅というところまで進んでいくことがありうるし、また進んでいかざるをえない。しかし、それはただ、国家が私有財産の揚棄、最高価格（令）、財産没収にまで、累進課税まで進み、生命の揚棄、ギロチンまで進んでいくのと同じことである。

若きマルクスは、どのような国家がこれから生まれてくるかを「創造的想像力」を使って思い浮かべたとき、まさに、ソヴィエトをイメージしえたのでした。否、こうも言えます。共産主義国家の創造を通して、世界制覇を企む集団が、この若きマルクスを利用したとも。マルクスは晩年、ロスチャイルド家の財政的援助を受けて『資本論』を世に出すのですから。また別項でマルクスを登場させます。

キリスト教の権威を失墜させたユダヤ人を登場させようと思います。その人こそは、神の権威を地に堕《お》とした張本人でした。ジクムント・フロイト（一八五六－一九三九）はユダヤ人の中でもとりわけ世界への影響度が高いといえます。どうしてでしょうか。彼が「精神分析の創始者」といわれているからです。ユダヤ人の法律家であり、音楽家でもあるマイケル・シャピロは著書『世界を動かしたユダヤ人100人』の中で、「人間理解を一変させた男」としてフロイトについて書いています。「彼はコカインのような麻酔薬の中毒となり、それを断ち切るための禁断症状に苦しんだ。麻薬中毒のうわさで……」。フロイトは今ならコカイン常用者として施設に強制収容されるほどの重症患者でした。

また、シャピロは「生活習慣は厳格そのもので、患者を診る、研究する、散歩に出る、ユダヤ人の知友と会う、といったスケジュールをきっちり守った」とも書いています。しかしフロイトは近親の女たちと複雑な姦淫を続けた不道徳な男で、刑務所に当然入れられるべき男でした。多くの患者、男女を問わず、弟子たちともセックスを続けていました。そのような生活の中で、フロイトは夢の世界に入っていきます。意識下の世界、すなわち、無意識の世界にうごめく諸々の悪魔の世界を見るようになったのです。

シャピロが書いているフロイトの無意識の世界にご案内します。

フロイトは、私たちの私たち自身に対する見方を変え、その見方をどう考えるかを変えた。そして、彼が出現したことによって、まったく新しいさまざまな言葉が私たちの世界に入ってきた。フロイト的失言（無意識の内心が出てしまう言いまちがい）、小児性欲、性衝動、反動形成（抑圧した欲求への反動として正反対の態度・行動を示すこと）、イド（本能的衝動の源泉としての個我）、エゴ（自我）、スーパーエゴ（自我に抑制・禁止などをほどこす超自我）、リビド

（性本能のエネルギー）、エディプス・コンプレックス（異性の親に対する子の思慕）、抑制、男根崇拝、死の願望、快－不快原則（快を求めて不快を避けようとする傾向）、欲求充足、現実原則（環境の不可避的条件に適応する際にはたらく原理）、引力と斥力、昇華（社会的に認められない衝動・欲求を芸術や宗教など、社会的価値をもつものに置き換えること）、不安回避、行動修正（望ましくない行動様式を望ましいものに修正していく心理療法）、超心理学（テレパシーなど、科学常識を超えた心理現象を実証的に研究しようとする分野）――。これらはみな、人間心理についてフロイトが書いた本のなかで打ちだされた用語なのである。

私は第一章で、表層意識の下にある深層意識（アラヤ識）に入って永遠の花を求めよ、と読者に問いかけました。私たち日本人の無意識の世界には、シャピロが得意げに書いている、小児性欲、反動形成、イド、エゴ、スーパーエゴ、エディプス・コンプレックスはありません。ただし、リビド、死の願望、欲求充足、引力と斥力、昇華、不安回避、行動修正はなきにしもあらずです。

ここで、一つの例としてエディプス・コンプレックスについて書いてみたいと思います。シャピロは、異性の親に対する子の思慕と書いていますが、全く見当違いです。

フロイトは「トーテムとタブー」という論文の中で、はっきりと、「人間社会が『父の殺害』によって成立している」と書いています。彼によると、「父を殺害」することにより、父の権威は現実的なものから法定なものになるというのです。では、フロイトの「父」とはどんな父なのでしょうか。彼は『人間モーゼと一神教』という本を著わし、次のような理論を展開しています。ユダヤ人はモーゼに対し「父親殺し」を行なったと主張しています。彼は、モーゼはユダヤ人でなく、外国の人、すなわちエジプト人だったと書いています。「父親たるモーゼ」を殺害し、この「外傷」の記憶が、今日においても人々の記憶を呼びさまし、殺害事実が理想化されたとも書いています。イエス・キリストはモーゼを神に近い人物とし、モーゼの「十戒」に学べと聖書の中で語っています。

フロイトは何を言いたいのでしょうか。イエス・キリストも、モーゼも、唯一の神とされるヤハウェも、本当は「原始集団」が誕生した頃から「父親」的な存在であったが、心の中では、この神を殺害する以外に、神の権威を高めることができなかったとフロイトは告白しているのです。フロイトは、一神教が創り出した、時間が直線上になり、その直線上の時間から逸脱できずに二千年間を生きた人々の心の中に、何が生まれてきたかを正直に告白してみせたのです。それは「父親」としての一神教が創り出した神への恐怖心でした。

たしかに、フロイトは欧米人のヒステリ症状の理由を明確にしました。精神病患者はフロイトが無意識の中に持っているものと同じものを持っていることを発見したのです。それで彼は、精神障害が病気の一種であって、適切な療法によって治療が可能であると確信したのです。

フロイトの精神分析による治療方法はアメリカで特に広まりました。そこで、人々は、自分自身が無意識の世界の中で、小児性欲、性衝動、イド、スーパーエゴ、男根崇拝……を持っていることを知らされ、納得するのでした。

その結果、どのような人間が登場したのでしょうか。「父親殺し」、すなわち「神殺し」の思想がキリスト教世界に拡大していったのでした。それまでは無意識の中に隠れていた、世界＝経済の怪物が鎖を断ち切って、その姿を地上にはっきりと見せ始めてきたのでした。キリスト教が、つまりは一神教が衰退していくきっかけをつくったのはマルクスとフロイトのユダヤ人の影響力が特に大であると言えるのです。資本主義と共産主義という名を持つ、世界＝経済の新しいスタイルの双頭を有する怪物が十九世紀から二十世紀にかけて、この地上に出現したのは必然だったのです。

時間が直線上の流れから、捩《ね》じれに捩じれた時間になっていくのは十九世紀の終わりごろからのことでした。

## 新しい神話＝神秘ユダヤ主義がキリスト教を衰退させた

フロイトはスイスの心理学者カール・グスタフ・ユングを弟子と認めて交流を続けます。フロイトの異常性は『ユング自伝』の中のフロイトのユング宛ての手紙の中に表われています。

今、私はあなたに対して再び父親の役割にもどり、ポルターガイストの現象について私の見解を述べなければならないと思います。……私は最初、あなたがここにいたときにあれほど度々聞こえた音が、あなたが去ってから一度も聞こえなくなったなら、それに何らかの意味を見出そうとしていました。しかし、それはその後何度も起こり、しかも私の考えとは何ら関係なく、私があなたのことや、あなたの特別な問題を考えているときに決して生じないのです。……従って、私はここで再び角ぶちの父親の眼鏡をかけて、親愛なる息子に警告を発します。頭を冷やしなさい、何かを理解するためにそのような大きい犠牲を払うよりは、理解しない方がましですよと。

フロイトはユングに対して「父」という立場から説得しています。しかし、このフロイトの手紙では何をユングに言いたいのか理解できません。この手紙によってユングがフロイトにどのような感情を持つかを知るとき、二人の思想の相違点が見えてくるのです。

ユングがフロイトを訪ねたある日、隣の部屋から何かの音が連続して聞こえ、ユングはフロイトに、「自分の霊的な力が関与しているからだ」と告げます。それに答える形でフロイトがユングに手紙を出したのでした。フロイトは「父」なる立場から、ユングが母性的な感性の持ち主であり、神秘主義思想に近づいていくことに忠告したのでした。ユングは「父親殺し」を説くフロイトに賛成できずに、フロイトのもとを去っていくことになります。

ユングはユダヤ人ではありません。ゲルマン民族の末裔《まつえい》です。ユング派心理学者の河合隼雄は『宗教と科学の接点』の中で、フロイトについて「彼の理論は因果律的な決定論として展開された。このことは後に論じるように方法論的には問題をはらんでいるが、ともかく彼の理論が『科学的』粧いをもっていることは、特にアメリカにおいて一般にひろく歓迎されることの一因となった」と書いています。いっぽう、ユングについては以下のように書いています。

これに対して、ユングは彼が精神分裂病者の治療にあたることが多かったためもあって、フロイトの考えに全面的に同調し難いと感じるようになった。分裂病者に対して、その「原因」を過去の生活史に見出すことは困難である。もちろん、それらしきことは見出せても、それが決定的なものであるかどうかは疑わしい。ユングは分裂病者のような深い問題をもつ患者に接しているうちに、人間のたましい（die Seele）ということを考えざるを得なくなってくる。

「人間のたましい」という言葉を使って、河合隼雄はユング論を展開しています。しかし、ユングを論ずる場合、フロイトの「父親殺し」に対し、「元型」という言葉を鍵として論ずるほうが一般的です。フロイトは自分の中に、幼いころに抱いていた母親への激しい愛情と父親に対する嫉妬を発見しました。それが万人共通の特徴であると考え、それとは知らず、父を殺し母を娶《めと》ったエディプス王の神話の中に「エディプス・コンプレックス」を発見し、「モーゼ殺し」を連想しました。しかし、ユングはフロイトを理解できませんでした。フロイトが説くリビドは性本能のエネルギーですが、小児性愛に結びつけられるので、これもユングは理解できませんでした。ユングは、フロイトの「潜在的夢思考」の代わりに、無意識の中に、ある原始的な型が存在するのではないかと気づくのです。

ユングは仏教の勉強を通じて、マンダラを知ります。先に一度紹介した井筒俊彦の『意識と本質』から引用します。

マンダラはチベット密教や真言密教だけのものでは、決してない。精神分析におけるマンダラ体験の意義を強調したユングは、密教的教養とはおよそ無縁の自分の患者が、夢や異常心理状態において、屡々《しばしば》、不思議な心象図形を経験し、それを絵画に描くのを見た。それらの絵画は、驚くほど密教のマンダラに似ていた。似ていたのではない、まさにマンダラだった。ユング自身もマンダラを描いた。それらの象徴的図形は、彼自身の作品をも含めて、すべて心の暗い奥底から、自然に、自発的に、湧き上ってくるもののごとくであった。ユングはそれを、深層意識の象徴的自己表現として理解した。すなわち、意識深層にひそむ、それ自体では不可視、不可触の「元型《アーキタイプ》」の形象的自己顕現としたのである。

ユングとフロイトの相違点ははっきりしています。フロイトは患者の症状の「原因」を探り、リビド(性本能のエネルギー)の中に人間の性衝動を発見して対症療法を実施しました。しかし、ユングはリビドを単なる性衝動ではなく、むしろ未分化の心的エネルギーと考えたのでした。彼は、思考・感情、感覚・直感などの内部にあるものを追求し、心的なるもの、私たち人間のペルソナ(仮面)の正体を知ろうとしました。それは、自分自身を個性化する過程で、意識と無意識を正しく結合させることでした。そこで、ユングは、心の中には個人的無意識と集合的無意識が存在するとし、元型、象徴としての神話を見究めようとしました。

ここでユングとフロイトとの違いがはっきりしてきます。「医者が、自分自身そんな資格はないと純真に考えているような世界観の領域に本当に口をはさむこと」を拒否しました。

ユングは宗教的信仰内容の心理学的次元に没頭したのでした。H・キュングの『フロイトと神』から引用します。

ユングはその広汎な研究のなかで、神についての教義（三位一体説）、キリスト論、マリア論、秘蹟、そしてとくに告解とミサに注目している。そのさい彼はひたすら心理学的・現象学的視点に立っている。いいかえれば、彼が問題にしていたのは歴史的真理ではなく、あくまで心理学的真理だけである。

ユングはキリスト教を心理学的方法で究めようとし、その方法の限界をはっきり意識するようになりました。彼は、キリスト教の奥にあって秘密の領域とされているところへ到着したのでした。それが「元型《アーキタイプ》」といわれるものでした。そこはもう、イエス・キリストの存在が全く消えた世界でした。彼はキリスト教徒としての立場は捨てませんでしたが、誰よりも反キリスト者であったといえます。

河合隼雄の『宗教と科学の接点』をもう一度引用します。

ユング派の分析家、エーリッヒ・ノイマンは人間の意識の起源を象徴的表現のなかに認めようとし、西洋近代の自我＝意識は極めて特異なものであり、それは壮年の男子の英雄像によって象徴され、象徴的な母親殺しを達成することによって、自我が確立されるのだ、と述べている。このことについて詳述する余裕はないが、ここで言う象徴的な母親殺しは、自分を取り巻くすべてのものと自分を切り離してみること、とも解釈できるであろう。
このように他と切り離して確立された自我が、自然科学を確立するための重要な条件となっていることは容易に了解できるであろう。つまり、このような自我をもってして、はじめて外界を客観的に観察できるのである。

フロイトの「父親殺し」については前項で書きました。「父親殺し」はキリストの架刑と通じます。神の殺害が人々に強い回想を呼び起こし、理想化され、キリスト教へと昇華されたというのです。だから、人々はキリスト殺害を歴史的事実と認識し、たえず個々の人間として「父親殺し」が反復されないといけないと主張するのです。たぶん、この「キリスト殺し」ゆえにキリスト教は世界中に広布しえたのでしょう。

そして、人々がキリスト教の束縛から解放されるには、キリスト教のもう一つのシンボルとしての「聖母マリア殺し」が必要でした。それがキリスト教からの真の脱出方法だったのです。そこで「象徴的な母親殺し」がなされねばならなかったのです。西洋の人々にとって、自我を確立するのに「母親殺し」の方法しかなかったということは悲しい事実でした。フロイトとユングは、それぞれ違った心理学的方法で無意識の世界に入っていったものの、キリスト教の正体を私たちの眼前にしっかりと曝《さら》してくれたのでした。二十世紀とは、宗教的な表現で示すならば、キリスト教の衰退がはっきりした世紀であったといえます。人工的に作られたこのキリスト教なるものは、人格神を殺害

ジークムント・フロイト（1856－1939）

カール・グスタフ・ユング（1875－1961）

する以外に真の自我を確立しないものでした。人格神は殺害される運命にあったのです。この「人格神殺し」を認めず、今日でも多くの人々がキリスト教を信仰しているのは事実です。しかし、信者の数が少なくなっている事実を認識するならば、「人格神殺し」が進行しているのです。ニーチェはこの事実を認め、「神は死んだ」と叫んだのでした。

ユングはユダヤ人ではありませんが、ユダヤ人のフッサール、レヴィ・ストロースなどの思想家は、人間の意識の底に隠されたものを評価しようとしました。彼らはフロイトよりもユングの心理学に近いのではないでしょうか。しかし、フッサールやレヴィ・ストロースについては書かないことにします。結局、彼らは論理とか言語を重要視しすぎて、言葉で世界を把握しようとしたのでした。彼らは言葉によって世界＝現実をとらえることができず、神秘主義へと逃れたのです。このユダヤ人思想家もユダヤ教から遠ざかっていきます。しかし、ユダヤ教は捨てえても、彼らはカバラ、タルムードの世界を捨てることはなかったのです。ユダヤ人思想家はたくさん登場しますが、いかに彼らが正体を隠そうとも「新ユダヤ主義」の思想を持っています。ここから現代思潮の巨大な流れが出てきます。それはまた、「人格神殺し」、すなわち、イエス・キリストやモーゼを「象徴的殺人方法」で殺害した後の神秘主義的とも表現すべき、「神秘ユダヤ主義」の誕生となっていきました。

もう一度、ユングについて書こうと思います。ユングは無意識の世界に、集合的無意識が存在することを知りました。私たち日本人がマンダラの中に「元型」を見たように、ユングもまた「元型」を見たのです。しかし、ユングの発見した「元型」は、アーリア民族の純血と反ユダヤ主義に利用されるようになります。ナチスは、集合的意識をゲルマン主義と結びつけていきました。異端とされ、抑圧されていた歴史が新しく見直されました。合理的な考え方を超えるエネルギーが、ナチスの神秘の思想から生まれてきました。ユングには反ユダヤ主義がなかったにもかかわらず、反ユダヤ主義的行動をとるようにナチスから強要されました。ユングはゲルマン神話の中に出てくる英雄ジークフリートの夢を見るようになっていきます。彼の自伝の中に、夢の中に出たジークフリートの活躍ぶりが描かれています。彼は夢の中で、自らジークフリートを殺害します。ユング心理学者秋山さと子の論説「ゲルマン神の影・ナチス」から引用します。

古代の神話的世界は、神話やお伽話が単なる物語や知識として軽く考えられるようになった時代にも、実は強大な力を持って我々の意識を強制してくる。ユングの生涯は、その無意識の流れを追い、その普遍的で顕現な、歴史の陰に見え隠れする姿を求めることについやされた。ユングが興味を持った宗教的現象、特に教義上整理された宗教ではなく、異端や民間習俗、神秘主義、その他ありとあらゆる合理の綱目を縫ってあらわれる不思議なことがらは、下手をすると、人間の理性を狂わせ、戦争や殺戮を引き起こす。

「下手をすると、人間の理性を狂わせ、戦争や殺戮を引き起こす」時代がまさに訪れています。新しい神秘主義が誕生し、戦争や殺戮が頻発《ひんぱつ》しています。新しい神秘主義とは、新拝金教という名の宗教です。この宗教については後述します。第二次世界大戦後、「ヴェルトヴォッヘ」という週刊新聞に載ったユングのインタビュー記事を記すことにします。

この戦争の責任は、一部のドイツ人の戦犯にあるのではない。そしてまた、ドイツ人そのものにあるのでもない。ドイツ人の無意識の中に潜むゲルマン神話のあらぶる神、ヴォータンが、全ドイツ人に憑依した結果である。

二十一世紀の「世界=経済」の謎を解くのに、ユングの心理学が非常に役に立つと思います。為替とか株価とかの面からだけ論じても、何も見えてきません。現代経済学誕生の裏面を見る必要があるのです。「荒ぶる神」が誕生し、「世界=経済」を牛耳《ぎゅうじ》っているのに、その荒ぶる神の正体は闇の中に隠れたままなのです。

## フランス革命、ナポレオン、そしてサルトル

フランス革命（一七八九年）はどうして起こったのかを知ろうとすると、たえずフリーメイソンという秘密組織が登場します。フリーメイソンとは何でしょうか。フリーメイソンは大きな石像建築を造った建築家集団を母体として石工や彫刻家らが作った職業集団を起源とします。このギルト集団が時代を経るとともに、メイソンのロッジ（仕事場）に貴族や騎士が出入りするようになり、兄弟関係（連帯関係）を結ぶようになりました。このような人々をフリーメイソン、その集団をフリーメイソンリーといいます。この集団がやがて秘密組織となり、多くの貴族、騎士、哲学者、芸術家たちが参加していきます。

彼らは人格神よりも宇宙を創造した理性神を最高神とするようになっていきます。私は、カバラを紹介しましたが、カバラ的神秘思想が中心の思想となっていくのです。バルヒーフ・ド・スペノサは、スペインを追われて、オランダに逃亡したユダヤ人の子孫です。彼の主著は『エチカ（倫理学）』ですが、その中で彼は、聖書の記す物語や事跡を言葉どおりに、あるいは、ありがたい教義と受けとめるのでなく、聖書の教えの中に迷信的な考えや、他から借りてきた部分があることなどを明らかにしました。彼は十七世紀中葉の人ですが、彼の哲学がやがてヨーロッパの人々に知られる

ようになり、啓蒙思想となり、フランス革命に結びついていきます。

もう一つ、フリーメイソンリーの中に流れているのが、グノーシス主義とその亜流である占星術、魔術、ヘルメス主義、錬金術です。要するに、西欧神秘主義は反カトリック思想であり、イエス・キリストという人格神ではなく、理性神を通じて神的世界を知ろうとするものです。

一説に、十七世紀に登場した薔薇《ばら》十字団の影響を受けているとの説がありますが、私はカバラとグノーシス主義の影響がフリーメイソンリーの主流思想を形成したと思っています。しかし、ルネサンス期の西洋近代科学が大きな影響をフリーメイソンリーに与えていることは間違いありません。グノーシス主義から魔術、錬金術が生まれ、それが近代科学をつくり、フリーメイソンリーの組織の中に入ったことも事実です。

このフリーメイソンリーにいつの間にか、ユダヤ人たちが大量に入ってくるのも自然の成り行きでした。フリーメイソンリーでは、「自由」「平等」「人間愛」(「友愛」とも「博愛」とも訳されています)が標語として登場します。この由来も諸説ありますが、イギリスの哲学者ジョン・ロックが一六〇九年に発表した『国政二論』の中に見出されるので、ここから「自由・平等・博愛」が生まれたとされています。吉村正和の『フリーメイソン』には次なる記述があります。

ロックはそこで、自然状態において完全に「自由」かつ「平等」である人間が、「自然法」と「理性」に基づいて行動し、「正義」と「博愛」という原理に導かれると説いている。フリーメイソンは、このロックによって明瞭な表現を与えられた諸観念を、ヨーロッパの貴族・上層市民層へと伝達する役割を果たしたのである。やがて、このロックの思想を基礎にアメリカ独立宣言が執筆され、アメリカ建国の精神となる。その精神は、さらにフランス革命を通して近代市民社会を出現させることになる。

この「自由、平等、人間愛＝友愛＝博愛」のスローガンのもとにフランス革命が一七八九年に成功します。次に、湯浅慎一の『秘密結社フリーメイソンリー』を引用します。

フランス革命をブルジョア革命という考えには疑問が残る。ロシア革命についての考察にも、このような新しい反省が必要とされるであろう。

フランス革命は単なる政治形態の変化ではない。それは人種宣言のアレゴリー図が示しているように、それまで支配的であったキリスト教とは異なった、あるいはキリスト教に逆らう一種の神秘主義を伴っていた。十八世紀の合理主義は、ある種の神秘主義を排除しないのである。

多くの者は、とくに日本人はこのことを意図的に看過している。この神秘主義を提供したのがフリーメイソンリーなのである。フリーメイソンリーは単なる自由思想協会でも合理主義者協会でもなく、神秘教団としての性格を併せ持っている。このことは高位メイソンのよく説くところである。

私は二人のフリーメイソンの本を紹介しました。しかし、私は彼らの歴史観と異なる点がありま す。それは「フランス革命」によって誰がいちばん儲けたのかという視点が二人の本に欠けている ことです。「誰がいちばん儲けたのか」

一七八九年はじめのフランス革命の後、一七八九年八月二十八日、ゲットー（ユダヤ人居住区）が廃止され、ユダヤ人はフランスのあらゆる土地に居住することの自由が認められました。そして、一七九〇年には、フランス市民との平等の権利が認められたのです。この革命の後に、イギリス、オランダ、イタリア、ドイツ、プロシアとユダヤ人のゲットーが解放されていくのです。

このときのスローガンが「自由・平等・人間愛」でした。湯浅慎一の『秘密結社フリーメイソンリー』から再び引用します。

国民の富を浪費する王とそれを支え国土の十分の一を所有する教会に不満を抱く者は非常に多く、メイソンたちはその一部に過ぎなかった。この革命に適した、しかしばらばらな土壌に精神的・政治的統一を与えたのがフリーメイソンリーであったというのがこの項の仮説である。つまり革命に向けて運動を起こし、その方向を一定に保ったのはメイソンだったのである。

フランスのフリーメイソンは、一七七三年にシャトル公によって創立されたフランス大東社によって大きく飛躍します。シャトル公は後のオルレアン公フィリップです。オルレアン公は借金だらけの遊び人でした。どうして巨大なフリーメイソンを創り出すことができたのでしょうか。もう一人の重要人物ミラボー公もオルレアン公と同様の遊び人でした。

ここまで書くとご理解していただけると思いますが、彼らを借金漬けにし、フリーメイソンリーに加入させた組織があったことが分かります。その組織こそがユダヤのロスチャイルドを頂点とする金融家でした。フランス革命とは、ユダヤ解放革命と呼ぶのが正しいのです。あの革命のとき、フリーメイソンリー以外に多くの人々が動員されます。彼らを買収し、国王への反旗を翻えさせたのは、ユダヤ人たちでした。

湯浅慎一の『秘密結社フリーメイソンリー』にはナポレオンの「回顧録」が紹介されています。

「われわれが通り抜けた長い地下通路は、第一のものよりその天井も高く、長かった。等しい間隔で、ひっくり返された教皇の三重冠、王冠、玉座、祭壇の残骸が配置されていた。われわれがそれらの横を通り抜けたとき、長《おさ》らは、長い布切れと紋章を付けた槍の先を降ろし、フリジア帽（筆者注＝ジャコバン党の帽子）を付けた。その帽子は合衆国とフランスが独立の印として用いたものであった。」

彼はそこで、あの長靴と紋とマントと帽子をもらった。帽子を渡すとき、大棟梁は彼に「自分のこの帽子がいつか王冠に取り代えられることのないように注意せよ」と言った。この言葉通り、彼はフリーメイソンリーに従っている間は成功し、逆らいはじめたとき、彼らに見捨てられたのであった。

湯浅慎一はナポレオン一世について詳述していますが、どうして皇帝の地位にまで昇りつめたのかについては何ら書いていません。ここでも、日本の史家は片手落ちです。次にジョン・コールマン博士の『ロスチャイルドの密謀』から引用します。

この三〇〇年間の歴史上の人物全ての中で、ナポレオンは誰よりも有名である。だが、それでも彼が無名の存在から名を馳せるようになった経緯についてはあまり伝えられてはいない。ロスチャイルド一族によって「採用された」人物の多くがそうであるように、ナポレオンも、タレーランが彼に出会って、ロスチャイルド一族に紹介した当時は極貧にあえいでいた。洗濯屋に支払う金もなく、手持ちのシャツは一枚きり、軍服もジョセフィーヌ・ボーアルネから与えられたものという状態だった。このジョセフィーヌはバラスの愛人だったが、棄てられたのち、ナポレオンと結婚したというわけだ。

一七八六年、ナポレオンは金のない中尉、つまり貧乏下級士官で、支払いを賄《まかな》おうと、あちこち訪ね歩いて雇い主を求めていた。ヨーロッパの人々が「自由、平等、博愛」という言葉にうんざりしていた時期のことである。アムシェル（ロスチャイルド）はヴァイスハウプト（イルミナティ創設者）による反教会活動（とりわけ反カトリック教会活動）がほとんど進展しないことに失望し、新たなる「才能」を求めていた。そこに現われたコルシカ島出身のこの男の熱情はアムシェルに感銘を与えた。彼は身を立てられるだけの十分な資金をナポレオンに提供した。

ナポレオンはユダヤ人のために働き、やがて皇帝の地位に就くとユダヤ人を裏切ります。そこで、フリーメイソンリーの人々により失脚させられます。このコールマン博士のような文章を日本の歴史家は誰も書かないのです。どうしてでしょうか。彼らは真実を書く勇気がないからだと私は思っています。

ナポレオンは、フリーメイソンのために働いているときは、連戦連勝でした。湯浅慎一は「一七九九年の『ブリュメールのクーデター』に成功した彼は、さらにローマ教皇の影響力を弱めようとした。これこそフリーメイソンの目標であり、また革命の原理でもあった」と書いています。ナポレオンは、兄弟を全部メイソンに入れます。また、彼は、自身の配下の元帥のほとんど全員、すべての主要な政府高官もメイソンにします。しかし、ローマ・カトリックを打倒するという、フリーメイソンリーの方針に逆らったために皇帝の地位を失い、毒殺されるのです。

フランス革命、アメリカの独立、ロシア革命はすべてロスチャイルドとその仲間の国際金融家たちが仕組んだ芝居でした。私は世界＝経済と書いてきましたが、世界＝政治とは書きませんでした。

それは政治は経済に属するものであり、独立しては存在しえないものであるという信念を私が持っているからです。政治が経済を作るのでなく、経済こそが政治を作り、政治を支配しているのです。世界＝経済を知ると、世界＝政治が間違った考えであることが理解できます。その世界＝経済を牛耳ってきたのが、ロスチャイルドを中心とする国際金融勢力です。この視野に立って、政治や経済を見直さなければならないのです。

カール・マルクスの『ユダヤ問題によせて』は先に引用しました。もう一度引用します。

フランスでは、すなわち立憲国家では、ユダヤ人問題は立憲制の問題であり、政治的解放の不徹底に関する問題である。フランスでも、国教という見かけが、とるに足らぬ自己矛盾した形式においてではあっても、多数派の宗教という形式で保持されているので、国家に対するユダヤ人の関係は、宗教的で神学的な対立という見かけを保っている。

マルクスは、フランス革命後のローマ・カトリックとユダヤ人との関係を書いています。ドイツにおいては「ユダヤ人問題は純粋に神学的な問題である」と書いています。ユダヤ人は、フランス革命により、ゲットーから解放されました。そして、ローマ・カトリックは国教ではなくなり、多数派の宗教として残存するようになったのでした。

ユダヤ人の哲学者、ジャン＝ポール・サルトルが、第二次大戦の終わりに近い一九四四年に書いた『ユダヤ人』について書こうと思います。出版は一九四七年です（邦訳版の出版は一九五六年）。

金銭とか、債券などの近代的所有の種々の形態は、反ユダヤ主義者には原則的に不可解なのである。それらは、抽象であり、理性の産物であって、ユダヤ人の抽象的知性と結びついたものである。債券などは、誰のものにもなるのだから、誰のものでもない。それに、それは、富のしるしではあっても、具体的な財産ではない。反ユダヤ主義者の認めるのは、原始的な土地と結びつき、全く魔術的な所有関係に基づいた、たった一つの所有形態だけである。そして、その形態においては、所有される事物が、所有者と、誠に神秘的な干与作用のきずなによって結ばれている。反ユダヤ主義者は、正に土地財産の詩人とでも言うべきである。

この財産は、所有者の姿を変えるばかりか、所有者に、特殊な、そして具体的な感受性を与えるという。勿論、その感受性は、永遠の真理とか、普遍的価値とかにはそっぽを向く。普遍などというのは、ユダヤ的なものである。なぜなら、それは、知性の対象であるから。

サルトルが言わんとするのは、世界＝経済を支配するのはユダヤ人であり、反ユダヤ人や非ユダヤ人ではないということです。サルトルの論をもう少し読んでみましょう。世界を支配しているユダヤ人の姿が見事に描かれています。

反ユダヤ主義者が、特にユダヤ人を憎悪の対象として選んだのは、ユダヤ人が常に惹き起してきた宗教的嫌悪のために外ならない。そして、この嫌悪の情は、結果として、奇妙な経済的現象を生み出した。中世の教会が、強制的に同化するか、あるいは皆殺しにするか出来た筈のユダヤ人を大目に見ていたというのも、ユダヤ人が、絶対必要な経済的機能を果していたからである。呪われたユダヤ人は、呪われた、しかし欠くことの出来ぬ職業についていたわけである。土地を持つことも、軍隊に加わることも出来なかった彼等は、金銭の取引を行ったが、それはキリスト教徒には、身を汚さずには近寄ることも出来ぬ職業だったのである。こうして、伝統的な呪いに、やがて経済的な呪いが加わったわけであり、特に、後者の方が、後を引いたのである。

私たち日本人には、金融業が卑しい職業であったという記憶がありません。江戸時代までは、士農工商の時代でした。商が身分の最下層に位置づけられていました。しかし、金融業が発達し、大名も武士も商人から借金するようになっていきました。商人は、ユダヤ人の立場と同じでした。続けてサルトルの本を読んでみましょう。

今日、人はユダヤ人が非生産的職業についていることを非難するが、ユダヤ人がとにかく国家の中で、表面的にでも、自主性を保ち得るようになったのは、かつて自分達が彼等をそれら非生産的な職業にとじ込め、他のすべての職業を禁じたからであるということは理解しようとしない。ユダヤ人を創造したのは、キリスト教徒であるといっても決して言いすぎではない。ユダヤ人の同化作用を突然停止させ、その意に反してユダヤ人に、一つの機能を与えたのは外ならぬキリスト教徒である。そこで、ユダヤ人は、以後、その機能のうちにすぐれた才能を示したのである。しかし、それも、実は、既に昔話でしかない。経済的機能の分化が今日のようになって来た以上、ユダヤ人が、一定の役割にしかついていないとは言えない。認められるのはせいぜい、ユダヤ人が可能性がある時でも、長い間禁じられていた職業からは身を避け勝ちであるということぐらいであろう。ところが、近代社会はこの昔話にとびついて、反ユダヤ主義の口実や基盤にしたのである。従って、現代のユダヤ人が何者かを知りたいと思えば、キリスト教徒の良心に向って訊ねてみなければならないのである。その良心に、「ユダヤ人とはなにか」と訊ねるのではなく、「お前は、ユダヤ人になにをしたのだ」と問いただして見るべきなのである。

私はキリスト教もユダヤ教も愛の宗教ではなく、憎悪の情（＝心）に満ちた宗教であると書いてきました。哲学者サルトルは、その深層を見事に書いています。サルトルが「この嫌悪の情は……」と書いているのは、ユダヤ人がイエス・キリストを殺害したということからきています。サルトルはこれに反論しています。

ユダヤ人とは、近代国家のうちに、完全に同化され得るにもかかわらず、各国家の方が同化することを望まない人間として定義されるのである。それは、彼が、キリストの殺害者だからである。（原註、ここですぐにも言っておかなくてはならないのは、それが、ユダヤ人の流浪を利用して、キリスト教の宣伝のために作り上げた伝説にすぎないことである。十字架が、ローマの刑罰であることも、キリストが、政治的煽動者として、ローマ人によって、処刑されたことも明白である。）自分達の殺したものが神としてあがめられている社会の中に生きることを強いられたものの、堪えがたい立場というものを、人々は考えて見たことがあったろうか。もともと、ユダヤ人は人殺しか、あるいはせいぜい人殺しの息子というわけである。そして息子といっても、責任ということを、前論理的な形において考えるような共同体の中では、人殺し自身と全く同様に扱われることとなる。とにかく、ユダヤ人は、忌みもの《タブー》なのである。

このサルトルの文章を読むと、欧米の反ユダヤ教徒による「ユダヤ陰謀論」も半分は誤っているのではと思えてきます。しかし、フランス革命は、差別されたユダヤ人が起こした革命であることも事実です。その革命の最大の理由は、ユダヤ人が自らの解放を願って実行したことにあります。第一次世界大戦も第二次世界大戦も源を辿れば、イエス・キリストが神になったことに行き着くのです。

では、このキリスト教徒によるユダヤ人に対する嫌悪の情に終わりが来るのでしょうか。私の答えは〝否〟です。キリスト教が消えることは、今のところ考えられないからです。ユダヤ人が経済を支配するようになる前は、世界＝キリスト教がこの世界の大半を支配していました。しかし、ユダヤ人が世界＝経済の支配を強めてきてからは、政治も宗教も文化も、世界＝経済の怪物に支配されるようになっていったのでした。

サルトルは書いています。

モラスは断言した。ユダヤ人は、次のラシーヌの詩を理解することは、決してないであろうと。

「荒れ果てし東の国に、わが憂い、いかにやつのる」

モラスは反ユダヤ主義者です。このモラスの挑戦を受けてサルトルは、フランス人が、「ラシーヌと、自分の言葉と、自分の土地を所有しているからである」と書いています。続けてサルトルは「ユダヤ人は、国家のドル箱ではないが、知性と金で得られるものは、皆、彼等に残しておいてやろう。しかし、そんなものは空でしかない。重要なのは、非理性的価値だけだ。そして、正に、それこそ、彼等に永遠に与えないのだというわけである」と書いています。非理性的価値とは何を意味するのでしょうか。サルトルはこの言葉について解説をしていません。サルトルはカバラの世界を想像しているのでしょうか。あの宇宙樹を連想しているのでしょうか。

サルトルはフランス革命について少しだけ触れています。「フランス史が、ユダヤ人については、なにも教えてくれないとお答えできる。ユダヤ人は、一七八九年までは抑圧されており、ついで、彼等なりに、国家活動に参加した」とサルトルは書き、続けて「たしかに彼等は、自由競争の原理を利して、弱きものの席を奪ったかも知れないが、他のフランス人以上のことも、以下のこともしたことはない。フランスに対して、犯罪も、反逆も犯したわけではない」と書いています。フランス革命で多くのフランス人が殺されたのは、ユダヤ人の責任と暗に認めています。

ナポレオンについて少しだけ書こうと思います。湯浅赳男の『新版・ユダヤ民族経済史』から引用します。


古代以来、ユダヤ人は差別されながらも、自分たちの共同体の自治を認められ、自分たちの法廷、自分たちの警察、自分たちの裁判所、自分たちの租税制度を持ってきたが、これを放棄することなしにはユダヤ人の市民としての平等はありえない。ナポレオンはこのことを知りぬいていたが、これを上からの措置ではなく、ユダヤ人自身の要求として実行させようとしたのである。彼はユダヤ人の名望家の会議に対して、ユダヤ人の婚姻、国籍、警察権等につき十二項目の質問をし、回答させた。さらに一八〇七年には、ローマによる「神殿破壊」以後存在していなかったサンヘドリン（最高法院）を一七四〇年ぶりに開催させ、名望家会議の回答を再確認させ、ここにユダヤ人は近代国家における市民権を獲得したのであった。

フランス革命後、皇帝となったナポレオンは連戦連勝でした。しかし、イギリスがポルトガル、スペイン、ベルギー、オランダ等の諸国と「民族解放戦線」をつくり、ナポレオンを倒すためにロシアに軍事介入させます。

フリーメイソンリーに利用されたナポレオンは、彼らに見放されるのです。フランス革命、そしてナポレオンによってユダヤ人はゲットーから解放され、フランスをはじめ各国で市民権を得ることになります。十九世紀は、ユダヤ人たちが、世界＝経済の中心となり活動する時代です。多くのユダヤ人たちが、政治、経済、文化の舞台に進出します。

フランスでは、革命後の十一月には、教会領及びその財産は国有化され、翌一七九〇年二月には、修道院が廃止され、七月には全僧侶が公務員となります。キリスト教が支配していた「直線時間」の絶対支配が揺らいできます。その揺らぎの中で、世界＝経済が新しい直線時間を創造するようになっていきます。それは、「科学」という名の宗教が時間を支配することを意味します。フロイトやユングの精神分析学や心理学が「科学」という名を冠せられ、宗教化していきます。十九世紀から二十一世紀にかけて、「科学」が信仰の対象になっていき、スピード化した直線上の時間が人々を支配していきます。この「科学」という新宗教は、世界＝経済の真の支配者に利用されることになります。

次の第六章以降は、限りなく現代史に近づきます。世界＝経済を支配する者たちをクローズアップします。そうです、ユダヤの国際金融家が第六章以降の主人公というわけです。彼らがこの地球をいかに支配してきたかが物語の大半となります。ゲットーから脱出した人間の凄さを私たちは知ることになるでしょう。私たちの時間が狂いだし始めたのを、読者は知ることになります。

私は創造的想像力を養い、その力を最大限発揮されるよう、読者にお願いしようと思います。

# ［第六章］ファウスト的時間が人類を支配しはじめた

## 資本主義はユダヤ人の金貸しから始まった

さて、もう一度、「時間とは何ですか」と私は読者に問うことから、この章を始めようと思います。千五百年前、聖アウグスティヌスは次のように答えました。「さて、人が私にたずねなければ、私は時間の正体がわかる。ところが質問者に答えようとするとわからなくなってしまう」

しかし、ユダヤ人のアンリ・ベルクソンは、ユダヤ教のもつ抽象的思考を身につけているために、特に、数学的、科学的思考に優れていました。この哲学者はあるとき、ゼノンの運動の逆理を考えていて「自分は時間を発見した」というのです。「ゼノンの逆理《パラドックス》」とは「どんなものでもそれ自身に等しい場所を占めているときは静止している」というものです。「駿足のアキレウスも、もし亀が少しでも先行していると、いつまでたっても亀に追いつけない」ということです。

ベルクソンの「時間の発見」について一つの解説を紹介します。「運動そのものと、運動体が経過した軌道とを混同し、軌道の分割可能性を運動に適用したところから生じるのだ。なされつつある運動は時間であり、なされた運動とは流れた時間であって、それは空間化にほかならない。生きて流れる時間を、持続という。持続は刻々と移り変わって、部分は相互浸透していて、分割不可能である」（久米博の解説、『ユダヤ的〈知〉と現代』より）

理解できたでしょうか。これは『時間と自由』というベルクソンの主著でも同じように書かれています。ベルクソンは時間に連続性を発見したのです。彼は「過去は発動機のように記憶として残る」とも書いています。「持続の一瞬一瞬ごとに、神秘的にもこの宇宙が死んだり生きているると考えるか、あるいは、持続していて現在にまで引き伸ばされるひとつの実在を、過去からつくりだすか、どちらかでなければならない」とも書いています。分かりやすくベルクソンの時間論を表現すれば、「過去が未来をかじって食い込んでいく目に見えぬ進展」ではどうでしょうか。ベルクソンはまた、「真の持続はものにかみつき歯型を残す」とも言っています。ベルクソンらしい時間論です。彼は、人間は時間を理解するだけでは充分ではない、時間を生きることを学ばねばならないとも言います。どうしてでしょうか。時間を軸にしてすべてが動いているからだ、と彼は説くのです。

自由とは何か？　現在において過去を統合する能力なのだ、というのがベルクソンの時間論です。私が創造的想像力を駆使して物事を見てください、と読者に言うのと同様ではないでしょうか。本当に自由が欲しいなら、ベルクソンが主張するように「現在において過去を統合する能力」を持たねばなりません。ベルクソンは未来を志向するために、創造的進化を求めます。私は彼の時間論の中に「カバラ」的なものを見ます。

マックス・ウェーバーは『プロテスタンティズムの倫理と資本主義の〈精神〉』の中で、「近代資本主義はキリスト教＝プロテスタンティズムの倫理なしには成立することができなかった」と論じています。しかし、ウェーバーの考え方を私は採りません。ヴェルナー・ゾンバルトが説く「近代資本主義発展の萌芽を示していた」の説に賛成だからです。
ゾンバルトの『ユダヤ人と経済生活』から引用します。

王公貴族の信頼を得ることが問題になるとともに、彼らユダヤ人の国際性は本質的な利益を与えてくれる。彼らの大銀行家、大資本家への道はしばしば次のようにして開かれていった。彼らはまず言語の知識が豊富なところから通訳として王公の役に立った。ついで彼らは仲介者、交渉人として異国の宮廷に派遣された。その後王公は彼らに自分の財産の管理を委任した（その間に、王公は彼らの債務者になることによって同時に彼らに栄誉を与えた。それから彼らは、財政の支配者となった。そして後には証券取引所の支配者になった）。

ユダヤ人は空間的に拡散したことが、大きな利益を彼ら自身にもたらしたのです。地球上のあらゆる場所に散ったがゆえに、最良の情報を入手できたのでした。十七世紀、オランダのアムステルダムの証券取引所が栄えました。また、ヴェネチアの商業組合は、西方と東方とを結ぶ組織として、アムステルダムの組合とも深く関係し合っていたのです。当初は宮廷ユダヤ人として出発した彼らは国家の要職に就くようになるのです。私たちは差別された民族としてユダヤ人を見がちですが、ユダヤ人はけっして孤立した個人ではなくて、世界中にもっとも広く展開している商人の一員であったというわけです。ユダヤ人は生きた貨幣そのものでした。貨幣は流通します。そして迷走さえします。しかし、貨幣はいつもユダヤ人の集団のまわりに集まったのでした。

彼らはキリストの十字架が立つ場所では、いつも追い出されてきました。キリスト教徒ののさばっている協同組合の傍では、その場所の圏外でしか営業できなかったのです。それでも彼らはもぐり商人、もぐり職人、つまり自由貿易主義者として生き続けたのでした。ここに資本主義が始まるのです。

キリスト教徒の連中はユダヤ人を公共生活の場から遠ざけようとしました。議会、軍隊、それに大学のしかるべき地位に就くのを阻止しようとしました。彼らユダヤ人たちは奸計をめぐらし、フランス革命を成功させました。フランス革命の前、一七八三年に、アメリカ合衆国だけが、信仰のちがいに関係なく、すべての市民の政治的平等を宣言しました。フランスがこれに続きました。このことはすでに書きました。オランダは一七九六年に、オランダ国民議会がユダヤ人に完全な市民権を与えました。私は、ユダヤ人がその住む国で市民権を与えられた十八世紀末から十九世紀にかけて、初期資本主義が台頭したと思っています。すなわち、世界＝経済がはっきりと、その姿を見せ始めたのです。もう一度、ゾンバルトの『ユダヤ人と経済生活』から引用します。


われわれは早くもユダヤ人の富の一般的評価問題のただなかに飛び込んだことになる。もちろん、ユダヤ人の富が重要なのは、それがすべての資本主義的な仕事の着手を、そもそも可能にしたとはいえないまでも、本質的に容易にしたからである。銀行の創設、立替え業務、証券取引所の投機――ふところがあたたかかったため、ユダヤ人は他の者より容易にこれらのすべてに取り組むことができた。これこそまさに自明の理であろう。

資本主義は、ゾンバルトが書いているように、銀行の創設、立替え業務、証券取引所の投機を出発点として始まったのです。フランス革命、それに続くナポレオンによる戦争、これらのために王公たちはユダヤの御用銀行家たちに借金をしました。ユダヤ人たちは彼ら王公たちに資金を貸し付けていきます。ユダヤの金貸しが資本主義の促進をうながしたのでした。

ゾンバルトは言います。「なぜなら、金の貸付から、資本主義が生まれたからだ」。また、「資本主義の基本理念は金の貸付のなかにすでに萌芽がある。資本主義は、そのもっとも重要な標識を金の貸付から受けとった」と主張します。

金を貸し付けることで、時代はどう変わっていったのでしょうか。金を貸すユダヤ人は、おのれの額に汗を流すことなく、経済的行為をし、金を稼ぐことができるようになりました。利子を稼ぐという方法です。これは昔からあった方法ですが、近代資本主義はその大部分を歴史的な金の貸付から出発しているのです。一個人が金を貸す方法から、銀行というものが創設され、金を貸す方法が一段と進歩したというわけです。金を貸す方法として、立替え業務が複雑化し、巨大な金貸し方法として証券取引所が投機を行なっていくというわけです。

そのために、契約というルールが生まれてきます。株式会社もユダヤ人が発明した金の貸付業に

アンリ・ベルクソン（1859－1941）

マックス・ウェーバー（1864－1920）

他ならないのです。
ドイツに注目してみたいと思います。「宮廷ユダヤ」が十九世紀になると銀行家へと変身していきます。湯浅赳男の『新版・ユダヤ民族経済史』を再度引用します。

「宮廷ユダヤ人」が、一九世紀にまで銀行家として生きのび、より一段と繁栄する現実はドイツの各都市で見られるものである。例えば、ベルリンではブライヒレーダー家とメンデルスゾーン家である。メンデルスゾーン家は外国投資、特にロシアへの投資で有名であった。ブライヒレーダー家はビスマルクに信頼され、彼の軍備調達に協力している。ハンブルクではワルブルク家である。彼らはハンブルクの外国貿易、特にイギリスとアメリカ合衆国のそれに関係した。後に彼らはニュー・ヨークに進出した（ウォーバーグ家）。ケルンにはボンから移ったオッペンハイマー家がいた。彼らはラインラントで最も影響力のある銀行家で、保険、鉄道建設その他の産業投資を行っている。
ドイツの株式銀行の多くは一九世紀にこれらユダヤ人によって設立されたが、その代表的なものとしてダルムシュタット銀行、ドイツ銀行、ディスコント＝ゲゼルシャフト、ドレスデン銀行をあげることができる。

特にフランクフルトにはロートシルト家（英語読みではロスチャイルド家）とシュパイヤー家が

「フランクフルトの伝説」と呼ばれたほどの存在でした。一七四三年に生まれたマイヤー・アムシェル・ロスチャイルドが大きく財をなしていきます。彼はウィルヘルム九世の「宮廷ユダヤ人」の役割をこなし、十八世紀の末にはフランクフルトの大銀行家の仲間入りを果たします。ナポレオンに投資し、ナポレオンを皇帝の地位にまで押し上げ、ナポレオンの戦争を背後で指揮します。君主のヘッセン伯が亡命せざるをえなくなり、莫大な資金を委託され、大きな利益を上げます。この彼の息子五人が、フランクフルト、ウィーン、パリ、ロンドン、ナポリで事業を拡大していきます。

私はロスチャイルドがどのようにして巨大な資産を獲得していったのかは書きません。なぜなら、多くの本にすでに書かれているからです。この項の目的は、世界＝経済を支配する怪物が誕生する物語です。ユダヤ人が資本主義を作り、これを発展させた、ということを記して、この項を終わりたいと思います。

## 楽観主義と悲観主義——失われた時を求めて

ユダヤ人の思想家ハンナ・アレントは『パーリアとしてのユダヤ人』という本の中で「果てしない進歩というイデオロギーに基づく楽観主義が実際に十九世紀を通しての特徴であり、しかもそれは第一次世界大戦にいたるまでの帝国主義の第一期の間もまだ保持された。ここでの論旨にとって重要なのは、同じように十九世紀に繰り返し現われる憂鬱《ゆううつ》と悲哀である」と書いています。まさにアレントの表現したように、十九世紀は楽観主義と悲観主義が同時に混じりあった世紀でした。

この時代を代表する作家はたくさんいますが、世紀の終わりに登場したユダヤ人作家のマルセル・プルーストに注目してみます。彼は二十世紀前半を飾る作家ではありますが、「ドレフュス事件」の時代から第一次世界大戦の頃までを描いた『失われた時を求めて』で十九世紀を見事に描いているからです。

プルーストはストーリーのないこの小説の冒頭近くで、子供時代の幸福な時が、容赦なく腐食されていく様子を語ります。彼は幼少の頃の「紅茶に浸したビスケットの味」を思い出します。知性がどのように努力しても取り戻せなかったものが蘇ったのでした。ベルグソンが『失われた時を求めて』の評を書いています。「プルーストは、影を投げかけている本体の持つ異常で不合理な性質をわれわれにうすうす気づかせるような仕方で、この影に手を入れているのである」

私はフロイト、ベルクソンについて記してきました。彼らはプルーストと共通する時間についての考え方を持っています。すなわち、過去はどんなものであれ、充実した生であるということです。単純な表現をするならば「古きものは良きかな」の思想です。彼らにとって、過去こそが現実ではないのでしょうか。ベルクソンは時間の持続性を追求しました。フロイトは患者の生を無意識の生まで辿り、過去から再構成しました。プルーストは時間という流れにおける生を描きました。

ここまで私が書いてきて、何か気がつかなかったでしょうか。彼らユダヤ人にとっては、時間のほうが空間よりも重要であったということです。彼らはゲットーという窮屈な空間以外に自分たちの空間を持つことを拒否された人々でした。十九世紀に入ってゲットーは解放されますが、彼らにとって空間の経験は、外部世界から自分たちが孤立している記憶以外になかったのです。ユダヤ教の世界に登場する神は彼らユダヤ人に、時間による慰安を与えたのでした。時間の中においてのみ彼らは、過去と現代と未来を思索して生きてきたのでした。彼らは、建造物を持つのは心の中であり、一つの過去の歴史として伝えるだけでした。こうしてユダヤ人は、過去を一つの社会体系として構築する力を持つ特殊な民族となったのでした。マイケル・シャピロの『世界を動かしたユダヤ人100人』から引用します。

自分も長くは生きられないかもしれない、そう思ったプルーストは、自分のアパルトマンにひきこもり、いちばんよく知っている世界、つまり時代の変わり目を迎えようとしていた時期の上流社会についての物語を書きはじめた。仕事に完全に集中するため、プルーストは寝室の壁を防音のコルク張りにして作業室に変えてしまう。こうして一三年間、プルーストは昼も夜も書きつづけた。一九二二年、プルーストは死ぬ。『失われた時を求めて』の最後の七篇目を書き終え、編集の手を入れている途中だった。

プルーストは小説の作法を一変させました。プロット（ストーリー）のない小説を書いたのでした。そこにあるのは、出来事がただ、間断なく去っていく。すなわち、時間が去っていく、そして、時間が失われる。私は十九世紀とは、時間が流れ、去っていったのに、その失われた時間が何であったかと「失われた時を求めて」も、人間の理解を越えているとしか表現できません。この〝時〟は二十世紀に入っても、理解不可能な〝時〟となります。しかし、ユダヤ人的時間論を考えるならば、哲学的時間が、国家や社会を動かし始めたということではないでしょうか。すなわち、ユダヤ人がゲットーという窮屈な空間から脱出し、国家や社会という空間の支配者になろうとし、ユダヤ人が非ユダヤには理解不可能に近い時間を意識し始めたということではないでしょうか。それは、スピノザ、マルクス、フロイトたちが過去の神を否定し、神なき世界に自分の生を見出そうと努力したことと関係があると思われるのです。

しかし、このユダヤ的時間について、フリードリッヒ・ニーチェは『反時代的考察』の中で「骨

ハンナ・アレント（1906－1975）

マルセル・プルースト（1871－1922）

菫の歴史」という財産を捨てるように勧めています。この歴史感覚を異常に肥大させることは、ニーチェにとっては「生きとし生けるものを破滅させる」ものでした。「ゲルマン魂」を持つニーチェはファウスト的思想の持ち主であり、ユダヤ人を極度に嫌っていました。しかし、歴史はユダヤ人に味方し続けています。オスワルド・シュペングラーの『西洋の没落』を引用しようと思います。文中、「この技術」とあるのは、「蒸気機関の発明」のことです。

人間の経済というものは、動物界と植物界との運命のなかに深く入りこんでいた。だがそのことはただ生活に触れるだけのことであって、また消え去ってしまう。しかしこの技術は、ほかのすべてが消滅し、沈み落ちたときには、自己の日々の痕跡を残すであろう。このファウスト的な情熱は地球表面の像を変じたのである。それは、蒸気機関の幼年時代にゲーテのファウストの独白によって表現されたように生命感情であって、その生命感情を押し出し、押しあげ、そのためにゴシックに深く近親関係のあるものである。陶酔した魂は、空間と時間とを飛び越えようと意欲する名づけようもないあこがれは、限界のない遠さのうちに招き寄せる。（中略）しかし、まさしくその故に、ファウスト的人間は自己の創造の奴隷となった。その数とそれから生活規準の設計の上では、静止もなければ退歩もない。手工業のまったく小さな枝、すなわち疲れ果てた経済から、ほかの文化はなく、この一つの文化において、強力な樹はほかのあらゆる職業の上にその影を落とすのだ。機械工業の経済界である。それは企業家ならびに工場労働者を強制して自己に服従させる。両者とも機械の奴隷であって、主人ではない。この機械は今こそその悪魔的な秘密の力を発揮するのだ。

十九世紀の世界をシュペングラーは見事に描いています。資本主義の時代に突入した時代においては、工場の企業家も工場労働者も機械の奴隷と化した、とシュペングラーは主張します。では、誰が、どのように彼らを支配するのでしょうか。それは、「組織者と管理者であり」、「複雑な帝国における中心点を形づくっている」と彼は書いています。もう少し彼の説を引用します。「それを統合するのは思想であって、腕ではない」。では、何でしょうか。「一個の人物は、都市を土から成長させ、地方の土地を変えるところの企業的な主人の全体のエネルギーよりももっと重要なのである。その人物とは政治的な闘争においてしばしば忘れられ勝ちであるが、機械に精通している聖職者、技師である」

シュペングラーは、ファウスト的技術についてを語っているのです。グノーシス主義は錬金術を生みましたが、新しいグノーシス主義が十九世紀に生まれたのでした。それが、合理主義であり、蒸気機関の発明であったのです。科学が急激に進歩したのは十九世紀に入ってからでした。偉大な発明は深みの中にあり、ゆっくりとした時間の中で成熟したのでした。そして一つの運命となりほとばしり出たのです。しかし、ファウスト的な危険もまたあったのです。

シュペングラーは未来を論じているようです。未来の時とは何かを。もう一度引用します。

しかし、かれらすべてにとって、まことにファウスト的な危険もまたあった。すなわち悪魔が手を貸して、地球のすべての力を約束したところのあの山にかれらを精神的に連れていくという危険である。かれらはいく度かこの野心に屈した。かれらは自ら神となるために、神を強制してその秘密を奪おうとした。かれらは宇宙的拍子の法則をききとり、これらを支配しようとした。こうして人間の意志だけに隷従する小さな宇宙としての機械という観念を創造した。

私は次項で「共産主義」について書こうと思います。共産主義は、まさしく人間が創造した「小さな宇宙としての機械」でした。この共産主義に十九世紀も二十世紀も、多くの人々が、聖職者＝技師たる共産主義者たちに騙されています。「地球のすべての力を約束したところのあの山に」人々を「精神的に連れて」行こうとしています。聖職者＝技師たちは、思考を現実化して一種の機械としてこの世に登場させたのでした。思想は機械化され軍隊という姿をとり、この世の企業や労働者を圧倒し続けたのでした。

フロイトは、個人の過去は積極的に成人の行動を形成するとし、過去を無意識の領域まで深入りし、「失われた時を求めて」彷徨《さまよ》いました。ベルグソンは、現在は過去の持続であり、持続という流れの中で「失われた時を求めて」自由とは何かを追求し続けました。プルーストは、過去を恣意《しい》的なひらめきのなかで見出せるとし、「失われた時を求めて」心の旅路を続けました。

「共産主義」という怪物は「失われた時を求めて」、時間を喰いちぎって今も生き続けています。いよいよその正体を暴く時が来たようです。

## 共産主義は人々に憎悪の時間を持てと強要した

ああ、一切の善、一切の羞恥、善人に対する一切の信仰はどこへ行ってしまったのか！　ああ、わたしがかつて持っていたあのいつわりの無邪気さ、善人たちの共通な無邪気さ、かれらの高貴な嘘の無邪気さは、どこへ行ってしまったのか！

まことに、あまりにもしばしば、わたしは真理を追いかけて、その踵《きびす》に迫った。そして真理のために、頭を蹴とばされた。いくたびか、わたしは自分で嘘をついているつもりだった。すると、どうだろう！　そのときはじめて――真理というものがわかった

（ニーチェ『ツァラトゥストラはこう言った』）

私は幾度も読者に「創造的想像力」をもって事物を見ることを勧めました。どうしてニーチェをここで引用したのかと言いますと、共産主義を信じる人は、ツァラトゥストラのように「頭を蹴とばされ」て、真理というものが分かる、ということを知らされます。共産主義の真実を知るためには「破壊的想像力」が必要となります。

共産主義の何たるかを知るためには、ロスチャイルドを知る必要があります。ゾンバルトの『ユ

ダヤ人と経済生活』から引用します。

一八〇〇年から一八五〇年までの証券市場の拡大は、とりもなおさず、ロスチャイルド家の伸張であり、同時にそれに伴う様々な問題である。というのは、ロスチャイルドの家名は、それが営業する商社以上のものを意味しているからである。この家名は、ユダヤ人が証券取引所で活動しているかぎり、全ユダヤ人を意味していた。なぜならば、ロスチャイルド家は、これらユダヤ人の支援があってはじめて、絶対的実権——同家が半世紀にもわたって独占していた、証券取引所における単独支配、といい換えてもよいが——の獲得が可能になったからである。(以下の事実は十九世紀中葉以降の各国についてもいえることであるが)この世界的商社を疎んじて提携しようとしない財界人は事務所の閉鎖を余儀なくされた、とのべてもけっして過言ではない。十九世紀の中頃には、次のようにいわれていた。「ヨーロッパにはただ一つの権力しか存在しない。それはロスチャイルド家だ。その親衛隊員は一ダースほどの銀行家であり、その兵士および近習は、ありとあらゆる忠実な商人や労働者であり、その剣は投機である」(A・ワイル)。さらにハイネの機知に富んだ有名な言葉は、ロスチャイルド家という奇異なる現象の唯一の意味を、冗長な数字を並べたてるよりも鮮明に照らしだしている。「ロスチャイルド氏はまことに、最高の政治的温度計である。ただし天気がわかるアマガエルではない。なぜなら、アマガエルという言葉ではあまり尊敬できない感じを与えるからである」「あの商社の個室は、まことに不思議な場所である。そこは大洋や星空のように、崇高なる思想や感情を刺激してくれる。人間がいかに小さく、神がいかに偉大であるかをはっきりと教えてくれる場所だ」

まさに、詩人ハイネが「あの商社の個室は……」と語った言葉のように、ロスチャイルドの商社の個室から、資本主義も共産主義も、帝国主義も誕生してきたのでした。ハイネは彼に資金援助を続けてくれているジェイムズ・ド・ロスチャイルド男爵（フランス）を「尿瓶《しびん》にお辞儀する株式仲買人と見た」と言っています。また彼を「パリのシャイロック氏」と呼んだのでした。「そこには、ただ一人の神しかいない。マモン神である。そしてロスチャイルド氏は彼の預言者なのだ」とハイネは言っています。「ローマ教皇大使は四季支払日には毎回ジェイムズ男爵のところに貸付金の利子をもってこなければならないからだ」ともハイネは言っています。それでもハイネはロスチャイルド家の金を当てにし続けたのでした。経済的な面から見ると、ヨーロッパには、十九世紀の半ばには「ただ一つの権力しか存在していなかった」のです。このことを中心に私たちは歴史を見る必要があります。

一八四八年二月、カール・マルクスはフリードリヒ・エンゲルスと共著のかたちで（実際はほとんどマルクスが書いたのですが）、『共産党宣言』を出版します。「新訳刊行委員会」の訳を以下引用します。「まえがき」の部分です。

妖怪がヨーロッパに出没している——共産主義という妖怪である。古いヨーロッパのすべての権力が、この妖怪を退治するために神聖な同盟を結んでいる。ローマ教皇とツァー（ロシア皇帝）、メッテルニヒ（オーストリア反動宰相）、ギゾー（フランス七月復古王政の首相）、フランス急進派とドイツの警察である。

この「神聖な同盟を結んでいる」とされるローマ教皇も、ハイネが指摘するように、ロスチャイルドから金を借りていました。以下、すべての国家、個人、組織にも金を貸すか、財政的援助をロスチャイルドはしていました。マルクスは次のように書いています。

ブルジョア社会では、生きた労働は、蓄積された労働を増殖させるためのたんなる手段にすぎない。共産主義社会では、蓄積された労働は労働者の生活過程を拡大し、豊富化し、向上させるための手段にほかならない。

したがって、ブルジョア社会では過去が現在を支配し、共産主義社会では、現在が過去を支配するのである。ブルジョア社会では、資本が独立して人格をもっているのにたいして、活動する個人は独立しておらず、人格をもっていない。

共産主義は一つの時間論を人民たる労働者に提供していることが理解できるでしょうか。「共産主義社会では、現在が過去を支配するのである」とはどういう意味があるのでしょうか。マルクスは続けます。「ブルジョア的人格、ブルジョア的独立制、ブルジョア的自由の廃止を問題にしてからだ」。ではブルジョアを廃止したら何が残るのでしょうか。工場が消えたら何が残るのでしょうか。プロレタリアートがブルジョアジーに取って代われば、「現在が過去を支配」することになるのでしょうか。マルクスは「だが、われわれの時代は、階級対立を単純化したことを特徴としている。社会全体がますます、敵対する二大陣営、直接に対峙する二大階級に分裂していく——すなわちブルジョアジー（ブルジョア階級）とプロレタリアート（プロレタリア階級）に」と書いています。マルクスのみならず、多くの人々が理解できないほどの〝憎悪の時間〟を強要され始めたのでした。

この『共産党宣言』について、戦後日本の共産主義をリードした大内兵衛は『マルクス・エンゲルス小伝』の中で次のように書いています。

「革命の伝統から引《ひき》つがれた空《から》文句や幻想にたいして批判的な態度をとる」のである。ただ、共産主義の大目的を達するためには、従来の社会秩序は転覆されねばならない、これは公然と言明する必要がある。要するに、その行うところは低く、そのねらっている目標は高いのが共産主義である。「支配階級をして共産主義革命のまえに戦慄せしめよ。プロレタリアは革命において鉄鎖のほかに失うべき何ものをももたない。かれらは世界を獲得しなければならない」「万国のプロレタリア団結せよ」と。

オリヴィア・マリア・オグレイディの『黙示録の獣たち』によれば、「一八七一年五月二十日、共産主義者は占拠したパリのあらゆる街区にガソリンを撒き、公共建物全てと一般住宅を含む、私有財産の大部分に火を放った。大蔵省、パレ・ロワイヤル、司法省、市役所、警察本部が炎に包まれた」。だが、しかし、「ロスチャイルドの豪邸と高価なその所有物は傷つかずだった。これまで同様、ロスチャイルドの豪邸は一八七〇－一八七一年の戦禍もパリ・コミューンも凌いだ。経済的動揺ひとつ見せることなく、ヨーロッパの確たる支配者であり続けた」（ジョン・コールマン博士『ロスチャイルドの密謀』）

どうして、ロスチャイルドの豪邸とその所有物が傷つかずだったのかを考える必要があります。ヨーロッパにただ一つの権力が存在していた、という事実を私たちは再確認すべきです。フランス革命と同様に、いろんな革命の企《くわだ》てにロスチャイルドが資金を出していたからです。

ウィリアム・ランガーの『語られざる歴史』も、マルクスやエンゲルスの革命指導者たちがパリ・コミューンで四千二百万フランという当時としては破格の金を浪費した、と書いています。マルクスは極貧の生活をしていたというのが通説です。では、この四千二百万フランという破格の金の出所はどこでしょうか。ランガーはロスチャイルド家であると推測しています。

ロスチャイルドは高度の金融テクニックを駆使してきました。これは自由自在に動きまわり、抑える術《すべ》はありませんでした。フランス革命以降、巨大な金融財閥に成長していく様子はすでに書いた通りです。信用需要が増大し、それがロスチャイルド自身の権力となり、ついに世界＝経済の唯一の権力となりました。

マルクスは生産経済とそれに伴う略奪経済という図式の中に、絶望的な暴力戦争を仕掛けろ、と叫びました。しかし、マルクスは、ロスチャイルドによる貨幣の独裁が何を人間の未来にもたらすのかを追求しませんでした。人間の未来が強い権力の手の中に落ちようとしていたのに、ただ、ブルジョアとプロレタリアの階級闘争のみに眼を向けました。ここで、明確にしようと思います。マルクスは、ナポレオン、ビスマルク、メッテルニヒ、ギゾーとともにロスチャイルド家への貢献度が大きかったと。

一八五九年、チャールズ・ダーウィンの『種の起源』が出たのと同じ年、「剰余価値学説」を述べた『経済学批判』(『資本論』)の初章が世に出ました。「剰余価値」とは何か。大内兵衛は『マルクス・エンゲルス小伝』の中に、次のように書いています。

マルクスの摘出したところによると、資本には自己を増殖するもの(可変資本)と、そういうはたらきをしないもの(不変資本)とがある。賃金の名で労働力に対して支払われるものは、まさに前者で、それによって資本に吸収される労働力は、そのうちに一定の不払労働を内包している。もしそうであるならば本来価値である労働力は、資本制の内部では自己に支払われた価値（必要労働の価値）とそれ以上の価値をも生産する価値（剰余労働の価値）として存在し、且つ活動する。それにより資本家は必要価値を支払いその余分の価値を領有する。この価値部分が剰余価値である。資本家の利潤というのはこれである。

『資本論』は全篇が、この大内兵衛の論よりもより難しく書かれています。この説は要するに「労働者の仕事以上に資本家がピンはねしているから、資本家だけに余分な金が集まる」ということなのです。このように書けばいいものを、お坊っちゃま経済学者（あえてそのように呼びます）の大内兵衛も、マルクスも、わけのわからない難解な文章で表現しようとします。お坊っちゃま経済学者大内兵衛は次のように予言します。

『資本論』のモチーフはすでに説いたところでは、資本主義はいつの日か亡びるということ、それを科学的に立証するにあった。これを読んだ人がすべて直ちにこのモチーフまで全部を承認するかどうかはわからぬとしても、少くとも人は、マルクスの説得力により、富者ますます富み、貧者ますます貧しいのは資本主義の絶対の原理であることは、十分に納得するであろう。

前述した『パーリアとしてのユダヤ人』の中で、ハンナ・アレントは「マルクスは実際には帝国、すなわち征服民族と被征服民族しか知らず、帝国主義、すなわち高等人種と劣等人種を知らなかったのだから、免罪にしてやってもよいのかもしれない」と書いています。また、シュペングラーは「たんなる実行的労働（マルクスはこれだけを知っていたのである）は、発明的な、整序的な、組織的な労働の機能にほかならないのである」と書き、マルクスを切り捨てています。では、労働とはどのように評価されるべきでしょうか。シュペングラーは次のように説きます。

蒸気機関の発明以後の全世界経済は卓越したまったく少数の頭脳の創造であって、これら頭脳の価値ある労働がなければ、その他のものはすべて存在しなかったであろう。しかしこの業績は創造的思考のものであって、「量」ではない。したがってその等価は若干の貨幣ではなく、その業績自体が貨幣である。その貨幣とは鋳造されたものではなく、思想を事実の意味に高める内的尊厳ある生活からきた、作用の中心と考えられるファウスト的貨幣である。貨幣をもってする思考は貨幣を生む。これが世界経済の秘密である。大様式の組織者が紙の上に百万と書けば、その百万は存在する。というのは経済中心としての人格が、かれの領域の経済エネルギーをこれに相応して高めることを保証するからである。このことがわれわれにとって信用という語を意味するのであって、ほかのなにものでもない。

私は十九世紀にファウスト的思想を持った人間が誕生したのではないかと思っています。その人間は少数の指導者の中に存在し、巨大な被指導者（マルクスのいう労働者も資本家も含めて）を使っていると思います。世界＝経済はその少数指導者と、彼らの指導をうけた実行被指導者とに分けられていると思います。そこにシュペングラーはファウスト的な経済力学を見たのでした。ファウスト的人物に指導されて、マルクスたち共産主義者が貨幣をいただき、単純な階級闘争システムを作り、人間どうしの憎悪を煽ったというのが私の結論です。

ハイネとマルクスは遠い親戚関係にありました。ハイネが宗教を嘲《あざけ》って「精神的な阿片」といった言葉を受けて、マルクスは宗教を「民衆の阿片」と言いました。ポール・ジョンソンは『ユダヤ人の歴史』の中で次のように書いています。

ハイネとマルクスに共通していた最大の特徴は、極端な憎悪である。それは、敵に対してだけでなく、（おそらく特に）友人や恩人に対して向けられる毒のある攻撃に表れていた。これは、棄教したユダヤ人に共通の自己嫌悪の一部だった。マルクスはハイネよりもずっと極端で、ユダヤ教を自分の生活から締め出そうとした。ハイネが一八四〇年のダマスコでの残虐行為にひどく当惑したのに対し、マルクスは生涯、ユダヤ人に加えられたあらゆる不正行為に対して、何らかの関心を示すことを慎重に避けた。ユダヤ教をこのように無視したにもかかわらず、マルクスがユダヤ的なものをもっていたことは疑いようがない。

マルクスの本を読んで、私はタルムードとカバラの影響を見ます。どうしてタルムード的であるのかを私は説明してきました。マルクスは一度も実際の工場の中に足を踏み入れたことのない人間でした。お坊っちゃま経済学者の大内兵衛がどのように評価しようとも、プロレタリアートを「資産をもたない、単なる均一的な労働者」として理解していた点に、私はマルクスのプロレタリアートに対する憎悪心を発見します。マルクスは『資本論』（第一巻）の中で、「すべての商品は、どれほど下劣に見えようが、悪臭を放とうが、間違いなく貨幣であることを資本家は知っている。彼らはいわば心に割礼を受けたユダヤ人なのだ」と書いています。ユダヤ人であるマルクスがユダヤ人を憎悪しているのです。

私はこの項の冒頭で、ニーチェの『ツァラツゥストラはこう言った』を引用しました。もう一度、ニーチェの言葉に注目してください。「真理のために頭を蹴とばされた」ことに心を配ってください。そして、時によっては「破壊的想像力」を発揮してください。

憎悪の思想を拒否することが、あなたの頭脳をさわやかにする最善の方法なのです。心の中にいかなる敵もつくらないことが、哲学する方法なのです。共産主義とは何かを知ることは憎悪の思想を捨ててはじめて得られるものです。しかし、この憎悪の思想が十九世紀から二十世紀にかけて、否、二十世紀から二十一世紀にかけて、消滅することなく蔓延し続けています。多くの人々は共産主義者たちから、憎悪の時間を持つことを強要されたからでした。それを強要したのは、共産主義者よりも、世界＝経済を支配するファウスト的人間たちでした。

## ファウスト的人間たちが登場し、人々は時間奴隷となった

シュペングラーの『西洋の没落』は幾度も引用しました。彼の本には「ファウスト的」という言葉がよく登場します。そのシュペングラーはヘーゲルとニーチェの二人を己の師としています。しかし、この二人は「ファウスト的」という言葉をほとんど使いません。

ニーチェは「ファウスト的」という言葉の代わりに「科学的」という言葉をあてているようです。科学という地盤に決定的に足を踏み入れたニーチェは、そこに真理への情熱を注ぎこみました。ニーチェは、科学の本質的特長はその科学的精神の方法である、と主張します。そこで彼は、この方法によって唯一の確実性が得られると言います。「科学が事物を探求する。そうだ、われわれは人間の法則や概念のたえざる変化を信じきっているのだ」との論を展開します。彼は非真理的なもの、反真理的なものによって科学的方法に生命を与えることが、永久的な根本的基礎であることを示しました。それでは、ここに危険性はないのでしょうか。ニーチェは言います。「あらゆる科学が到達することのできない深みがある。だから、科学とは縁のないものが現われてくる」

一方、ヘーゲルは『歴史哲学講義』の中でフランス革命を論じて次のように書いています。

太陽が天空にあって惑星がそのまわりをまわるようになって以来、人間が頭で、つまり思想でたち、思想にしたがって現実をきずきあげるということはなかった。ヌース（知性）が世界を支配する、と最初にいったのはアナクサゴラスだったが、いまはじめて人類は、思想が精神的現実を支配すべきだと認識するにいたったのです。ここには、まさしく、かがやかしい日の出がある。思考するすべての人びとがこの時代をともに祝福しています。神と世界との現実の和解がいまはじめてもたらされたかのごとくで、高貴な感動が時代を支配し、精神の熱狂が世界を照らしだします。

このヘーゲルの哲学を受け継いだ一人がマルクスでした。『共産党宣言』は、精神の熱狂から生まれたものに他なりません。マルクスとともに『共産党宣言』を発表したフリードリヒ・エンゲルスは『空想より科学へ』の中で「今や黎明《れいめい》が近づき、理性の王国がはじまろうとしている、今より後は、迷信、不正、特権、抑圧は駆逐されねばならぬ。それに代って、永遠の真理、永遠の正義、自然に基づく平等、譲り渡すことのできない人権が現われねばならぬ」と書いています。この後、エンゲルスは先に私が引用したヘーゲルの文章を引用しています。

私は、十九世紀そして二十世紀は、ニーチェの危惧したとおり、「科学とは縁のないものが現われてくる」時代だったと思うのです。ファウスト的とは「科学が到達することのできない深み」に落ちた人間の悲劇を表現するのに適した言葉ではないのでしょうか。

そういう意味で、ファウスト的という言葉をこれからも私は使います。フランス革命、そしてそれに続く無神論の誕生（その代表的なものが共産主義）の中で、キリスト教的な直線型時間が大きく変貌していきます。そして、ファウスト的時間が新しく登場してきました。

ファウスト的時間とは直線型時間にちがいないのですが、それはすなわち、今までのイエス・キリストを信仰の対象にして人の心を束縛するという時間を捨てて、無神論的時間を人々に強要することでもあります。科学が著しく進歩、発展したために、世界の様相は一変しました。マルクスが指摘したように労働者たちが増加してきました。彼らが工場に採用されて、多くの時間を工場の中で過ごすようになります。

エンゲルスは『空想より科学へ』の中で、「封建制度の崩壊が起り、封建領主の家臣団は解体し、農民が農場から追放されたこと等々のために、こういう終身的賃金労働者の数は恐ろしく増大した」と書いていています。また、彼は以下のようにも書いていています。「一方では資本家の手に集中された生産手段と他方では自分の労働力のほか何ももたぬようにまでなった生産者、この両者の分離は完成した。社会的生産と資本主義的取得との間の矛盾は、いまや、プロレタリアートとブルジョアジーとの対立となって、明白に現われたのである」

この文中の「対立となって、明白に現われたのである」の中に、ファウスト的時間が見えてきます。マルクスとエンゲルスも二つの階級の対立を基にして『共産党宣言』を発表したのでした。

ファウスト的科学者たちが登場し、近代生活のテンポが加速度的に速くなり続けました。それまで農奴であった人々が工場労働者となっていくということは、人工的な時間環境の中で束縛されるようになっていくことでした。

そして、一日の大半（彼らは十時間以上働かされました）を工場の中で過ごすうちに、季節の移り変わりと結びつきがなくなりました。一日のすべてを時間で決められる生活がやがて工場経営者に対する憎悪心をつのらせることとなり、共産主義者（無神論者）を増加させることになったのでした。そこに神は存在しえず、人間集合体ともいうべきものに帰属する時間が彼らを支配していったのです。このように時間が制度化され、労働者たちは屈従を余儀なくされたのでした。

では、工場経営者の側から見ると、時間とはどのようなものでしょうか。労働者の時間を買うことになります。それは支配力を獲得することを意味します。私たちはマルクスの『資本論』の中に「時間」という概念が希薄であるのを知ります。時間は、マルクスにとっては、剰余価値の中に当然のこととして入れられていたからです。

バーバラ・アダムの『時間と社会理論』から「工場法」に関する文章を引用します。

時間は論争によって獲得される。時間支配をめぐる闘いはストライキの歴史を通じて見いだすことができる。そこでの議論の中心は、一日、週間、年間、あるいは停年までの労働の継続時間、労働の進行速度や休憩時間、超過時間の勤務や勤務外時間、祝祭日や有給休暇の時間である。イギリスの一八三〇年と一八四〇年の「工場法」がその証拠である。それ以後の「工場法」は、一日の労働時間の法定最高限度を絶えず引き下げてきた。

ここから分かることは、工場経営者側からの時間導入に反対する闘争があったことです。マルクスは、この時間ストライキを知っていました。しかし、彼は、憎悪という時間を労働者に要求し、工場そのものを消滅させせようとしました。

私は、マルクスはファウスト的人間であったと思っています。時代の異端児でした。労働者たちは、束縛され拘束された時間からの解放闘争をたえず繰り返していたのです。これこそが、労働者たちの現実主義だったというわけです。資本主義といわずに工場経営者と労働者の関係を表わすには、産業資本主義といったほうが理解しやすいと思います。かつて産業資本主義がはっきり姿を見せる前は、一日に一人の人間が一定の場所で作業して仕上げる能力が尺度であったのですが、均一的労働が増えてきてからは時計時間が創造され、普遍的な単位として採用されたということです。時間そのものが仕事の尺度となったのでした。私は「時間奴隷」という言葉を使いましたが、それは、労働者たちが日常生活を自ら構造化せざるをえなくなり、時計時間から逃れることができなくなったということなのです。このことは労働者の問題のみならず、彼らを取り巻く家族や周辺の商業で生活する人々をも巻き込んでいったわけです。暦と時計の時間が一つの組織体を制度化していくと、他の組織体も同時に制度化させせられていったのでした。

ポール・セザンヌは十九世紀の終わり頃、針のない黒い大きな時計を中心とした一枚の静物画を描きました。彼は時計が自己の自由を抑制しているとの思いから、無時間性への憧れを画に表現したのかもしれません。時間の作り出す奴隷化に対する反抗心が文学作品に表われるのも十九世紀の終わり頃でした。時間は流れであり、個々の単位の総計ではないという思想が登場してきたのです。精神はゆっくりとうねっているのかもしれない。個々の部分はそれぞれの速さで動いているのかもしれない。時間もまた、精神と同じように、個々に動いているのかもしれない。人間は時間に束縛されていても、その時間と闘いうるのかもしれない……。意識は時間という鎖につながれるものでなく、時間を超えて流れている……。こうした考えは、ウィリアム・ジェイムスや、アンリ・ベルクソンの思想の中に発見できます。

しかし、思想と異なり、社会生活では、時間というもので秩序が保たれていくようになったのでした。時間厳守が集合的秩序にとっての根本的原理となっていくとき、時間決定をする者が、本当の支配者になっていくのは当然のことでした。産業資本主義社会においては、産業資本家（工場経営者を含む）が、雇い主の立場から、雇われた人々（労働者たち）に絶対的支配力を持つようになるのも、また必然でした。労働者たちが精神の自由をいかに叫ぼうとも、彼らの身体は自由を奪われていったのでした。

この自由を奪われた世界から解放される方策はないのでしょうか。あの『共産党宣言』には次のように書かれています。「諸君」とあるのは、ブルジョアジーのことです。

諸君の生産諸関係および所有諸関係は、歴史的なもの、つまり生産の変転のなかでの経過的なものでしかないのに、諸君はこれを勝手に、永遠の自然法則とか理性法則とかに変えてしまおうとしている。こうした考え方は、すべての没落した支配階級に共通なものである。諸君は、古代の所有について理解したこと、封建的所有について理解したことを、ブルジョア的所有についてはあえて理解しようとしないのである。

マルクスは、生産諸関係および所有諸関係は一時的なもの、すなわち経過的なものにすぎないから、いずれ崩壊するものである、ならば、プロレタリアの力で強引に崩壊させてもよい、との思想を宣言したのでした。彼は書いてはいませんが、そのことは労働者を時間奴隷から解放する道を指し示したのでした。その結果どうなるのでしょうか。マルクスは書いています。彼は理想主義者の一面を持っていました。

プロレタリアートの支配は、こうした諸民族の国民的分離と対立をいっそう消滅させるであろう。団結した行動――すくなくとも文明諸国の団結した行動が、プロレタリアート解放の第一条件の一つである。

一個人による他の個人の搾取が廃止されるにしたがって、一国（民族）による他国（民族）の搾取も廃止される。

国民（民族）の内部での階級対立がなくなると、諸国民（民族）相互間の敵対的関係もなくなる。

共産主義にたいして宗教的、哲学的、そしておよそイデオロギー的な観点からおこなわれる非難は、なんらくわしく検討するに値しない。

マルクスの予言は見事でした。ロシアに共産主義国家が誕生した物語が、この予言を裏付けたのでしょうか。革命時（一九一七年）に二千万人以上のロシア人が虐殺されました。革命後、三千万以上のロシア人が虐殺されました。プロレタリアートを代表とする新しい皇帝（レーニン、スターリン）が恐怖政治を行ないました。憎悪が、恐怖が日常となっていきました。『資本論』がどうして世界に大きな影響力を持続し続けることができたのか。それは、ユダヤ人の資本力によったのでした。ユダヤ民族以外の民族、すなわち「非ユダヤ人」の最良の部分を殺せ——というのがユダヤ人の隠されたスローガンでした。ソヴィエト革命は、ユダヤ人の力によって完成しました。革命の指導者は一部の例外を除き、すべてユダヤ人でした。革命に要した費用はロスチャイルドとその一味がすべて出しました。

ナポレオンをヨーロッパの覇者にしたのもユダヤ人（特にロスチャイルド）でした。ナポレオンは皇帝になると同時に、ユダヤ人がこの世の権力を握る唯一の民族であることを知りました。ナポレオンはユダヤ人の国際的な活動を制限するために、一八〇八年、勅令を出しました。ユダヤ人たちはナポレオンを罠にかけ、ワーテルローの戦い（一八一五年）でナポレオンを敗北させます。ロスチャイルドはナポレオンを、敗残の皇帝を船に乗せて南大西洋の離れ小島に送り、砒素《ひそ》を盛って毒殺したのでした。

ワーテルローの戦いのあった年、一八一五年、ウィーン会議が開かれました。「力の均衡」と呼ばれる計画がこの会議で作成されました。ヨーロッパのどこかの国家が他の国々よりも強力になったら、それらの国々が強力になった国を攻撃する権利を持つとされました。第一次世界大戦、第二次世界大戦も、この「力の均衡」を応用した戦いだったのです。

もう一つ大事なことが「ウィーン会議」で決定されました。ユダヤ人はどこの国でも「平等の権利」を保障されたことです。ユダヤ人のほとんどはゲットーから大挙して表に出ることになりました。私は、フランス革命もナポレオンも、共産主義も、ロスチャイルドとその一味による創作劇だと思っています。その目的の第一は、イギリスとごく小さな国家を除いた、ほとんどの国の貴族たちを王位から追放するために共産主義を作った、とみるのです。ちょうど、かつてローマ帝国がセネカに聖書のシナリオを作らせイエスを救世主に仕立て上げたように、ロスチャイルドとその一味が、イギリスが哲学者ベーコンにシェークスピアの名で作品を書かせたように、マルクスたちを利用して共産主義の思想を広めさせ、ついに革命が起こったと考えているのです。

産業資本家と労働者という狭義の理論を応用し、国家転覆を企図したと私は確信しています。ロスチャイルドは『共産党宣言』が世に出た当時、世界の富（ヨーロッパを中心とした）の半分以上を持っていました。ヨーロッパの国家ではローマ法王庁もふくめ、ロスチャイルドから借金をしていない国家は存在していませんでした。

あの『共産党宣言』が出た一八四八年以降、暴動がヨーロッパの至るところで起きました。そして、暴動後にはユダヤ人が国家の中枢に入っていき、閣僚の地位に就いたのでした。当時のフランスはジェームズ・ド・ロスチャイルドの支配下にありました。なにしろフランス国王の六十倍の財産を彼は持っていたからです。ロスチャイルドの一味のユダヤ人、アドルフ・クレミューは一八一五年のウィーン会議の後フランスの内閣に入り法務大臣になります。また、ユダヤ人のミシェル・ゴッシュは蔵相になりました。ロスチャイルドは、この二人の部下を自由に操り、フランスを支配し続けたのです。

マルクスが活躍しだした頃、フランスにフリーメイソンの組織から独立する形で、イスラエル世界同盟が出来ます。これが表に出てきた、シオニスト世界権力運動の最初でした。あのフランス内閣で国家権力を握るアドルフ・クレミューが、この世界同盟の会長でした。フランスに暴動を起こしたマルクスとエンゲルスは、イスラエル世界同盟の指揮下にあったのでした。

イギリスでは、ワーテルローの戦いで「ナポレオンの敗北」を逆手に取って「ナポレオン勝利せり」とのメッセージを一方的に流したネイサン・ロスチャイルドは、捨て値で投げ出された株を大量に手に入れ、イギリス市場全株の六二パーセントを所有しました。株の取引で破産したロンドンの貴族たちは、先を争ってロスチャイルドの言いなりになったのでした。

十九世紀の末頃の時間を支配した者たちが誰であったかを私は書いてきました。ロスチャイルドのためにひたすら働いた人間たちは、間違いなくファウスト的人間でした。彼らはワーテルローの戦いで、反ナポレオンの作戦も立てました。前述のゴッシュ蔵相も、クレミュー法相もファウスト的人間でした。そして、マルクスもファウスト的人間でした。これらの連中が多くの人々を時間奴隷に仕上げたのでした。

『共産党宣言』の中でマルクスは書いています。「共産主義に対して宗教的、哲学的、そしてイデオロギー的な観点からおこなわれる非難は、なんらくわしく検討するに値しない」。この意味が理解できるでしょうか。共産主義に異議を唱える者たちは、皆殺しにされる運命にあるということです。歴史はこれを証明しました。ロシアがそのよき例です。

さて、産業資本主義における雇用主と労働者の関係を見ただけでは、ファウスト的な時間を少しか発見できません。マルクスが隠し続けた金融資本主義の立場から、ファウスト的時間を見る努力をしなければならないのです。金融資本主義とはロスチャイルドとその一味が闇の中で作り出してきた資本主義です。この資本主義こそが産業資本主義を作り出したのです。この地上に存在する数々の工場は金融資本主義に支配されています。また、数々の工場のみならず、国家さえも支配されています。

私は紀元前の世界から十九世紀までを記してきました。円環的時間から直線的な時間の誕生とその崩壊の様相を描いてきました。では、ファウスト的な時間とはどんな時間なのでしょうか。一言で言えば、ファウスト的時間は、意識して追求しなければ存在しているのか、存在していないのか分からない時間なのです。しかし、この時間の存在を認識するとき、私たちは世界＝経済の真相に迫ることができるのです。この認識は、意味深い妄想的観念かもしれません。しかし、ファウスト的時間が存在すると信じ、これを追求する者のみが閉ざされた門をこじあけることができるのです。ニーチェの言葉を再度記します。「あらゆる科学が到達することのできない深みから、科学とは縁のないものが現われてくる。――〈科学的真理〉に対してそれとは全然異なった種類の真理を対立せしめる恐るべき力が存在する」。この恐るべき力こそはファウスト的時間が作り出したものに他なりません。

私たちは、勇気、冒険心を持って、まだ知られないものについての前人未踏の荒野に〝快感〟さえ持って足を踏み入れねばならないのです。

［第七章］

# 新しい共産主義＝社会主義はかくて登場した

## 闇に消えたファウスト的時間を求めて

私たちは過去を考察しなければなりません。現在への過去の価値を知らねばなりません。それには、忘れられた過去をとらえ直すための最も効果的な方法を発見しなければなりません。

プルーストは「失われた時を求めて」、過去に存在した楽園に入っていきました。そこで彼は、過去の中に良心の呵責《かしゃく》を見出しました。フロイトは過去の中に人間の原罪を発見しました。ユングは過去の中に、人類共通の「元型」を知りました。そしてヘーゲルは過去の中に自由を発見しました。私は彼らの時間に対する考え方を書いてきました。彼らは一個人として、時間を捜す旅に出た旅人でした。

では、ファウスト的時間を知るために彼らの時間論は役に立つのでしょうか。私の答は〝否〟です。ファウスト的時間は過去に誕生し、現在の今、消滅しているものではないからです。ただ、過去の闇の中で誕生し、今も闇の中で成長し続けているからです。

私たちは過去という歴史の中で、そのファウスト的時間がいかに成長していったのかを探求してみようではありませんか。闇の中で成長する時間は魔術的なものにちがいありません。その時間を支配する王がいて、特別の儀式が行なわれているにちがいないのです。その時間を創造し支配する王は物神であろうと思われます。何をもって神となすか。貨幣をもって神となすのです。とすれば、神は貨幣の絶えることのない増加を願望するものにちがいないのです。その神を崇拝する人間たちは、自分を超える存在を意識し、それを貨幣という物神にすべてを託すのです。そういう精神の持ち主は一般の観念を受け入れないのです。だから、彼らは法や共同体のあり方を軽蔑するのです。彼らにとって、自分たち以外の人間は、信じられないほど価値のないものと決めつけるのです。

偽書であるとユダヤ人が言っている『シオンの議定書』なるものがあります。偽書であるとの説に何らの反論をせずに「第四の議定」を記します。訳は永淵一郎、括弧内は私の解説です。

非ユダヤ人に思索と観照の暇を与えないため、われわれは、彼らの関心を商工業にひきつけなければならない。そうすれば、すべての人民は自分の利益のほうに没頭して、共同の敵を見逃すにちがいない。

（まさに、マルクスの共産主義が「共同の敵」を見逃すために作られたことを示しています。マルクスは商工業にのみ関心を持ったのでした）

自由が非ユダヤ社会をついに互解させてしまうために、工業を投機的基礎の上におかなければならない。そして工業が大地から取り出した富は、非ユダヤ人の手から投機家を通じ、すべてわれらの金庫に収まるのである。

（マルクスの『資本論』では、工業で上る利益のみを追求し、工業家を倒せ、と叫んだのみでした。しかし、これも歴史が証明するように、〝投機家〟が利用し、工業が大地から取り出した富を最終的に掠奪したのは金融資本主義家、すなわち、ロスチャイルドとその一味たちでした）

経済生活で優越をうるための激しい闘争と市場での絶えざる投機は、人情酷薄な社会を現出するだろう。そして高尚な政治や、宗教に対して嫌気がさし、金もうけに対する執念だけが、唯一の生き甲斐になる。彼らは金で得られる異質的快楽を求め、金を偶像視してしまうだろう。そこで、彼ら非ユダヤ人の貧乏人どもは、高邁な目的のためとかみずから財を蓄えるためだけではなく、ただ上流社会への嫉妬にかられ、われわれにつき従い、われわれの競争者たる特権的な非ユダヤ人に反逆するのである。

（これもマルクスが『資本論』の中で書かなかったところです。彼らユダヤ人は〝投機〟によって、人間に酷薄な社会を作ってきたのでした。マルクスは経済の何たるかをほとんど書かず、すなわち、世界＝経済の真相に全く触れず、資本主義を論じたということになります。〝投機〟こそが金融資本主義の本質なのです）

ラビ・アブラハム・クーパー他の作者による『「シオン長老の議定書」の大嘘』という本があり

映画『ファウスト』（一九二六年、ドイツ）

十六世紀の挿画、メフィストがグレートヒェンを誑かす場面

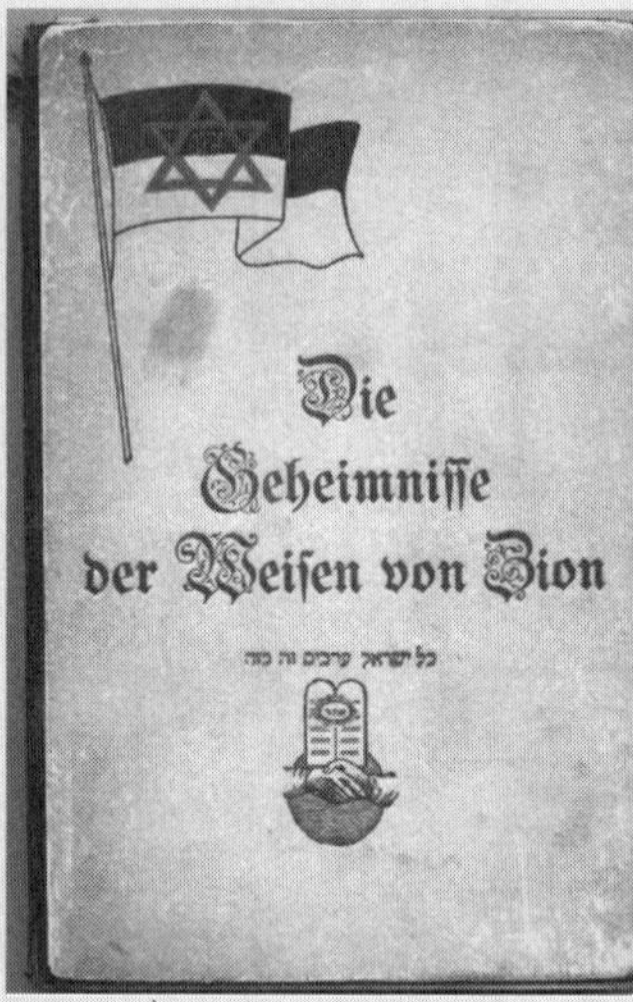


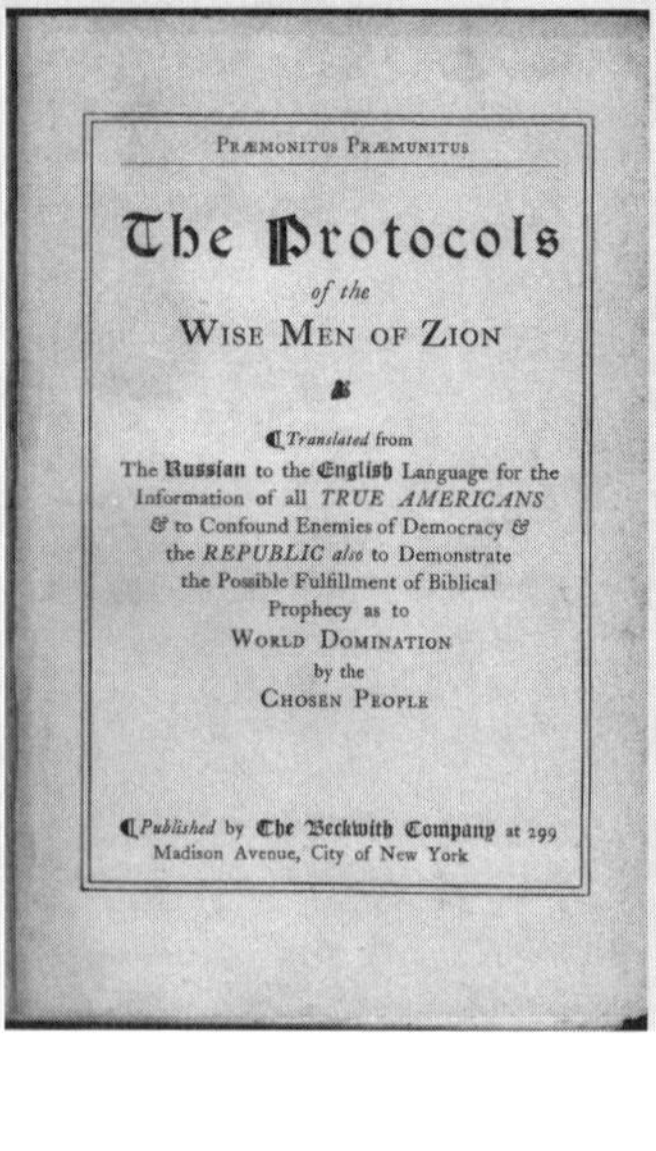


『シオンの議定書』の各国語版、
上から仏語、独語、英語

ます。副題に「世界の不都合をすべてユダヤ人のせいにする陰謀計画書」とあります。この本の中で「第四の議定」についての評が出ています。

第四議定書は、商工業、ビジネスを「冷たく非情」と表現し、非ユダヤ人がユダヤ人によって奴隷に近い形で搾取されていると主張している。高度技術、工業化が進んだこの現代社会全体が仮想のユダヤ人による国際的ネットワークによって支配され、自由、平等、友愛のアンチテーゼとなっているとある。

第四議定書に書かれた偽りほど、真のユダヤ人の理解からかけ離れたものはない。

期せずして、反論の中に真実が顔を出しています。「ユダヤ人による国際ネットワーク」は確かに存在しています（この件は後述します）。また、フランス革命のスローガンとなった「自由、平等、友愛」がユダヤ人の創造であることも明らかにしています。このスローガンと共産主義が、ユダヤ人を解放し、国際ネットワークを作るのに、どれほど役に立ったことでしょうか。また、「ユダヤ人が行ってきた事業経営には、常にはっきりとした倫理的枠組みが存在する。この枠組みにおいて、富は神からの贈り物」であるとも書いています。ここでもユダヤ人の立場が明確にされています。「富は神からの贈り物」に、ユダヤ人の真情がにじみ出ています。

私は『シオンの議定書』なるものは偽書かも知れないと書きました。偽書でなく本物の可能性もあります。その真贋は別にして、「第七の議定」の一部を引用します。この中にファウスト的なものを発見してください。

われわれはヨーロッパ大陸とほかの各大陸において騒乱、闘争、不和をかき立てなくてはならない。

それでわれわれは二重の利益を得る。

第一に、各国とも、われわれの指先一本で、暴動でも鎮圧でも思いのままということを悟り、われわれに一目おくようになるだろう。

第二に、われわれが政治的手段、あるいは経済上の契約、債務関係で、各国政府機関にあらかじめ張りめぐらしてある網を使い、陰謀によってもつれさせる。（中略）

政治的成功を収める秘訣は、腹の中を隠すことである。だから外交官は、言行不一致でなければいけない。

ファウスト的なるものとは何かと読者に説明するのに最適なテキストは『シオンの議定書』の中に書かれています。この文章を読むと、フランス革命、ソヴィエト革命が手に取るように理解できます。

「政治的成功を収める秘訣は、腹の中に隠すことである」とは言い得て妙です。この短い文章の中に、ファウスト的時間とはどんな時間なのかが表現されています。すなわち隠された時間ということです。

私たちは、多くの騒乱、闘争、不和を見てきました。何の目的もなく、偶然にこれらの騒ぎが発生するのでしょうか。マルクスやエンゲルスが、工場主からの余分な儲けを奪い返せ、のスローガンのもとに、パリで暴動が起きたのを見てきました。すべて、騒乱や闘争は何らかの目的があって実行されました。それには人を動員させねばなりません。何がいちばん必要でしょうか。金です。その金が用意されなければ、一過性の暴動で終わってしまいます。

騒動、闘争を仕掛けて誰がいちばん利益を得たのでしょうか。そこまで追跡していくと、ファウスト的人間の影が見えてきます。フランス革命、皇帝ナポレオンの登場、ワーテルローの戦い……でいちばん儲けたのはユダヤ人、とくにロスチャイルドとその一味でした。この一連の事件の闇の中でファウスト的時間が見事に生まれて、成長していったことが分かるのです。消える時間もあれば、成長する時間もあります。ベルクソンは持続する時間について哲学的考察をしました。ファウスト的時間は成長する中で空間を支配しようと考えるようになります。

ここでの空間とは領土のことです。奪われた領土を奪回するという目的のもとに、当時のユダヤ王、ジェームズ・ド・ロスチャイルドによりイスラエル世界同盟が作られました。これがシオニスト世界権力運動であると、私は前述しました。ファウスト的な人物たちが「政治的成功を収めるために」腹の中を隠し、領土を獲得するために、時間による空間の支配のために暗躍するようになっていきます。
ここで、少し方向を変えて、別の角度からファウスト的時間に迫ってみましょう。

リチャード・ファインマンは『ファインマン物理学』の中で、電磁気現象を完全に記述する方程式を完成させたジェームズ・クラーク・マクスウェルについて次のように記しています。

人類の歴史という長大な流れの全体を視野に入れて考えれば——たとえば、今から一万年後に振り返って見るとすれば——、一九世紀最大の出来事はマクスウェルによる電磁力学の法則の発見だったと判定されることはほとんど疑いない。この重要な科学の出来事に比べれば、同じ世紀に起こったアメリカの南北戦争など、ある地域だけで起こった取るに足らない出来事に過ぎず、まったく見劣りしてしまうだろう。

このファインマンの文章はロバート・P・クリースの『世界でもっとも美しい10の物理方程式』から引用しました。この本は数学者オプラーを紹介する記述の中で一度引用しています。さて、クリースは次のように書いています。

ファインマンさんはまたご冗談をおっしゃっていたのに違いない。南北戦争は史上最も熾烈な闘いのひとつであった。六〇万人以上が命を失い、五〇億ドルの財物が破壊され、四〇〇万人の奴隷が解放されて、アメリカの奴隷制を終焉させ、そして、経済的、政治的、社会的に、決して癒されることのない傷を残した。今日なおその影響が残るこの凄まじい出来事が、実用的な価値などほとんど、いや、まったくなさそうな、二、三の奇妙な現象の謎を解こうとしていた、一人の控えめなスコットランド人が書いた何かの方程式に見劣りがするなど、どうしてありえようか。

私はこのクリースの文章を読んで、以下彼が正論を展開するのに接し、新しい時間について私なりの構想を創り出したのです。ファインマンは書いています。「これらの方程式から生まれた電磁気現象に関する理解は、電磁気を好奇心の対象から、電子機器や、ラジオ、レーダー、テレビ、電子レンジ、無線通信など、電磁波に基づくすべての装置に体現される、近代の構造そのものの基礎へと変貌させる大きな駆動力となった。その過程でこれらの方程式は、これまでどんな戦争が及ぼした、あるいは、及ぼしえたよりもはるかに大きく徹底的影響を人類に——人間がどのように生き、そして、お互い、自分自身、世界にどのように関わり合うかに——及ぼしたのである」

私たちは、電子機器やラジオ、テレビ……を当然のこととして使用しています。しかし、ジェームズ・クラーク・マクスウェルが一八六〇年代に四つの方程式を発表し、この世界に電場がどのように生み出されるか、電流と変化する電場がどのように磁場を生じるか、変化する磁場がどのように電場を生み出すかを示し、最後のものは、磁気単極子が存在しないことを断言します。この方程式は難解ですので、ここに記すことはしません。この方程式が革命的だったのは「弾性を持つものはすべて、エネルギーをある場所から別の場所へと波のかたちで伝えることができるということ」でした。

さて、私がこれから書くのは、このマクスウェルの四つの方程式がアメリカの南北戦争よりも大きな歴史的価値を持つに至った序章です。

一八六四年、マクスウェルが論文を発表した後、一八八七年にハインリッヒ・ヘルツが電磁場の存在を実験で確認しました。一八九四年には、グリエルモ・マルコーニが電磁波を送受する装置を作ります。一八九七年、マルコーニはイギリスに渡り、海上の船との通信のための初めての沿岸送信所をワイト島に建設します。一九〇一年、イギリスの高出力の送信機から大西洋を越えて通信が送られました。その二年後には、イギリスの国王エドワード七世とセオドア・ルーズベルト大統領がメッセージを交換します。

マルコーニが無線電信の発明に成功すると、ロスチャイルドの一味、イギリスの当時の郵政大臣のサー・ハーバード・アイザック（ユダヤ人）の一族が所有権を手に入れました。そのアメリカ支部がRCA（Radio Corporation of America アメリカ・ラジオ会社）で、ロシア系ユダヤ人、デーヴィッド・サーノフがアメリカ支部長となりました。簡単に記すならば、マルコーニ社が誕生したものの、ロスチャイルドの手に落ちたということになります。有益な情報をいち早く手にしてきたロ

ジェームズ・クラーク・マクスウェル（1831－1879）

グリエルモ・マルコーニ（1874－1937）

スチャイルドの常套《じょうとう》手段でした。このマルコーニ社の無線電信を悪用して第一次世界大戦を勃発させることになります。情報の攪乱《かくらん》という手段を多用していくのです。

ここに一つの疑問が出じてきます。マクスウェルやマルコーニはファウスト的な人間であったのか、ということです。この二人は科学者でした。ファウスト的人間ではないはずです。しかし、彼らの偉業が悪用されることもあった、ということなのです。

この無線通信をはじめとして、多くのものが発明されてきます。ロスチャイルドとその一味はそれらの技術を手に入れ、世界支配のための道具としてきたのです。私は電磁波による通信が始まってから、普遍的な時間という時計的な時間の中に、混成的あるいは混合的ともいうべき時間が加わってきたと思うのです。それは私的時間であるけれども、純粋な私的時間でないものが生まれてきたのです。「情報」という名を持つ時間といえば分かりやすいでしょう。

ロスチャイルドとその一味は「情報」の持つ力により財を築いてきました。無線通信は、地球の表面において、その時に起きているすべての事柄について、一瞬の時間のうちにそれぞれを結びつけるようになりました。この「一瞬の時間」を先取りする権利をロスチャイルドは一手に獲得したということです。

それでは、ファウスト的時間とは何かについて私なりの結論を書いて次項に移ろうと思います。ファウスト的時間とは、普遍的、時計的な時間の中に忍びこむ時間である、とします。この時間は隠されているので、ごく一部の人間しか知ることがないのです。新しい科学技術により時間も変容していったのです。電気が通っている電線に感電して落下したのはスズメだけではなかったのです。人間も、感電して倒れたのでした。

十九世紀の末には発電機が発明されます。電話も自動車も二十世紀初めには普及していきます。世界はスピード化していくとき、科学の持つ力をいち早く知り、それを独占的に支配しようとしたのがロスチャイルドとその一味でした。言葉を換えて言えば、ロスチャイルドとその一味は、未来の時間を目標としたのでした。多くの人々は過去に服従的に生きていたのです。既成の秩序の中で安易に生きていたのです。

『世界でもっとも美しい10の物理方程式』に、マクスウェルの文章が出ているので引用します。

宇宙には目印などない。宇宙のある部分は、ほかのどの部分ともそっくりで、わたしたちは自分がどこにいるかを知ることはできない。わたしたちは、いわば、星の見えない夜に、風も潮もない静かな海を、羅針盤も測探錘もなしに航行しており、自分たちがどの方向に向かっているのかまったくわからないようなものだ。推測航法を行うために海に投げ入れる測程器もない。近くにある天体を基準に自分たちの動きを計算したとしても、これらの天体が宇宙のなかでどのように運動しているのかも、わたしたちにはわからないのだ。

## ファウスト的時間が人間の心に時間の網を投げかけた

「洗脳」という言葉があります。英語ではブレイン・ウォッシング（Brain-Washing）といいます。エドワード・ハンターが『ブレイン・ウォッシング・イン・レッド・チャイナ（中共の洗脳）』という本を出版し、この〝洗脳〟という言葉を広めたといわれます。『オックスフォード英語大辞典』では〝洗脳〟を次のように定義しています。

人の心の中にすでに確立されている観念、特に政治的観念を組織的、かつしばしば強制的に除去し、別種の観念を植え付けるもので、一部の全体主義国家の政治的反逆者に対する強制的な転向策と考えられている。

私は共産主義が「政治的観念を組織的」に人の心に植え付けたと思っています。そのためには従来の観念を除去しなければなりません。マルクスは、ロスチャイルドをリーダーとするユダヤ国際金融勢力（今後、この言葉を使用します）によって作られた共産主義思想を『共産党宣言』の形にし、群集に植えつけたと私は思います。

アンドリュー・ヒッチコックの『ユダヤ・ロスチャイルド世界冷酷支配年表』から引用します。

ロスチャイルド家の所有する雑誌「パリ評論」の一九二八年六月一日版五七二ページに、バルーフ・レヴィからカール・マルクスに宛てた手紙が転載されている。以下はその抜粋である。

「ユダヤ人は民族全体として、自らの救世主となるであろう。ほかの民族を解体し、国境や君主制をなくし、世界共和国を設立して、ユダヤ人が世界を支配するのです。その共和国では、ユダヤ人がいたるところで市民としての特権を行使します。この〈新世界秩序〉で指導者となるのは、全員イスラエルの子供たちです。反対の声など上がりはしません。

世界共和国を形成する他の民族の政府は、難なくユダヤ人の手に落ちるでしょう。そうすれば、ユダヤ人の支配者は、私有財産を撤廃し、どこでも国家の財産を利用できるようになります。かくして、救世主の時代が来れば世界中の全財産がユダヤ人のものとなるというタルムードの約束が実現されます」

マルクスは、「救世主の時代」を迎えるために、共産主義を創造し、「新世界秩序」の到来を待った、というわけです。この新世界秩序という言葉は二十世紀にも、否、二十一世紀にも使われています。この言葉を多用したのは元大統領ジョージ・ブッシュ（前大統領の父）でした。私たちは十九世紀の中葉に、すくなくとも、新世界秩序＝ユダヤによる世界統一計画があったことを知るべきなのです。世界＝経済が、この計画を中心に動いていることを知る時が来たのです。

私たちは何も知らされず、民主主義という名の堅固な点に立っていると思っています。その点に立って、悠然と過去を見、回想し、満足し、そして現在を生き、未来を見ようとします。しかし、あなたが堅固な点と思っているようなものは存在しないのです。そして近い将来、あなたはファウスト的時間にからめ捕えられ、拉致されようとしているのです。

それでも、自分自身を「わたし」と名づけて「過去を持ち、今に生きている」という点に立ち、将来の計画を立てているのです。ファウスト的人間は、「時間は、現実の時間は、ひとつの流れであり、ひとつのメロディである」ことを知っているのです。あなたが止めようとしても、時間は、手にすくう水が消えていくように流れていくのです。ゲーテは「変転のなかの永続」という詩の中で、移りゆく時を美しく描きました。

初まり　終りを
一つに融け合うにまかせよう
物の過ぎゆき滅びるより
速《すみや》かにきみみずからを過ぎさせよう
ただ感謝せよ、詩神の恵みに
滅びてゆかんものあることを

きみの胸のなかにある愛と
きみの精神のうちにある形と

このような〝美しい時間〟を私たちは再び持つことができるのでしょうか。前項の最後に引用した、マクスウェルの文章は悲愁に満ちた文章です。どうして、このような美しき時間の流れが消えてしまったのでしょうか。

前項の中で、マルコーニが発明した無線電信のことを書きました。情報という面から世界=経済を見ることにします。

ロスチャイルドの活動の中心は、各国の支配者との密接な結びつきでした。その密接な結びつきを通して、各国に散った一族は迅速に情報を得ることができました。その情報をもとに一族の危機対策を徹底しました。それはまた、各国の支配者に圧力をかけることでもありました。

一八七五年十一月十四日、エジプトがスエズ運河の株式をフランス政府に一億フランで売却しようとしました。イギリスはライオネル・ロスチャイルドからこの情報を入手しましたが、国会が休会中であったため、金策ができませんでした。ライオネル・ロスチャイルドは四十八時間以内に一億フラン（四百万ポンド）を全部調達したので、イギリスはスエズ運河を手にすることができました。この功績によりライオネル・ロスチャイルドは男爵となり、イギリス貴族の仲間入りをしたのでした。
ポール・ジョンソンの『ユダヤ人の歴史』(下巻)から引用します。

19世紀の中頃までには、ユダヤ人はすでに金融業から通信業に進出していた。パウル・ユリウス・ロイター(1816-99)、旧名イスラエル・ベーア・ヨザファトは、ゲッティンケンの叔父の銀行を去り、1848年に世界で最大の通信社を設立する。「ザ・タイムズ」紙のパリ通信員であったアドルフ・オッパー、自称アドルフ・オペール・ド・ブロヴィッツ(1825-1903)は、必要なときに使える私用電話回線を備えたヨーロッパ随一の私有ニュースネットワークの中心となった。しかし、ロスチャイルド家にまさるような重要な金融ニュースを提供する新聞は現れなかった。1930年代になるまでロスチャイルド家の急使はフォルクストンの一帯で募集されていたが、彼らはワーテルローの時代に海峡を渡って至急便を運んだ快走船の船員の末裔《まつえい》たちだった。

ポール・ジョンソンの文章を読むと、通信業にユダヤ人がいかに進出していったかが分かるのです。ロスチャイルドは通信業を利用し、富を強奪する暴力から自分たちの合法的財産を守るために手形を流通させたのです。彼らは通信に伝書鳩を使いました。また、ロスチャイルドは十九世紀の終わりにかけて、ロイター通信社を買収します。大手の新聞社とともに通信社もほとんどすべてロスチャイルドの支配下に入ります。

『シオンの議定書』については先に引用しました。この議定書について『新版・ユダヤ民族経済史』の中で湯浅赳男は「ユダヤ人には何ら関係のないモーリス・ジョリのパンフレット、『マキアヴェリとモンテスキューの地獄に関する対話、あるいは二〇世紀の政治』（一八六四年）がそのまま借用され、近代民主主義の装いのもとにヨーロッパ諸国の政治をコントロールしている人たちが、その目標を完遂するための会議の議事録という体裁を取った」と記しています。それでも、この偽書といわれる「議定書」には真実が書かれていると思えてなりません。

「第二の議定」を一部引用します。

近代国家は、人民の中に世論をまき起こす大きな力を握っている。つまりそれは新聞である。新聞の使命は民衆の要求をはっきりさせ、人民の不平を表現し不満を煽り立てることである。言論自由の勝利は新聞によってもたらされた。各国政府は、この威力を利用するすべを知らなかったので、それはわれわれの手中に落ちた。われわれ自身は新聞の背後に身を隠し、われわれの勢力を伸長させた。

新聞により大いに黄金の山を築いた。それは血と涙の海においてであった。われわれは多くの同族を犠牲にしたが、われわれらの同胞一人の犠牲は神の前では非ユダヤ人千人に値するのである。

「偽書」であろうと「正書」であろうと、私は、ここに書かれた文章は正しい内容であると断言できます。イギリス、アメリカの大手新聞は全部ユダヤ人が経営しているからです。

ここに一つ疑問が沸くかもしれません。時間と新聞とはどんな関係があるのかという疑問です。新聞は、情報を流す時間の量が他の情報媒体よりも格段に多いのです。人の頭と心を洗脳するのにいちばん適した手段なのです。時間と空間は一体ですが、新聞は時間でもあり空間でもあります。もう一度、『「シオン長老の議定書」の大嘘』から引用します。

このようにジャーナリズムを軽視した考え方は、ユダヤの歴史や近代のユダヤ・ジャーナリズムの歴史的価値観から見ても成り立たない。オランダのアムステルダムで初めてユダヤ人社会の新聞が発行されたのは一六七五年。以来三百年以上にわたって世界中の新聞業界に示してきたユダヤ人の熱意と誠実さの歴史を無視するものである。

この弁明の中に「世界中の新聞業界に示してきた熱意と誠実さ」と書かれていますが、ユダヤ人がいかに新聞というメディアを重要視してきたかが分かります。イギリス、アメリカの大手新聞には、どれほどイスラエルがパレスチナを爆撃し、多数の婦女子が殺されようとも一行の記事も出ないのです。これが世論操作でなくて何でしょうか。ホロコーストの六百万のユダヤ人虐殺に疑問を差しはさむ人を、ドイツの新聞が刑務所へと送り込めと騒ぐのは世論操作でなくて何でしょうか。反ユダヤの記事は、欧米の新聞では読むことができない仕掛けになっています。

マルコーニ社のアメリカ支社として設立されたRCA（Radio Corporation of America）について書くことにします。この支社を率いたのはロシア系ユダヤ人、デーヴィッド・サーノフでした。サーノフはRCAの業務としてアメリカ初のラジオ局を設立します。また、彼はカラーテレビの開発にも深く関与するようになります。NBCを三大テレビ・ネットワークの一つにも育て上げます。

もう一つ、忘れてならないことがあります。RCAは南アメリカにジェネラル・フルーツなる会社を設立し、諜報活動と反共産政権への介入、転覆をはかります。コカイン密輸にも手を出します。この諜報活動を拡大し、アメリカの諜報部門と結びついていくのです。CIA（中央情報部）はRCAを母胎として誕生してくるのです。

サーノフは元英国情報機関員でした。彼はイギリスにある「タヴィストック研究所」の一員でした。アメリカ・スタンフォード研究所（SRI）はタヴィストック研究所が一九四六年に設立したものですが、この研究所の所長であったウィリス・ハーモン教授とは二十五年にわたって密接な関係でした。RCAとSRIは軍事、諜報活動の面で深く結びついていました。SRIは最大の軍事シンクタンクです。また、心理操作＝洗脳の研究でもアメリカ随一です。アメリカ人は、ラジオ、テレビを通じて、戦前から洗脳され続けています。

MI6（イギリス軍事諜報部第六課）のボス、サー・ウィリアム・スティーブンソンがニューヨークのRCAビルに入って以来、RCAは英国情報部の合衆国での代理人《エージェント》の役割をするようになります。RCAと深く結びついている組織に、CFR（外交問題評議会）、NATO（北大西洋条約機構）、ローマクラブ、日米欧三極委員会、フリーメイソン、スカル・アンド・ボーンズ、ビルダーバーガーズ、円卓会議、イエズス会……があります。ここまで書いてきて理解できたと思いますが、これらの組織はロスチャイルドとその一味である国際金融勢力の配下にあるのです。三大テレビといわれるネットワークはまずRCAが作ったNBCが出来、そしてABC、CBSと出来ていきました。この三大ネットワークすべてがユダヤ人の経営なのです。ユダヤ人ウィリアム・ペイリーは、タヴィストック研究所で大衆洗脳技術の訓練を受けた後にCBS社長になることを認められたのです。誰に？　ユダヤ国際金融勢力にです。

ユダヤ人エドワード・バーネイズは『プロパガンダ』（一九二八年刊）の中で、次のように書いています。

世の中の一般大衆《マス》が、どのような習慣を持ち、どのような意見を持つべきかといった事柄を、相手にそれを意識されずに知性的にコントロールすること――は、民主主義を前提とする社会において非常に重要である。この仕組みを大衆の目に見えない形でコントロールすることができる人々こそが、現代のアメリカで「目に見えない統治機構」を構成し、アメリカの真の支配者として君臨している。

デーヴィッド・サーノフ
（1891－1971）

みずからテレビ中継に
出演するサーノフ

サー・ウィリアム・スティーブンソン
（1897－1989）

エドワード・バーネイズ
（1891－1995）

私たちは多くの場合、その名前すら聞いたこともない人々によって、統治され、考えを一定の型にはめ込まれ、好みを決められ、正しい考えを規定されている。民主主義という体制はこのようにして成り立っているのだ。社会を円滑に機能させ、そのメンバーが共存していこうとするならば、このやり方に誰もが従わなければならない。

「そのメンバーが共存していこうとするならば……」とバーネイズは書いています。これはもう、ジョージ・オーウェルの『１９８４年』の世界と同じではないでしょうか。「最終的にわれわれに服従するならば、それはお前の自由意志によるのだ。われわれは反抗的な異端者を破滅させたりはしない。反抗している間は決して破滅させず、われわれは転向させるのだ。その男の内面を捕らえ、彼を作り変えるのだ」

バーネイズは不可解なことを書いています。

この〝姿の見えない統治者〟と呼べる人たちは、多くの場合、彼ら自身も、その統治者の集団のメンバーたちのことはお互いに知らない。彼らが統治者の資格を持つのは、リーダーとしての資質や社会にそのとき求められている考え《アイデア》を大衆に提供する能力、そして社会構造の中での重要な地位を有しているからだ。

私は「この姿なき統治者」を「ユダヤ国際金融勢力」の人々と、明確にしようと思います。また、「他のメンバーたちとお互いに知らない」というのは偽りで、彼らはいつも、彼らなりの特殊な情報網で結ばれていると思っています。「彼らが統治者として資格を持つ」のは、決してバーネイズが書いているようなものでなく、ロスチャイルドとその一味に近いユダヤ国際金融勢力と、彼らに魂を売った、本当の意味でのファウストたちとします。もう一度、バーネイズの文章を引用します。

彼らは、大衆心理学と大衆社会に精通している。このような専門家こそが、大衆の考えを裏からコントロールする。彼らは昔からある社会勢力を利用しながら、まったく新しいやり方を考え出し、大衆の考えをひとつにまとめて動かしていくのである。

この文章に批判すべきところはありません。オーウェルの考えとも一致します。「われわれは彼のすべての悪と誤解を焼き尽くし、見た目ではなく、心と魂を本当にわれわれの味方にする。殺さずにわれわれの一員にするのだ。間違った考えが世界のどこにあっても、たとえそれが秘密の存在で、力を持っていないとしても、われわれはそれに耐えられないのだ」

よく考えてみてください。バーネイズもオーウェルもユダヤ教タルムードの思想を語っているのです。一九二八年のアメリカは、すでにユダヤ国際金融勢力の配下にあると、彼らの廻し者バーネイズは誇らしげに勝利宣言しているのです。私たちはファウスト的な時間の網から逃れる方法があるのでしょうか。あるとも無いとも言えません。

私は沈黙の中へと静かに入ることを、あなたに勧めたいと思います。沈黙の深みへと入っていきますと、そのもっと深い底にあらわれる秘密を知ることができます。でも、まだ人間の声が聴えます。私たちはその声のない深みの中で、永遠の沈黙を知ります。すると、音なき音が、鈴の音が、泉の澄んだ音が、花の散る音が聞こえてきます。そこで私たちは美しい時の流れとともにいる自分を発見するのです。そして、ゆっくりと目覚め、現在の自分を、世界を分析するのです。そのとき、あなたは、過去を想像し、未来を想起する時の旅人となります。過去が未来に光を投げ、未来が過去に光を投げる世界にいる自分を発見できます。歴史が、闇に隠された歴史が自ら説明を始める時でもあります。

## 人間の心は操作され、闇の時間の支配を受けた

歴史学には、大きな二つの潮流があります。いや、この表現は正確ではありません。一つの潮流があまりにも大きすぎるのです。その大きな潮流を形成するのは、正統派歴史学というべきものです。もう一つは異端歴史学といえます。私が書き続ける歴史は異端歴史学といえるもので、歴史学というものがもしあるならば、ほとんど無視されたものです。ニーチェは『反時代的考察』（一八七四年）の中で、「骨董的歴史」という言葉を使って、当時の正統派（ここでは主流派歴史学）を批判しています。私が正統派歴史学といいますのは、ユダヤ国際金融資本の動きを故意としか思えないほどに無視している、あの歴史学、または歴史観のことです。日本の歴史学のほとんどは間違いなく、正統派歴史学です。

「お坊っちゃま経済学者」として大内兵衛を先に紹介しましたが、第二次世界大戦後の日本の大学、特に、東京大学、京都大学、九州大学に、この「お坊っちゃま経済学者」たちが溢れにあふれ、学生たちを洗脳しました。同時に、同じような「お坊っちゃま政治学者」、「お坊っちゃま社会学者」たちも溢れにあふれました。彼らは、欧米の正統派といわれる学者の説を鵜呑《うの》みにし、疑いもせず、学生たちに伝える伝書鳩の役割を務めました。今日では多少変化しまして、少し沈黙をしているよ

うに見えますが、大きな差異があるわけではありません。では、在野の経済学者は、経済について、どのような本を書いているのでしょうか。ほとんどがユダヤの一字も登場しない内容の本を書いて、しゃあしゃあとしています。

あえて、彼らすべてを含めて、私は「お坊っちゃま学者の骨董学」と呼びたいと思います。後述しますが、あの二〇〇八年九月の「リーマン恐慌」はユダヤ国際金融勢力が仕掛け実行した「八百長恐慌」でした。

いささか前置きが長くなりました。世界＝経済は時間の支配を受けるという前提に立って私は、時間の経済学について書いてきました。世界＝経済の怪物たちが、この世界を支配するのに、時間を、ファウスト的時間を創造し、闇の中で暗躍し続けているのです。そのためには、闇の時間が流れているのを隠さねばなりません。

私はバーネイズが『プロパガンダ』の中で「姿の見えない統治者」について書いている内容を少しだけ紹介しました。もう一度書きます。「……統治され、考えを一定の型にはめられ、好みを決められ、正しい考えを規定」しているのが〝姿の見えない統治者〟である、とバーネイズは書きました。私はこの「姿の見えない統治者」が何者なのかを読者に知らせました。

ユダヤ人のバーネイズは、ウォルター・リップマンという評論家とともにイギリスの王立国際問題研究所で、民衆をいかにしてコントロールすれば、戦争を仕組んだときに民衆の戦争支持を取りつけられるかを研究した、ユダヤ国際金融勢力のエージェントでした。この『プロパガンダ』という本の功績により、CFR（外交問題評議会）から厚遇されるようになっていきます。『プロパガンダ』が刊行されたのと同じ年、CBSラジオが開設されます。ユダヤ人ウィリアム・ペイリーはバーネイズの生徒となり、アメリカ人をテレビ・ラジオを通じて洗脳すべく動きだします。世論操作はバーネイズの手によってなされ、戦争へと民衆を誘い込んでいくのです。バーネイズは「この地球単位で統合された現代社会は、他のさまざまなグループ分けによってさらに細分化される。だから、たとえ何千マイル離れたところで暮らしていても、同じ思想や関心を持つ人々が連携して、共通の目的のために組織を作ることができるのだ」とも書いています。

読者は、このバーネイズの文章に注目すべきです。彼は秘密結社の存在をほのめかしているのです。続けて、「社会をグループに分ける要素としては、社会、政治、経済、人種、宗教、倫理など関心によってさまざまである」と書いています。正統派学者（あるいは骨董的学者、またの名を、お坊っちゃま学者）たちは、このような組織、すなわち、秘密結社を認めようともせず、また、追究しようともしません。

私は前項でRCAについて説明する中で、影で操る組織について書きました。この中で、CFR、NATO、ローマクラブ、日米欧三極委員会は秘密組織ではありません。RCAから発展したNBCはこれらの組織と公的に接触しスポンサーになってもらっています。しかし、スカル・アンド・ボーンズ、円卓会議、イエズス会は秘密結社ではありませんが、闇のルートでテレビ局、新聞社と結びついています。これらの半ば公然たる組織の他に、イエズス会とならび、エルサレムの聖ヨハネ騎士団などがあります。なかでもフリーメイソンの力が秘密結社で一番で、その組織力も金と結びついた権力も大きいのです。バーネイズは、真の権力がどこに存在するのかを知らせるために、暗示的方法を採用しているのです。

バーネイズが言う「姿の見えない統治者」について書かれた本があります。ジョージ大学歴史学教授キャロル・キグリーが一九六六年に出版した『悲劇と希望』です。この本が復刊されたのは一九九〇年です。キグリーはビル・クリントン元大統領の学生時代の指導教授《メンター》です。私はこの復刊された『悲劇と希望』を数年前、数カ月かけて読み通しました。一千三百頁を超える長大な作です。このダイジェスト版というべき本が二〇〇五年に、日本で出版されました。W・クレオン・スクーセンの『世界の歴史をカネで動かす男たち』です。

従って、このダイジェスト版から世界の秘密結社に関する部分を以下に紹介することにします。キグリー教授自身、世界の秘密結社の一員であると認めています。

一八七〇年、オックスフォード大学に美術の教授としてジョン・ラスキンがやってきます。彼は美術だけでなく、大英帝国、圧制に虐《しいた》げられた英国民についても学生たちに教えた、と教授は書いています（私は若い頃、ラスキンの『芸術論』を英文で読んだことがあります。名文です。その頃はラスキンの正体を知りませんでした）。「私はかねがね、ある種の人間が他の人間よりも、ときにはたった一人の人間がその他の全員よりも優れていることを示したいと思っている」。ラスキンはプラトンの『国家』を学生たちに教えます。社会を「支配階級」「軍人階級」「労働者階級」の三層に分割し、階級を固定化するという思想です。ラスキンは「英国支配階級が世界的使命をおびている」と学生たちに教えました。在学生の一人がセシル・ローズです。彼は後に、ロスチャイルド、アルフレッド、ビートから資金援助を受け南アフリカのダイヤモンドや金鉱山の巨大企業を設立します。「得体の知れない目的のために浪費したので、口座はつねに当座借り越し状態だった」とキグリーは書いていきます。「セシル・ローズの目的は、英語圏の人々を結集して世界中の全居住地を彼らの支配下に置くという野望に尽きる。このためローズは莫大な私財の一部を寄贈してオックスフォードにローズ奨学金を設立し、ラスキンの望みどおりに、英国支配階級の伝統を英語圏に広めようとした」「彼らがめざましい成功を収めたのは、熱烈な社会改革者にして帝国主義者である英国一の過激なジャーナリストのウィリアム・T・スチット（一八四〇－一九一二）が彼らをローズに引き合わせたからである。この連合ができたのは公式には一八九一年二月五日のことであり、ローズとスチットは、ローズが一六年間夢見ていた秘密ネットワークを組織した」

私はキグリー教授の本について、長々と書きました。どうしてでしょうか。秘密結社などないとして、正統歴史学者＝お坊っちゃま学者たちが無視しているからです。世界の秘密を知りたいと思う読者は、たとえ数カ月かけても、キグリー教授の『悲劇と希望』を読むことを勧めます。

このローズが組織した秘密結社から、一九〇九～一九一三年にかけて円卓会議が、一九一九年に「ラウント・テーブル」が、一九一九年から一九二七年にかけてアメリカで外交問題評議会（CF

R）がそれぞれ設立されます。この流れを知ると、アメリカという国家がイギリスの秘密結社に支配されていることが理解できます。

このセシル・ローズに資金を援助し続け、そのダイヤモンドと金の鉱山会社を手に入れたのがロスチャイルド家であると知るとき、秘密結社を支配している影の実力者が誰であるのかを知りえます。そしてまた、円卓会議のメンバーにウォルター・リップマンとバーネイズが参加していることを知ると、『プロパガンダ』とは何であるのかを知りうるのです。円卓会議は「王立国際問題研究所」となり、CFRを作り、支配下に置くことを知れば、世界権力の在り場所をはっきりと、私たちは知りうるのです。

では、どうして世界権力（ザ・オーザー）はキグリー教授に秘密を伝え、それを『悲劇と希望』として発表させたのでしょうか。キグリーの本を読めば理解できることですが、その中枢にいる世界権力が、情報操作をキグリーに命じたということです。すなわち、闇の時間の存在を隠す方策として『悲劇と希望』は書かれているということです。明確にしようと思います。『悲劇と希望』には、人間操作の方法の〝ほんの一部〟しか書かれていません。ユダヤ国際金融勢力はこの本の中でも闇に隠れたままなのです。しかし、それでもこの本を読む人は、世界権力の謎に迫る門へと入ることができます。

私たちは権力とは何かをもう一度知るべく努力する必要がありそうです。世界権力なるものは確実に存在します。彼らはその権力の源を、増大する情報の蓄積に求めています。それゆえ、世界権力は数多くの秘密結社をつくり、また利用しているのです。それゆえに、私は、時間の中に空間も入れて、権力と関係づけて理解してほしいと書いてきたのでした。表面的な表現をするならば、増大し続ける「時間の問題＝情報」は、国家という権力が支配していました。しかし、世界権力は国家を超えた国家として十九世紀に登場したのです。

今や世界権力は、増加し続ける情報蓄積能力をフル回転させ、各国家、およびその国家に住む人々への監視能力を高めています。この監視能力を高めるために、リップマンやバーネイズも動員されたというわけです。私たちは時間をほとんど意識しないで生きています。しかし権力者、特に世界権力の中枢にいる人々は、世界＝経済を、世界＝時間と同一視しているのです。

時間は、各国から、時間が情報としてつまっているコンテナに入れられ、イギリスにある王立国際問題研究所に運ばれ、分析され、また、各国にある研究所などに運ばれていくのです。「いかに統治するのか」という構造の重要な資源となるのです。ここに、「いかに搾取すべきか」という資源化することにより、結果として、人間の奴隷化が進んできたのです。あのマルクスの剰余価値論もこの面から見ると、世界権力の政策の一部であることが分かるのです。剰余価値によって労働は商品化され、同時に商品化された時間とともに、ユダヤ国際資本家の手の中に、労働者と時間が落ちていったというわけです。あのお坊っちゃま経済学者の大内兵衛は、そんなことも露知らず、彼らの太鼓持ちの役を引き受けたということです。

タヴィストック研究所がウェリントンハウスに出来たのは一九一三年です。ドイツとの開戦に反対する英国大衆を翻意させるためにプロパガンダ攻撃を仕掛ける目的で設立されたものでした。資金は当初は英国王室、そして後はロスチャイルドが引き継いだのです。従って、実質的な所有者はロスチャイルドということになります。英王室とロスチャイルド家は複雑な姻戚関係にあります。英王室とロスチャイルドが、イギリス国民を第一次世界大戦に参加させようとして、英国の世論操作を始めたのでした。この研究所に入ったのは歴史学者アーノルド・トインビー、そして前述のウォルター・リップマンとエドワード・バーネイズというわけです。リップマンとバーネイズは対米世論操作を委《まか》されたのです。

アーノルド・トインビー（『歴史の研究』で有名なアーノルド・J・トインビーは孫にあたる）は未来研究をする理事として参加し、後に王立国際問題研究所（ＲＩＩＡ）の理事長となります。このＲＩＩＡがすべての秘密結社の中心です。タヴィストック研究所はＲＩＩＡの直属の重要な研究所です。ＲＩＩＡとタヴィストック研究所が世界をリードすることを考えると、英王室とロスチャイルドが世界権力の中枢にいることが分かるのです。二十一世紀の今も、この体制に狂いは生じていません。キグリー教授の『悲劇と希望』には世界権力についての記述が消えています。

さて、バーネイズですが、彼は一八九一年、ウィーンで生まれました。彼は精神分析学のあの有名なジグムント・フロイトの甥《おい》なのです。バーネイズは『プロパガンダ』の中でフロイトについて書いています。

フロイト心理学を専門にする心理学者は、「人間の思考や行動の多くは、抑え込むことを余儀なくされた本能的な欲求の代償行為となるものである」と指摘してきた。ある物をその人が欲しがっているということは、その物に携わっている本質的な価値や有効性のためではなく、無意識に別の何かの象徴、すなわち、自分自身では認めたくない欲求をその物の中に見出しているからである。

この文章から分かるのは、大衆が自分の自発的な意見であると思い込むのは、ただそう思っているだけだ、ということです。フロイトは人間の無意識の中に入っていき、人間を自由自在にコントロールできるということを発見したのでした。タヴィストック研究所はこのフロイト理論を応用したのです。

タヴィストック研究所は精神分析学を応用して人間操作をすべく、タヴィストック診療所を設立し、このフロイトを招いています。この診療所にバーネイズが来て、フロイトの精神分析学を学び、世論操作をするというわけです。この研究所から多くの研究員がアメリカに渡り、CIAの前身の戦略情報局（OSS）の心理学部門で、いわゆる世論操作をするようになります。ランド社、スタンフォード研究所、ウォートン校……数えきれないほどのアメリカの心理学研究所はタヴィストック研究所の下部機関なのです。世界権力の中枢（英王室とロスチャイルド）の最初の狙いは、前述したように第一次世界大戦への英国参戦でした。そのために何をなすべきか、タヴィストック研究所が具体的な案を出し、実行に移すことでした。まず、英米国民への世論操作が求められました。そのために、フロイトをタヴィストック診療所に招聘《しょうへい》し、お知恵拝借となったのです。結論が出ました。バーネイズの「集団心理のメカニズムや動機を解明できれば、彼らに気づかれずに意のままに大衆をコントロールし、組織化できる」との主張がタヴィストックの基本方針となりました。『プロパガンダ』の中に具体的にその方法が書かれています。「人間の神経と神経中枢で構成された人間の精神はたんなる一つの機械である」との見解に立ち、人間をマシンのように操作するシステムが出来上がったのです。もう一度、『プロパガンダ』から引用します。

大衆というものは、厳密に言葉の意味を「考える」のではない。厳密な思考ではなく、衝動や習慣や感情が優先される。何らかの決定をくだすとき、集団を動かす最初の衝動となるのは、たいていの場合、その集団の中での信頼のおけるリーダーの行為である。これが大衆にとっての手本となるのだ。このことは、大衆心理学において、最も確実に立証されている原理原則である。

「集団の中での信頼のおけるリーダー」とは一個人でなく、新聞、ラジオ、テレビのニュースでもいいのです。

ここまで読まれてご理解いただけたでしょうか。世界権力の中枢にいる「姿の見えない統治機構」の人々は、世論をいつでも、いかなる場所でも、ほぼ完全にコントロールできるようになったということです。そのために、大内兵衛のような「お坊っちゃま」リーダーを大量に動員します。また、ウォルター・リップマンの例があります。この男も完全なエージェントでした。『悲劇と希望』の中でキグリー教授は次のように書いています。

親英家づくりの仕事は、ハーバード卒業後わずか四年ですでに謎の円卓会議グループの一員となっていた若者に委ねられた。そして、円卓会議グループは一九〇九年に公式に設立された後、英国外交政策の舵取り役を果たしていた。新たに登用されたこの青年ウォルター・リップマンは、一九一四年以降国際問題に関して大西洋をはさんだ両国エスタブリシュメントを代表する米国ジャーナリスト屈指のスポークスマン役となった。彼が隔週寄稿するコラムは全米の何百もの地方新聞に掲載され、その著作権を握っていたのはJ・H・ホイットニーが所有するニューヨークのヘラルド・トリビューンだった。一九一八年当時、二〇代のリップマンが、ウッドロー・ウィルソンの一四カ条の平和原則の真意を公式に英国に伝える役目を担ったのは、ウォール街と円卓会議グループとの連繋に代表されるこうしたつながりからだった。

この文章には解説が必要です。リップマンは死の間際まで自分の素姓を隠そうとしました。彼はロスチャイルドの特別の厚遇を受けた純粋のユダヤ人でした。バーネイズとともに円卓会議のメンバーとして招かれます。「一九一四年以降……」とあるのは、英王室とロスチャイルドが資金を出して設立したタヴィストック研究所の研究員になって以降という意味です。彼が書いたというコラムの内容は、タヴィストック研究所から送られてくるのでした。

また、どうして何百もの地方新聞が掲載したかということは、ロスチャイルドを中心とする情報網がアメリカの地方まで浸透、拡大していったことを示しています。ウッドロー・ウィルソンは当時のアメリカ大統領ですが、リップマンがウィルソンを脅す役割を担っていたことを示しています。あの悪名高い「連邦準備法」も、タヴィストック研究所のプロパガンダ攻撃に遭い、ウィルソン大統領が強引に署名させられたのでした。第一次世界大戦の原因となったドイツへの敵愾心をアメリカで煽ったのは、リップマンとバーネイズでした。

その当時のロスチャイルドの代理人であったジョン《J》・ピアポント《P》・モルガンとエドワード・マンデル・ハウス大佐は、リップマンとバーネイズと組んで連邦準備法を成立させ、第一次大戦の準備をして、ウィルソンを脅し続けました。その背後にはいつもロスチャイルドがいました。第二次大戦もリップマンとバーネイズは同じパターンでルーズヴェルト大統領を脅しました。

第二次大戦後も、バーネイズはあの悪名高いRCAが作ったユナイテッド・フルーツ社の世論担当法律顧問となり、軍産複合体のために働きました。彼が死んだのは一九九五年です。百三歳まで生きました。死の直前までジョージ・ブッシュ元大統領の筆頭コンサルトを勤めたのでした。

ウォルター・リップマン（1889－1974）

ジョン・ピアポント・モルガン（1837－1913）

エドワード・マンデル・ハウス大佐（1858－1938）

リップマンとバーネイズはその生涯を、ロスチャイルドとその一味のユダヤ国際金融勢力のために尽くしたのでした。この二人の人生を通して分かることがたくさんあります。アメリカを支配しているのはユダヤ国際金融勢力であって、アメリカ大統領や連邦議会の議員ではないということです。フランス革命、ソヴィエト革命、第一次世界大戦そして第二次世界大戦も、ユダヤ人とユダヤ国際金融勢力が演出したということです。ここにまた一つ疑問の声が上がりそうです。どうして、こんな重大なことが、歴史の本にも、経済の本にもまるで書かれていないのだろうということです。

歴史や政治はともかくとして、経済の本の中に、ユダヤ国際金融勢力のことがほとんど登場しないのに私は驚いていました。しかし、私はこの本を書きつつ、やっと理解できたのです。世論操作が世界の隅々まで進んでいることがその最大の原因であると。どうしてか、御用学者、ジャーナリストたちは「影の力」に怯《おび》えているからであると。

私はこうも理解しました。その「影の力」は、日々、年々強力になっていく、ファウスト的なものであると。ヘーゲルの哲学もニーチェの哲学もユダヤ国際金融勢力は利用しました。ヘーゲル哲学は共産主義思想へ応用され、ニーチェの哲学はヒトラーの「ファシズム」に応用されました。また、私はたびたびシュペングラーの『西洋の没落』について書きましたが、この本も間違いなく利用されました。何よりも、ファウスト的時間の創造はシュペングラーの歴史哲学に負っているからです。

ゲーテはどうでしょうか。ゲーテの精神はモーツァルトとともにフリーメイソンの中に入り、彼らの秘密をより深くしました。ベルクソン、フロイトは彼ら自身そのものです。

さて、私はここまで書いて、ふと、キグリー教授の本に眼をやりました。そして「はっ」としました。この大判（二十四センチ×十六センチ）の本の表紙の右下に、直径七センチ大の懐中時計が写っているのです。今まで注目したことのないこの時計を見続け、これには何か深い意味があるのだろうかと考え込みました。時計の針は「十一時二十三分」を指しています。

私は突然、ニーチェの『ツァラトゥストラはこう言った』の最後の文章を思い出したのでした。


わたしの悩みにせよ、ひとの悩みへのわが同情にせよ、――そんなものがなんだというのだ！

わたしはいったい幸福を追い求めているのだろうか？　わたしの求めているのは、わたしの仕事だ！

よし、獅子は来た。わたしの子どもたちは近くにいる。ツァラトゥストラは熟《う》れた。私の時は来た。

これがわたしの朝だ。わたしの昼がはじまろうとする。さあ、来い、来い、大いなる正午よ！」――

ツァラトゥストラはこう言って、かれの洞穴をあとにした。暗い山から昇る朝日のように、燃えさかり、力強かった。

「大いなる正午よ！」とはツァラトゥストラが超人になる時です。午前十一時二十三分とは大いなる正午の前です。昼がはじまろうとしている時です。

この『悲劇と希望』が書かれてから、ほぼ半世紀が過ぎています。『悲劇と希望』はユダヤ国際金融勢力がキグリー教授に莫大な資料を提供し書かせた本です。もう、この時計は二十一世紀という時計として、間違いなく正午に近づいているはずです。私たちは、この時計の、ファウスト的時間の中で、世論操作という時間の網にからめられて生きる哀しき存在なのです。しかし、希望を持つべきです。悲劇を希望に変えるべきです。私はそのために、ひたすらペンを走らせています。

## 共産主義から社会主義へ、そしてケインズの登場

一八四六年にカール・マルクスの『共産党宣言』が世に出ました。この後、共産主義が世界中に広まっていきます。過激的な共産主義者はボルシェビキ・マルキストになりました。レーニン、トロツキーらのユダヤ革命家たちは、すべての非ユダヤ人の土地所有者は根絶しなければならないとの思想のもと、ロシアに革命をもたらしました。一方、ドイツの社会主義者のエドゥアルト・ベルンシュタインたちは、「柔軽路線」の共産主義（後に社会主義という名称になりますが）を採りました。ベルンシュタインは過激派のもとを離れイギリスに亡命してフェビアン協会の一員となります。彼はイギリス労働党の生みの親です。一方、レーニンはこの社会主義を忌み嫌います。

一九〇五年、レーニン主義者たちはロシアの権力を奪取しようと革命を起こしますが失敗します。その後、ユダヤ人ケレンスキーが率いる「ベルンシュタイン主義者」グループが一時的にしろ、ユダヤ自由社会主義政府を樹立します。このとき、ケレンスキー一派はだれ一人、殺しませんでした。この後、トロツキーとレーニンが、ロスチャイルドとその一味のユダヤ国際金融資本家たちからの財政援助を受けて、一九一七年十月、ボルシェビキによる権力奪取に成功します。この革命で約二千万人、革命から崩壊に至る過程でさらにまた約二千万人のロシア人がユダヤ革命政府により殺さ

れたといわれています。

ソヴィエト新政府の九〇パーセント以上がユダヤ人に占められていましたので、ロシア革命とはユダヤ革命であったことになります。私はこの革命についてはこれ以上書こうとは思いません。私が書こうとするのは「社会主義」についてです。社会主義とは何でしょうか。この主義がどうして誕生したのかを知るとき、謎が解けてきます。社会主義とは名前を変えた共産主義なのです。

フェビアンとは漸進戦術を表わす言葉です。フェビアン社会主義を広めたのは、フェビアン協会です。『共産党宣言』と同じ内容のものを基礎としています。『フェビアン協会の基礎』に「それゆえ、土地と産業資本を個人の所有権から解放し、社会一般の利益のために共同体に投下することで、社会の再編を目指す。この方法によってのみ、一国の利益、さらには、後に獲得した利益を人々全体が共有することができる」と書かれています。フェビアン社会主義は一八八三年に、ロンドンのオスナバーク通り十七番地にある小部屋で始まったとされますが、ここでは省略します。

このフェビアン社会主義を牛耳っていたのは、ジョージ・バーナード・ショーとシドニー・ウェッブであったとされています。この二人を中心として、この主義がイギリス中に広まりますが、後年、イギリス、そしてアメリカ中に拡大していったのは、この二人の思想の継承者たちでした。その中心となったのが、グレアム・ウォーレス教授、ハロルド・ラスキー教授、そして、ジョン・メイナード・ケインズでした。私たちはケインズを彼の主著である『雇用・利子および貨幣の一般理論』の著者として、この本の内容を通して知ることになります。日本の学者たちが書いたケインズ経済学の本ではほとんど、彼の後ろ暗い部分が故意にカットされているのはなぜでしょうか。私はケインズを別の角度から見ようと思っています。社会主義とは何かを書くことにします。ケインズの闇の部分をクローズアップするためにも。

「社会主義」とは「漸進的共産主義」と理解すれば、その謎の半分は解けます。イギリスでは、ソヴィエトのような革命政権を作ることができないと考えたユダヤ勢力が、この社会主義を利用して、まずイギリスを、そしてアメリカを支配しようとしました。共産主義がそうであるように、社会主義も平等や自由を目指すものではないのです。中産階級や労働者階級を特殊な方法を使い奴隷化することを狙ったものです。

私は先の項で、バーネイズの『プロパガンダ』について書きました。その中で、「姿の見えない統治者」について詳述しました。社会主義とは、その「姿の見えない統治者」が中産階級や労働者に甘言を弄《ろう》して、ゆっくりと共産主義を浸透させ、そして気づかぬままに彼らの心の中を洗脳しようとするものなのです。社会主義は静かに潜んでイギリスとアメリカの人々の心の中に宿っていったのです。そしてついにその正体を現わす時が来たときには、かつてのイギリスやアメリカとは異質の何かに変貌させられていたのです。

私たちはケインズがどうしてアメリカ、特にハーバード大学で超人気の経済学者になったのかを知ろうとしないのです。彼の経済学の本や講演とは無縁なのです。これには深い理由があります。社会主義者たちは自ら革命を起こすことはせず、社会主義を権威ある力、すなわち、権力者たちと結びつけて、その影響下でゆっくりとした改革を遂行しようとしました。彼らはイギリスで労働党の中で足場をつくると同時にアメリカに進出します。その際には、前述した円卓会議と王立国際問題研究所が協力しています。

ラスキー教授はイギリスの権力機構の影の力でアメリカに渡り、約三十年間、アメリカ政府内の役人や政治家たちと個人的な接触をします。また、アメリカ各地の大学で講演しました。この講演の中で彼は社会主義を説いたのでした。国家は「社会保障プログラム」を採用すべし、アメリカは全体主義的福祉国家になるべし、等々と。これは、ケインズの経済学にはなかった要素でした。ラスキー教授はケインズの先駆け的役割を果たしたのでした。彼の主義の中には、社会主義を通してアメリカを全体主義の国家へと導き、イギリスの属国化しようという野心がありました。その野心こそは王立国際問題研究所の野心そのものでした。フェビアン社会主義とは、「世界政府」をイギリスの主導のもとに創り上げるための思想そのものだったのです。

ラスキー教授は特にハーバード大学で教鞭をとり続けました。そして、アメリカ最高裁判事のユダヤ人フェリックス・フランクファーター（ハーバード大学ロースクールの教授でもあった）とは、社会主義という思想を共有したのでした。このフランクファーターを通じて、ルーズベルト大統領政権下のホワイトハウスを訪れ続けました。ラスキー教授は「資本主義」についてルーズベルトに講義しました。ルーズベルトは、ロスチャイルドとその一味、すなわち、ユダヤ国際金融家たちにより大統領になった男でした。私は拙著『20世紀のファウスト』の中でこのことを詳述しています。

ジョン・メイナード・ケインズ（1883－1946）

ハロルド・ラスキー（1893－1950）

エドゥアルト・ベルンシュタイン（1850－1932）

このような状況下でケインズがアメリカに渡り、フランクファーターの招待という形で訪米するわけです。ケインズがどのような人物であるのかをここで記すことにします。そうすれば、この男が世界史の中で特に優れた経済学者であるとされる意味が分かってくるからです。

マルクスは一八八三年十月に、北ロンドンのハイゲイト墓地の狭い墓に埋葬されました。晩年の数十年間、大英博物館に通い『資本論』を書き続けますが、その彼をロスチャイルド家が財政援助し続けました。マルクスはユダヤ民族のために共産主義を世に広めた男でした。

それではケインズについて書くことにします。マルクスが死んだ一八八三年、二十世紀を代表する二人の経済学者が生まれました。一人はケインズでした。そして、もう一人は、ヨゼフ・アロイス・シュンペーターでした。シュンペーターについては後述します。W・カールビブンの『誰がケインズを殺したか』から引用します。

ケインズの家系はジェントリー階級に属していた。ケインズの両親は知識階層の出身だった。ケインズの父、ネビル・ケインズはケンブリッジで教鞭をとった経済学者であり、論理学者だった。そして彼はのちに長きにわたって、この大学の行政管理職をつとめた。

英国の上流階級に根づく最高の伝統のもとで、若きケインズは教育を受けた。イートンおよびキングス・カレッジである。ケインズのこれらの学校に対する忠誠心は深かった。彼はいく度かの中断はあったが、その生涯を通じてキングス・カレッジで教鞭をとった。そしていく年かの間、大変な才覚で大学の財政を管理した。普通の学者とは違って、ケインズは学問的活動と実践的活動とを両立させたのだった。彼は政府の重要なポストもつとめたし、ロンドンの多くの銀行家たちの顧問としても活躍した。

この『誰がケインズを殺したのか』という本の題名は、ケインズがいつの間にか忘れ去られた原因はどこにあるのかを追究したゆえにつけられたものです。この本が出版されたのは一九九〇年です。当時、ケインズは忘れられた存在でした。しかし、二〇〇八年のリーマン恐慌以降、ケインズは再び復活しました。「なぜ、今、ケインズは復活したのか」を追究してみようではありませんか。

アメリカのエール大学に「スカル・アンド・ボーンズ」という秘密結社があるように、ケンブリッジ大学には「使徒会」という秘密結社があります。一八二〇年に創設されたものです。ケインズは一九〇三年、ケンブリッジでの最初の年にこの使徒会のメンバー(十二名)に選ばれました。『インドへの道』を書いたE・M・フォースターも選ばれました(彼の作品をもとにした映画『眺めのいい部屋』はヒットしました)。「使徒会」があるブルームズベリーでケインズは何をしていたのでしょうか。哲学、文学、そして絵画などの研究の場でもありました。ケインズが亡くなったのは一九四六年。それから五年後の一九五一年に、ケインズの弟子であったロイ・ハロットがケインズの伝記を書き、ケインズが他の使徒会のメンバーとともにホモ・セクシュアル(バイ・セクシュアル）であったことを公表しました。ケインズは四十二歳でリディア・ロポコパというロシアの踊り子と結婚しますが、約二十年間、ホモ・セクシュアルの世界に生きた男でした。哲学者バートランド・ラッセルも遅れてこの会に参加しますが、彼もケインズと関係を持ちました。ケインズを有名にした一人です。バートランド・ラッセルはケインズを「私が知っているなかで最も鋭くかつ明晰だ」と評価しています。

ケインズの陰にもう一人、重要な人物がいます。この男こそケインズを操った男でした。その名をビクター・ロスチャイルド男爵といいます。彼について、宋鴻兵は『通貨戦争』の中で次のように書いています。

ロスチャイルド家三代男爵ビクター・ロスチャイルドは、このような環境のなかで育ったのである。ビクターはイギリス分家の継承者として家族の名誉と期待を一身に背負っていた。祖先のマイヤーが家業を始め、高祖父のネイサンがナポレオン戦争中に一躍ロンドン・シティの覇者となり、曾祖父のライオネルがスエズ運河を完成させ、祖父のナッティがセシル・ローズによる南アフリカ開拓、世界のダイヤモンドの独占、英米エリートに多大な影響を与えたローズ奨学金制度の設立などを支援し、数々の伝説を残した。父のチャールズは重症のうつ病にかかり、6年間不眠症に苦しんだ後、自殺した。ビクターが12歳の時であった。この一族の事業の若き後継者は、当然の責務としてかつてない重圧を背負うことになった。

ビクター・ロスチャイルドについては次項で詳しく書きます。ここでは、ケインズとの関係について記しておきます。ビクターは一九一一年生まれですから、ケインズよりも二十一歳年下です。しかし、二十五歳のときにロスチャイルド家第三代男爵となりましたので、世界一の知られざる権力者であったというわけです。彼もまた、ケンブリッジ大学に入り、あの「使徒会」のメンバーになります。宋鴻兵は『使徒会』のメンバーの間では、完成された信仰価値、組織構造、選抜システム、活動儀式が決められていた。彼らの集会は、飲んだり食事をしたりする社交会では決してなく、深い歴史の源と一族の背景と高邁な互いの教養に基づいて、未来の『よりよい』社会を統治する厳しい訓練を行っていた」と書いています。そうかもしれませんが、別の意味もあったと思います。それは、ビクターも、ホモ・セクシュアルの関係を使徒会のメンバーと結んでいたということです。このことも次項で書きます。宋鴻兵の本を続けて引用します。

「使徒会」にはもう一人、大物有名人がいた。――イギリスの経済学者ケインズである。ケインズは「使徒会」の早期からのメンバーであり、1930年代にケンブリッジで教鞭を執り、キングス・カレッジに個人事務所を持っていた。ケインズは共産主義を信奉しているわけではないが、政府による経済介入の理念に高い関心を持ち、ソ連が実施した一連の経済改革の動静に注目していた。1929年から始まった世界経済の大不況が資本主義思想を重大な危機にさらし、多くの人々が社会発展の活路を探っていた。経済学者も例外ではなかった。当時のケインズがソ連の計画経済のモデルの影響を受けたとしても不思議ではない。

宋鴻兵は中国共産党政府の高級官僚です。それゆえ、ケインズをこのように論じるのでしょうか。「不思議ではない」と彼は書いていますが、不思議なのは日本のケインジアン（ケインズ主義者）たちです。リーマン恐慌後、ケインジアンたちが続出しています。そして彼らは皆、口をそろえて「ケインズに返れ」と叫んでいます。ケインズが社会主義者（共産主義者とほぼ同じ）なのに、そのことを知ってか知らずか、全く無視しています。私は大内兵衛を「お坊っちゃま」経済学者と書きましたが、あの日本のケイジアンの叫び声は異常です。彼らも「お坊っちゃま」経済学者ではないのでしょうか。

さて、宋鴻兵は「ビクターはよくアポなしでケインズの事務所を訪ねた。ケインズはいつもロッキングチェアに腰を降ろし、ジョン・ロックやデーヴィッド・ヒュームの哲学本を読んでいた。ビクターはケインズが本業の経済を研究する姿をほとんど見たことがなく、いつ本職の仕事をするのだろうと疑問に思った」と書いています。ビクターとケインズは哲学、社会、文学といろいろと話し合いました。特に、イギリスの金本位制と銀行システム、そして世界通貨についてビクターはケインズの助言を受けます。私はケインズが若き世界の王、ビクター・ロスチャイルドの使徒となり、アメリカに乗り込んだものと確信しています。ビクター・ロスチャイルドは後述しますが、共産主義者です。世界一の大富豪が共産主義者だとどうしても信じられない人々は、私が幾度もご忠告しているように「創造的想像力」をもって、共産主義の何たるかを理解する必要があります。共産主義とは、いかにして国家を、人民を、人民の財産を乗っ取るかの主義なのです。ビクター・ロスチャイルドはそのために生き、そして志半ばで一九九〇年に死にます。

さて、もう一度ケインズについて、社会主義者としてのケインズを描いてみようと思います。一九二〇年代、ケインズはケンブリッジのキングス・カレッジで教授として過ごし、残りの人生をロンドンで通貨・市況商品、株式の投機にかかわります。この時代を振り返り、ケインズは「事業とは賭けの連続である」と語っています。彼の主著は一九三六年に出した『雇用、利子、および貨幣の一般理論』ですが、この本の結末でケインズは妙なことを書いています。

経済学者や政治哲学者の思想は、それが正しい場合にも間違っている場合にも、一般に考えられているよりもはるかに強力である。事実、世界を支配するものはそれ以外にはないのである。どのような知的影響とも無縁であるとみずから信じている実際家たちも、過去のある経済学者たちの奴隷であるのが普通である。権力の座にあって天声を聞くと称する狂人たちも、数年前のある三文学者から彼らの気違いじみた考えを引き出しているのである。私は、既得権益の力は思想の漸次的な浸透に比べて著しく誇張されていると思う。もちろん、思想の浸透はただちにではなく、ある時間をおいた後に行われるものである。なぜなら、経済哲学および政治哲学の分野では、二五歳ないし三〇歳以降になって新しい理論の影響を受ける人は多くはなく、したがって官僚や政治家やさらに煽動家でさえも、現在の事態に適用する思想はおそらく最新のものではないからである。しかし、遅かれ早かれ、良かれ悪しかれ危険なものは、既得権益ではなくて思想である。

この本は「思想である」で終わっています。ケインズは、この主著を書くことにより、「既得権益」＝ロスチャイルドの富でなく、自分自身が創作した思想の方が危険なんだと、二十五歳（この本を書き上げたときのビクター・ロスチャイルドの年齢）の青年に語って聞かせているのではないでしょうか。ケインズが「数年前の三文学者」と言っているのは自分自身のことを指しているように思われます。ビクター・ロスチャイルドはこの本が出版された翌年、ロスチャイルド家第三代当主となります。ケインズはビクター・ロスチャイルドが大学に入った年からいろいろと教えてきたのです。そして、若き世界王（私はこう信じています）となった男に、世界をいかにして支配するか、という方法を説いたのです。それが、この主著だと思います。

もう一つ、別の面からこの「一九三六年」に注目したいと思います。アメリカにもイギリスにも失業者が溢れていました。日本も例外ではありません。隠れた社会主義者ケインズは、この状況を鋭く観察しました。彼はもともとは数学者でしたので、失業者と不況の関係を数字で捉えることが

ビクター・ロスチャイルド（1910－1990）

ケンブリッジ大学
キングス・カレッジ

できました。彼は古典派経済学を捨て、真っ向から勝負に出ます。第一次世界大戦で古典派経済学は終わりを告げて、ついにフェビアン社会主義を経済学に採り入れる時代が到来したとケインズは知ったのです。共産主義者のビクター・ロスチャイルドは、ケインズが死んだ後に社会主義者へと変貌し、戦後、保守党から政権を奪った労働党に自ら入党し社会主義者になります。恩師ケインズが「漸進的共産主義」である「社会主義者になれ」と教えたにちがいないのです。

ケインズがこの本の中で書いているのは「経済の不安定と変動」です。「需要と供給が均衡していても失業者が増加する」というのです。すると、「どうすれば失業者の増加を防止することができるのか」が問題となります。そこで、「民間の投資の不足を公共部門の投資で補い、財政赤字によってその資金をまかなえばよい」という考えです。そのためには「政府が資金を借り入れればよい」ということになります。政府が財政赤字になっても「雇用が創出され、購買力が高まる」というのです。これを「乗数」理論といいます。

この本はビクター・ロスチャイルドのために書かれた本だと私は確信しています。若きビクターにケインズはこう語るのです。「権力の座にあって天声を聞くと称する」狂人のような心を持つビクターよ、お前は「数年前のある三文学者」である私から「気違いじみた考えを引き出している」。しかし、若きビクターよ、よく聞け。「思想の浸透はただちにではなく、ある時間をおいた後に行なわれるものである」。だから、「経済哲学および政治哲学の分野では」、若きビクターよ、「ゆっくりとした共産主義者になれ」……と、ケインズはビクター・ロスチャイルドを説得しているのです。

「思想の浸透はただちにではなく、ある時間をおいた後に行なわれるものである」

ご理解いただけたでしょうか。この本は、ビクター・ロスチャイルドにケインズが捧げた本であることを理解できれば、二〇〇八年のリーマン恐慌後の世界も理解できるはずです。

ケインズは、国家をいかに財政赤字にするかを、ビクター・ロスチャイルドに説明しているのです。国家が（中央銀行から）借金をして財政赤字が増大すれば、いつでも国家を奪うことができる。この事実をケインズがビクター・ロスチャイルドのために秘かに教えた教科書こそが、この本なのです。そのためには、失業者が増えることをすればよいのです。恐慌を演出すればよいのです。倒産は失業者を増やします。「国家が経済に介入する」。一言で言えば、これがケインズ経済学です。ケインズ自らが書いているように「ある時間をおいた後に」、ケインズの危険な「思想は浸透する」のです。

ケインズはビクター・ロスチャイルドに「世界の通貨システムにおける役割」についても話しています。二人が話し合った結果、結論が出ました。ビクター・ロスチャイルドの指示のもと、ケインズがアメリカに渡った直接、ルーズベルト大統領と話し合うことになります。どれほど高名なイギリスの経済学者とはいえ、合衆国大統領に会うことなど出来ないのが普通です。そこで表向きはあの社会主義者、ラスキー教授の友人のフェリックス・フランクファーターの特別の計らいという理由でホワイトハウスを訪問します。大統領はフランクファーターに「会談は有意義で、ケインズの人柄に強く惹かれた」と語っています。一方、ケインズは、この会談を「魅力的で有意義だった」と述べています。二人の会談の場にいたのは労働省長官であったフランシス・パーキンズとエレノア・ルーズベルト（大統領の夫人）でした。パーキンズが後にこう語っています。「ケインズはドルの増刷を説明し続けたが、ルーズベルトはその説明の意味が分からなかった」と。そこで、パーキンズが「大統領、一ドル札が四ドル札になると、ケインズ教授は語っているのですよ」と説明し、ルーズベルト大統領も納得したのでした。ケインズは失業対策とし、財政赤字を演出してみせたのでした。ロスチャイルド家からの使徒であるケインズの「乗数理論政策」をアメリカが採用するようになっていくのです。ケインズは一九三六年、主著を書き上げた後も、ルーズベルトに手紙を出し続けます。「あなたの政府は充分な雇用の準備に責任があり、それがすぐに用意できないようならば、社会福祉を刷新する必要がある」

ケインズからの手紙とは、ビクター・ロスチャイルドからの手紙であることをルーズベルトは百も承知でした。ケインズの名は「ニューディール」政策を進める役人たちから、一般民衆へと広まっていきました。ケインズはこの一九三六年以降、フランクファーターやラスキー教授とたびたび会うようになります。ケインズは一九一二年、フェビアン協会の「王立経済学会」の事務局長に就任しています。彼は間違いなく、正統派の社会主義者なのです。リーマン恐慌は一種の八百長（ネズミ講）でした。ケインズ経済学も一種のネズミ講ではないでしょうか。国が財政赤字になることは、財政赤字にさせるべく動く組織にとっては莫大な報酬が入るからです。

さて、ケインズは謎に満ちた言葉を残しています。「たしかにレーニンは正しかった。社会の基盤を覆すにあたって、通貨を損ねることほど巧妙で確実な方法はない。このプロセスは、破壊の側に立つ経済法則の隠れた力をすべて引き付け、しかも百万人に一人もその原因を究明することはかなわないだろう」。私は、ケインズは「破壊の側に立つ経済法則」理論を創り上げたと思うのです。そして、その理論の意味を「百万人に一人もその原因を究明」できないように〝謎〟という封印の書の中に閉じ込めたのでした。たぶん、ケインズは、現代経済学に「錬金術」を持ち込んだのでした。ダニエル・ヤーギンとジョゼフ・スタニスローの『市場対国家』から引用します。

ケインズの理論は、政府が経済に果たす役割を拡大する際の具体的な根拠になり、もっと一般的に、介入と管理を効果的に進める能力が政府にあるとの自信をもたらすものになった。第二次大戦の後、その業績が、「ケインズ主義理論」として普及していったとき、ケインズの原動力になっていた自信が、理論を支える基盤として受け継がれていった。ケインズ自身は不確実性に魅せられ、市場で投機の才能を発揮したが、ケインズ主義者は市場の知識より「政府の知識」の方がすぐれているとみていた。ケインズの伝記を書いたロバート・スキデルスキーによれば、この暗黙の考え方を極端な形で表現すれば、こうなる。「政府は賢明であり、市場は愚かである」

一八八三年、カール・マルクスが死んだ年、二十世紀を代表する二人の経済学者が生まれました。

一人はケインズであり、もう一人はヨゼフ・アロイス・シュンペーターである――私はこの項の最初でそう書きました。シュンペーターについても書くべきですが、ケインズについての記述が長くなったので、シュンペーターについては、P・F・ドラッカーの『ポスト資本主義社会』からの引用にとどめます。彼の『資本主義は生きのびるか』は一読に値します（ドラッカーについては後述します）。ケインズとは全く違う視点から経済を論じています。

一八一八年、ヨゼフ・シュンペーターは、租税国家は、結局は政府の統治能力を損なうことになると警告した。

その一五年後、ケインズが租税国家を偉大なる解放者として位置づけた。歳出に制限がなくなったからには、租税国家の政府は、今や効果的に統治することができるとした。

しかしわれわれは、正しいのはシュンペーターだったことを知っている。

私もドラッカーの論に賛成です。ドラッカーはケインズを痛烈に非難しています。もう一度引用します。

ジョン・メイナード・ケインズは、少なくとも中規模以上の国家の場合、国民経済は、世界経済から隔離された存在たりうると主張した。

そして次に、彼は、この隔離された国民経済は、政府の政策すなわち政府支出によって、完全にその状態を決定されると主張した。

今日、フリードマン派、サプライ・サイド派、その他ポスト・ケインズ派のいずれもが、他の点ではいかにケインズと異なろうとも、この二つの教義については、全くケインズに従っている。

彼らはすべて、国民国家とその政府を国民経済の主人として扱い、経済的「天候」の管理者に仕立てあげている。

私は世界＝経済の立場から、この本を書いてきました。そして、ケインズを書いているときに、私は「終末時計」のことを考えている自分に気づきました。何かを仕掛けられて、終末が近づいているのではないか、と。私はマーティン・リースの『今世紀で人類は終わる？』（アメリカでの出版は二〇〇三年）の中の文章を思い出していました。引用します。

シカゴに拠点を置く「ブレティン・オブ・アトミック・サイエンティスツ」誌は、第二次世界大戦終結時に物理学者の一団によって創刊された。学者の多くはロス・アラモスでマンハッタン計画に携わり、広島と長崎に投下した原子爆弾の設計・製造を行った人々だ。いまだに影響力があって人気の衰えない本誌は、軍縮や核政策に焦点を当てた誌面づくりをし、各号の表紙に午前零時までの残り時間で世界情勢の緊迫度を示す時計の「ロゴ」を載せている。編集部の判断にもとづき、二、三年おき（場合によってはもっと短い）に分針を進めたり戻したりするのだが、一九四七年から今日に及ぶその軌跡は国際関係の危機の歴史だといえる。ちなみに現在は、一九七〇年代より「午前零時」に近い。

私はキグリー教授の『悲劇と希望』の表紙に載っている懐中時計が十一時二十三分を指していることに触れました。そして、正午に近づく時であると書きました。その理由として、『悲劇と希望』が真の権力者の実相に近いものを伝えているので、彼らの勝利が近づいた象徴として、その時は、間違いなく〝正午〟であるとしました。しかし、終末時計は「一九七〇年代より『午前零時』に近い」と書かれています。

私は、私たちが午前零時に近い終末の時間を生きているような気がしてなりません。どうしてそのような終末の時間が誕生したのかを求めて、悲しい旅をしなければなりません。

ケインズは、ケインズ経済学を創造し、若き世界の王、ビクター・ロスチャイルドにそれを遺しました。ケインズは、未来に向けて、時間差攻撃を仕掛けたのでした。ケインズの弟子ビクター・ロスチャイルドは、共産主義を捨て社会主義を信奉し、世界の王となる決意をするのです。次章ではビクター・ロスチャイルドを主人公にして、いかに世界が終末に向けて、悲しみの時間を持つようになったのかについて書きます。

# ［第八章］世界最終恐慌への終末時計が「午前零時」に近づいた

# 第二次世界大戦と原子爆弾

一九三七年、ビクター・ロスチャイルド（以下、ビクターと略します）の伯父ウォルターが死去しました。前述したように、ビクターの父親が自殺していたので、そしてウォルターに嫡子がいなかったためもあり、ビクターは第三代ロスチャイルド男爵を継承することになりました。この爵位により自動的にビクターは上院（貴族院）議員になりました。

この年、四月二十八日の「デイリー・エクスプレス」紙の記事には、二十七歳となったビクターがW・ヒッキー記者にロンドン・ピカデリーの邸宅の賃貸期間が満了したらどこに住むつもりかと聞かれ、次のように答えました。

「おそらくどこにも。いや、わからないんですよ。とにかく戦争が終わらないことにはね」

第二次世界大戦が始まる二年半前のことです。ビクターは戦争が近づいていることを知っていたというわけです。

ドイツにIG《イーゲー》ファルベンという化学産業では世界有数の会社がありました。鉄鋼の生産でもドイツ最大でした。この会社がロスチャイルドの支配する会社であることに注目してください。

一九三九年には、その生産量を劇的に増加していきました。後に判明しますが、ドイツに大量のアメリカ・ドルが流れて、ＩＧファルベンを巨大化させます。このＩＧファルベンが作ったチクロＢガスが、ユダヤ人絶滅（？）のために使用されたというわけです。ビクターが少なくとも一九三七年、第三代のロスチャイルド家当主になった二十七歳のときから、目に見えるかたちで世界が第二次世界大戦に向かっていったといえます。この項では原子爆弾を中心に、ビクターについて書くことにします。

一九九四年、英国の一流物理学者であるマーク・オリファンド教授は、『第五の男』という本を書いたオーストリア人のローランド・ペリーに、ある話を語りました。ペリーはその話を本の中に載せています。要約しますと、一九四二年当時、彼が開発した新型レーダーの部品とともに、ＭＩ５（英国軍事諜報部第五課）の危機管理監察官であったビクターから「警備を強化せよ」との警告が届きました。この警告の数日前、ビクターは、バーミングガム大学のオリファンド教授の研究室を訪れ、オリファンドの研究について質問し、直径約八センチのマグネトロンをポケットに隠し入れました。そしてマグネトロンをこっそり返す前に、ビクターはモスクワへ詳しい図面を送っていたのです。この事実は後にＫＧＢの監督官によっても裏付けられています。

どうしてビクターはこのような行動に出たのでしょうか。ビクターはスパイ組織を持っていました。キム・フィルビー、ドナルド・マクリーン、ガイ・バージェス、そしてアンソニー・ブラントでした。この四人のスパイ事件が解明された後、第五の男がいることがわかりましたが、その男の名は秘密とされていました。

キム・フィルビーという男の物語から書き始めることにします。この男はイギリス情報機関に二十年余り勤務しましたが、同時にソ連KGBの諜報員でした。彼はCIAに派遣されていたこともあります。フィルビーはスパイであることが発覚すると、一九六三年にベイルート経由でソ連に亡命します。一九六五年、ソ連赤旗勲章を授与され、一九六八年には回顧録『プロフェッショナル・スパイ――英国諜報部員の手記』を出版します。ここで彼の周りにほかのスパイがいたことが、すなわち「ケンブリッジ五人組」がいたことが判明します。五人組の中でいちばん早く世に出たのはドナルド・マクリーンとガイ・バージェスでした。マクリーンはイギリス情報局MI5（軍事諜報部第五課）とMI6（軍事諜報部第六課）で重要なポストに就いていました。それだけではありません。後にイギリス大使館に勤務して情報関連の仕事を担当します。アメリカでの原子力の研究情報やチャーチル首相とトルーマン大統領の英米政府間の政策情報をソ連に流していました。一九五一年五月二十五日、イギリス情報局に疑われ、ケンブリッジ五人組の一人、バージェスとともにソ連に逃亡し、後にKGBの大佐となります。

五人組の中で四番目に露見したのはアントニー・ブラント卿でした。彼もMI5に勤めていました。一九五六年、イギリス女王からナイトの称号を授与され、後にケンブリッジ大学の芸術史教授となっていました。彼はソ連の諜報員であることが発覚した後、エリザベス女王からナイト称号を剥奪されます。

しかし、ケンブリッジ五人組の五人目は、さまざまな情報が飛び交いましたが、なかなか分かりませんでした。

旧ソ連崩壊後の一九九三年、モスクワの六人の元KGB高官が、ビクターの正体について、前述のローランド・ペリーに証言しました。「モディンによれば、ビクターは英国諜報部でのケンブリッジ団によるスパイ活動の中心人物だった。ビクターには特別なコネがあった。彼はバージェスやブラントたちをMI6を監督する外務省のスチュアート・メンジーズやディック・ホワイト、ロバート・ヴァンシッターといった諜報部の重要人物に紹介することができた」と、ペリーはその著『第五の男』の中で書いています。

ビクターを第五の男、ソ連のスパイとして片付けるのは真実を半分しか伝えていません。原爆情報は、重要情報のほんの一部であるからです。私はビクターこそが世界の王であったと思っています。ということは、ソ連をも実質的に支配していたということです。ヘンリー・メイコウの『イルミナティ』という本の中にビクターが描かれていますので引用します。

ヴィクターはウィンストン・チャーチルの個人的友人であった。ペリーは次のように書いている。

「二人は戦時中もしばしば交流した。ヴィクターはその富や地位を利用して、首相を非公開のパーティへまねいた。彼は戦時指導者に加わり、諜報機関のあらゆる機密や主要な兵器開発に近づき、英国の対妨害工作活動を指揮したことで、密かに有力者となった。その結果、スターリンはきわめて重要な情報をチャーチルと同じくらい知ることとなった。ときには英国最高司令部よりも先に知るほどだった」

ヴィクターは、英国に支援を求めてきたソ連の敵を無力化することにも加担した。事実、彼は一九四四年七月、ポーランドの戦争指導者ウラディスラフ・シコルスキーが航空機爆破によって暗殺された事件の隠蔽工作に関与している。シコルスキーは、KGBが一九四〇年にカティンの森などで一万六〇〇〇人のポーランド人将校を虐殺した事実を知ると反ソに傾き、スターリンの重荷になっていた。

右に引用した文章のすべては正しいでしょう。どうしてビクターがチャーチルやスターリンを操ることができたのかは、ユダヤ人の、とりわけロスチャイルド家の歴史を知れば決して不思議なことではないのです。私は拙著『20世紀のファウスト』の中で、チャーチルがいかにロスチャイルドによって飼育された人間であったかを書きました。宋鴻兵は『通貨戦争』の中で、情報の面からビクターを見ています。

ソ連を支援するのは単なる純粋理論上の理由でなく、彼には深く隠し持っている遠大な計画があったからである。情報を操る名門に生まれたビクターは情報の価値を誰よりもよく知って

キム・フィルビー

ドナルド・マクリーン

ガイ・バージェス

アントニー・ブラント卿、
それぞれ「ケンブリッジ五人組」の一員

いた。戦争が間近に迫った今、情報を失うことは百年の家業が重大な危機にさらされるに等しかった。ソ連に情報を与えることは、ロスチャイルド家がソ連という未来の強権国家と取引を行う際のカードとなる。ロスチャイルド家の百年の真理とは、両方に賭け、そして勝者に味方することである。

決心したビクターは、世界の強権間のバランスゲームに参入し、最後の勝者となると心に決めた。

私がこの宋鴻兵の文章を引用したのには確かな理由があります。情報とは何かということを読者のみなさんに知ってもらうためです。情報は謀略なのです。ときには現ナマをぶち込むことであり、兵器を密輸出または密輸入することです。それはまた、自国の情報を盗み出し、他国に与えることです。宋鴻兵が「ロスチャイルド家の百年の真理とは、両方に賭け、そして勝者に味方することである」と書いているような状況を作ることなのです。

第二次世界大戦は最初から最後まで、すべて八百長でした。シナリオもビクターが創作したものでした。そのシナリオ作成に加わった多くのメンバーたちの一人がジョン・メイナード・ケインズだったのです。

私は前章で、一九三四年にケインズがルーズベルトに進言した内容について書きました。ケインズはルーズベルトにドル紙幣の大量増刷を迫ったのでした。どうして一介の経済学者がアメリカの大統領にそのような忠告を直接することができるのでしょうか。ルーズベルトは応じました。当初は労働長官の担った失業保険と老齢年金の立法化に伴うドルの大量印刷でしたが、やがて、第二次世界大戦に向けてのドルの大量印刷となっていくのです。

ルーズベルトが社会主義的計画を進めていくのは、フェビアン社会主義の親善大使としてケインズを迎えたからでした。ケインズの「税と消費」の理論をアメリカが採用し、ドルの大量印刷、すなわちアメリカ財政の赤字化が進みました。「課税して使い、また課税して使う」。この大量印刷され続けるドルにビクターは狙いをつけ、チャーチルを通して大戦用にいただこうと考えました。それが、武器貸与法でした。イギリスがドイツと闘うための金がアメリカから入ってくるように、ビクターはチャーチルを脅していました。戦争を仕掛けるには、必ず金が要ります。イギリスにはアメリカの武器貸与法により金が入ってきます。ドイツには、アメリカ資本がどっと流れこんでいきます。そして、ソ連にはロスチャイルドが金を貸すというわけです。

ケインズはパーキンズ労働長官が、ホワイトハウスに強引に招き入れた一介の民主委員であったハリー・ホプキンスを紹介されました。やがて二人はホモの関係を通して親密になり、ケインズの思想をルーズベルトに伝達するエージェントになっていきます。ケインズ、ホプキンスを最大限に利用したのは若き世界の王ビクターでした。アメリカ国内における共産主義の状況を調査していたダイス委員会（テキサス州選出のマーティン・ダイス民主党下院議員が一九三八年から一九四四年まで委員長を務めた）は、ルーズベルト大統領に報告書を提出しますが無視されます。「ハロルド・

ラスキー教授、最高裁判事フェリックス・フランクファーター、そしてジョン・メイナード・ケインズの三人は合衆国を社会主義の国にしようとしている」

ビクターの知能指数は百八十四です。彼は植物学者、はたまたジャズ・ピアニストでもあり、数学的才能にも恵まれ、科学分野を広範に学びました。彼は、たんなる秘密諜報員や政治スパイではないのです。世界の情報を一手に集中管理していました。世界史への介入は、あるいは彼の気晴しであったのかもしれません。ビクターの世界史介入のあるエピソードを書くことにします。拙著『20世紀のファウスト』の中にも紹介しています。ワレチン・M・ベレズホフの『私はスターリンの通訳だった。』からの引用です。

チャーチルとスターリンは一九四四年十月にモスクワで二人だけの会談をします。この会談には「トルストイ」というコード名がつけられました。アメリカ大使アヴェレル・ハリマンは同席しましたが発言を拒否されました。さて、ベレズホフは以下のように書いています。チャーチルがスターリンに語りかけています。

ハリマンがわれわれの交渉に同席するのは私の歓迎するところです。しかしながら、それによってわれわれが個人的な会談を控えるべきだというものではありません。(胸ポケットから四つ折りの紙切れを出しながら)つまらないものですが、ロンドンの特定の人間の考えを示す紙切れを持参しています。

この紙切れを見たスターリンは「いや、残しておいてください」と言い、指令書の左上の隅に青い小さなチェックの印を書き入れたのでした。これは、東ヨーロッパの大半をソ連にやるという内容でした。私はこの四つ折の紙切れは、ビクターが書いたものと確信しています。若き世界の王以外にこの四つ折の紙切れをチャーチルに渡す者は存在しえないからです。ルーズベルトも、この紙切れの内容には一言も文句をいえませんでした。これが、ビクターが世界史に介入したほんの一例です。

ソ連はロスチャイルドとその一味であるユダヤ国際金融家たちが、レーニン、トロツキーたちユダヤ人に多額の援助をし、創り上げた国です。その国を、第二次大戦を演出し巨大国家に仕上げるのに何ら矛盾はないのです。フルシチョフ元ソ連首相は『回顧録』の中に「スターリンは真の御主人様のことをいつも恐れていた」と書いています。スターリンにとって、若き世界王ビクターこそが唯一のご主人様でした。

『ヴェノナ』という本が一九九九年にアメリカで、日本では二〇一〇年、出版されました。著者はジョン・アール・ヘインズとハーヴェイ・クレアの二人です。「ヴェノナ」とは何でしょうか。序章を引用します。

アメリカ政府は、一九九五年まで実に四十年以上にわたって大きな秘密を隠していた。第二次世界大戦前後の時期に米国内のソ連スパイたちがモスクワの諜報本部との間でやり取りした約三〇〇〇通に上る秘密通信をアメリカ側が秘密裡に傍受し解読していた記録を、「最高機密」として隠し続け、アメリカ国民に知らせようとしなかったのである。アメリカ政府は、「ヴェノナ作戦」と名づけられたこの暗号解読作戦によって、傍受解読していたソ連スパイによる暗号通信の記録を、その後長くメリーランド州の米軍施設「フォート・ミード」の中にある厳重に隠された文書庫に、ほぼ半世紀近くにわたって秘匿していた。そして今日、公開されたこの文書を読んでゆくと、二十世紀アメリカ史に対する我々の見方は根底から変わらざるをえなくなるのである。

この序章の冒頭の文章を読むだけで、「二十世紀アメリカ史」のみならず、二十世紀の世界史が根底から変わらざるをえないのが分かるはずです。この「ヴェノナ文書」の中に、イギリスの諜報部員、ドナルド・マクリーンに関する報告書がありますが、解説文の一部を引用します。

マクリーンはこの他の任務として、一九四四年から四五年にかけて、アメリカの原爆開発計画である「マンハッタン計画」と、イギリスの原爆開発計画との間の外交的連絡役を務めていた。一九四六年になっても彼はこの連絡役を続けていた。その頃には、アメリカ側の窓口は

「マンハッタン計画」を引き継いだアメリカ政府内の「原子力委員会」（ＡＥＣ）になっていた。さらに一九四七年から四八年にかけ、彼は少なくとも二〇回はＡＥＣを訪問している。その中には、原爆に関する、どのようなデータを開示するべきでないかを討議する両国間の協議も含まれている。マクリーンは、一九四八年九月に転勤でワシントンを離れるまで、英米間で行われた初期の冷戦政策についての議論の内容をソ連に通報し続けた。

マクリーンのコード名は「ホーマ」でした。ガイ・バージェスは「ポール」、アンソニー・ブラントは「ヤン」、キム・フィルビーは「スタンリー」でした。では、ビクターは、となりますが、ビクターに関することは「ヴェノナ文書」にはコード名とともに出てこないのです。チャーチルが「イノシシ」、ルーズベルトが「キャプテン」として登場するにもかかわらず。

ビクターはケンブリッジの人脈を使ってイギリス国防科学技術研究所ボートン・ダウンの役職に就き、生物化学兵器の研究もします。また、ビクターはこの研究データをソ連ＫＧＢに流しました。と同時にビクターは、大量破壊兵器の研究もしました。このデータもＫＧＢを通じてソ連に流しました。また、彼はチャーチルに核兵器の研究を強化するように勧め、核兵器開発の中心メンバーになっていきました。ビクターが経営する帝国化学工業ＩＣＩにウィリアム・アックス卿を迎えて「チューブ・アロイズ」という秘密のコードネームを付した核兵器開発チームをつくりました。ビクターなくして核兵器は開発されることはなかったと言えます。彼ほどに核兵器に関する知識を持った者はいなかったのです。

　では、どうしてビクターはイギリスで原子爆弾を開発、そして製造せずに、アメリカに製造させたのでしょうか。イギリスという国家に、莫大な金を投じるだけの余裕がなかったのです。しかし、ビクターはスパイを派遣し、アメリカで進行中の「マンハッタン計画」の全貌をソ連に報告させていたということになります。私は戦争終了後の世界のデザインを第二次世界大戦の始めから正確に描いていたのはビクター一人だけだと思っています。しかし、ビクターにも誤算があったことは間違いありません。ルーズベルト大統領とケインズの早すぎた死がスケジュールを狂わしたからでした。私は、拙著『原爆の秘密』（上巻）でいかに原爆が完成し、そして広島と長崎に落されたかについて詳述しています。次項では原爆投下とは何であったのかを書くことにします。

## 原子爆弾は時空と心を破壊した

私は、「バガヴァット・ギーター」の物語を読者に知らせようと思います。「バガヴァット・ギーター（神の歌）」は、十八巻よりなるインドの大叙事詩『マハーバーラタ』第六巻に編入されています。成立年代は定かではありませんが、紀元後一世紀ごろに書かれたとされています。現代の世相にも通じるものがあります。以下、十八章からなる物語を順序を無視する形で引用してみます。聖バガヴァットとは神のような存在者と考えてください。ギーターは聖典の意です。


聖バガヴァットは告げた。――

私は世界を滅亡させる強大なるカーラ（時間）である。諸世界を回収する（帰滅させる）ために、ここに活動を開始した。たといあなたがいないでも、敵軍にいるすべての戦士たちは生存しないであろう。

それ故、立ち上れ。名声を得よ。敵を征服して、繁栄する王国を享受せよ。彼らはまさに私によって、前もって殺されているのだ。あなたは単なる機会（道具）となれ、アルジュナ。

ここに書かれている戦争とは、実際に起きた戦争ではありません。旧約聖書の世界とも全く異質のものです。私はゾロアスター教について前述しましたが、その影響があるのかもしれません。ここで私が重視したのは、「私は世界を滅亡させる強大なるカーラ（時間）である」の中に出てくる、「カーラ」（時間）なのです。時間こそが全てであると私は書き続けてきたのでした。カーラである聖バガヴァットは自分自身を次のように語っています。時間の本質とは何かを見事に語っています。

私は創造においては本初であり、終末であり、中間である。諸学においては、自己《アートマン》に関する知識である。私は語る者たちの言説である。

私は文字のうちの「ア」字である。合成語における並列複合語である。私はまさに不滅の時間《カーラ》である。私はあらゆる方角に顔を向けた配置者（創造者）である。

私は一切を奪い去る死である。生まれるべきものの源泉である。

私は「カーラ」（時間）を通して、聖バガヴァットの声を通して、本当の時間というものを知ったのでした。この聖典がインドで書かれた頃、ローマでは、死せるキリストが神になろうとしていたのでした。私はキリスト教もユダヤ教も憎悪の宗教であると書きました。憎悪ゆえに世界が乱れに乱れたのだと書きました。この聖典はその時代の波を受けとめたインドの聖者たちにより書かれたものと思います。次に引用する文章は、キリスト教とユダヤ教の信仰者について書いていると私には思われます。

阿修羅的な人は、（正しい）活動とその停止を知らない。彼らには、清浄さも、正しい行動様式も、真実も存在しない。

彼らは言う。――「世界は不真実であり、根底がなく、主宰神もない。相互関係によって生じないものが別にあるはずはない。だから欲望を原因とする。」

彼らはこの見解に依存し、自己を失い、小知であり、非常に残酷な行為をし、有害であり、世界を滅ぼすために出生する。

彼らは満たし難い欲望にふけり、偽善と慢心と酔いに満ち、迷妄のために誤った見解に固執し、不浄の信条を抱いて行動する。

彼らは、限りない、死ぬまで続く思惑にふけり、欲望の享受に没頭し、「これがすべてだ」と確信する。

彼らは幾百の希望の罠に縛られ、欲望と怒りに没頭し、欲望を享受するために、不正な手段によって富を蓄積しようと望む。

この文章は二千年前に書かれたものです。カーラ（時間）を知る人は、二千年後の世界を知りえることを私たちは知らなければなりません。それでは、どのような民族が世界を滅ぼそうとしているのでしょうか。歴史はヨーロッパ（特にイギリス）により、インドの民が長い間、奴隷とされたことを証明しています。文中の「貪欲に心乱された彼ら」とは、キリスト教とユダヤ教の国々の人々を指すと思われます。


貪欲に心乱された彼らが、一族を滅ぼす罪と、友を害する罪悪を、もし見ることがなくても、一族を滅ぼす罪をよく知る我々が、この罪悪を回避する道を知らないでよいはずはない。

一族の滅亡において、永遠なる一族の美徳《ダルマ》（義務）は滅びる。美徳が滅びる時、不徳《アダハマ》が一族を支配する。

不徳の支配により、一族の婦女たちが堕落する。婦女たちが堕落すれば、種姓《ヴァルナ》の混乱が生ずる。

このような混乱は、一族の破壊者と一族とを地獄に導く。というのは、彼らの祖先は、団子《ピンダ》と水の供養を受けられず、地獄に堕ちるから。


「一族」を広義に解釈すれば「地球上の人間たち」となります。私はこの聖典は人類滅亡のドラマを描いていると思っています。あえて、書くことにします。原子爆弾の投下さえも予言していると思っています。私はこれから、藤永茂の『ロバート・オッペンハイマー』から引用します。オッペンハイマーは「マンハッタン計画」（原子爆弾製造計画）の責任者でした。もちろんユダヤ人です。

原爆の理論段階から実験、製造段階まで、ごく一部の物理学者を除いてほとんどユダヤ人が関係しました。

オッペンハイマー自身は次のように回想する。「爆風が過ぎるのを待って壕の外に出た。それは実に荘厳の限りであった。世界は前と同じでないことを私たちは悟った。笑う人もいた。泣く人もいた。大部分の人はおし黙っていた。私はヒンズー教の聖典『バガヴァド・ギーター』の一行を思いおこした。王子はその責務をはたすべきであることを王子にわからせようとヴィシュヌは試みている。そして王子の心を打とうとして、ヴィシュヌはその千手の姿をとり、『今われは死となれり。世界の破壊者となれり』と言う。私たちはみな、何らかの形で、そうした思いを抱いたものと私は思う」。

オッペンハイマーの心に浮かんだ『バガヴァド・ギーター』の一行は安易に引用される。オッペンハイマーが原爆を完成し、自らが「死」そのものとなり、世界の破壊者となったことの自覚の表明として一般に受けとられている。

一九四五年七月十六日、アメリカのアラモゴードでプルトニウムによる世界最初の原爆実験があり、その様子を見てのオッペンハイマーの感想というわけです。それにしても、「それは実に荘厳の限りであった。世界が前と同じでないことを私たちは悟った……」とは、オッペンハイマーは異常な精神の持ち主といえます。しかし、オッペンハイマーが書いているごとく、「世界が前と同じでないこと」は事実なのです。私たちは、あのプルトニウムの実験で、全く異質の時間を持つにいたったのです。

私たち人間は、創造的想像力を働かせて、この世界を破壊せしめる思想を獲得しました。別の表現をすれば、破壊的想像力を同時に働かせることができたということです。詩人マラルメは友人のカザリス宛ての手紙（一八六六年三月）の中で、「私は仏教を知ることなしに、虚無に到達した」と書いています。マラルメは虚無に到達し、その果てに美を見出します。この年の六月のカザリス宛ての手紙の中で「虚無を見出した後で、僕は美を見出した。……僕が今、どんな清澄の高みに踏みこんだか、君にはとても想像できまい」と書いています。オッペンハイマーとマラルメの達した境地は、いかに非人間的な、グロテスクな境地であれ、彼らは美なるものを発見しているのです。井筒俊彦は『意識と本質』の中で書いています。彼とはマラルメです。

「美」——一切の経験的、現象的事物が夢まぼろしのごとく消え沈む虚無、「忘却」の向う側に、彼が見出したこの「美」こそ、彼にとって、普遍的「本質」永遠のイデア、の絶対美の実在領域だった。あらゆる生あるものの消滅する死の世界。だが、彼らは喚起した。常識的人間の目で見れば、死と絶滅以外の何ものでもありえないこの「美」の領域を、存在の永遠性の次元と彼は呼んだ。

原子爆弾は、あらゆる生あるものの消滅する死の世界そのものです。しかし、別の次元で見るならば、そこは「美」の領域だったのです。ピーター・グッドチャイルドは『ヒロシマを破壊させた男オッペンハイマー』の中で、イザトラ・ラビーの話を引用しています。

夜が明ける頃、彼はS一〇〇〇陣地から戻ってくるオッペンハイマーを見た。その雰囲気にラビーは再び鳥肌立った。薄明かりの中に見たオッペンハイマーは自信に満ち、成功に気をよくしている見知らぬ男だった。「あの時の彼の歩き方を私は決して忘れない」。ラビーは言う。「彼が車から降りてくる時の姿を」

私はあえて次のように主張します。「私たちの今までの時間と空間が、そして、私たちの心までもが、あの時間、一九四五年七月十六日、ニューメキシコ州アラモゴードで、午前五時二十九分四十五秒に、起爆回路のメインスイッチが入った瞬間に、「私たちの今まで続いていた時間」が空間とともに消えてしまったのです。それは別な表現をすれば、未来の時間は終末を確実に意味する方向に進みはじめたということなのです。W・L・ローレンスの『0《ゼロ》の暁』には一変した大地が次のように描かれています。

半径一マイル以内では、あらゆる生命が、動物、植物を問わず、絶滅したことが明らかになった。そこには一匹のガラガラ蛇の姿も、一片の草もなかった。四〇〇ヤードの半径内の砂は、緑色の硬玉に似たガラスのような物質に変っていた。八〇〇ヤードの距離にあった三二トンの鋼鉄塔は潰れてしまって、捩《ねじ》れて飴のようになっていた。「0《ゼロ》」の塔は完全に気化していた。数マイル離れて草を食んでいた羚羊《れいよう》の群は全く消え失せていた。かれらは、メキシコの砂漠の中で、最後の狂気の突進をしたものと信ぜられる。

風景が一変したのでした。私たち人間は「0《ゼロ》の塔」の周辺に生きて、「0の暁」のスイッチを持つ人間の奴隷と化しているのです。どのような事件が起ころうとも、私たちにそれを阻止する力がないのでしょうか。もう一度引用します。リチャード・ローズの『原爆から水爆へ』です。コロンビア大学の物理学者イザトラ・ラビーの観察した風景です。

突然、ものすごい閃光がひらめいた。それは私が、いや誰もが見たこともないような強烈に明るい光だった。それは爆発し、跳躍して、私たちを押しつけてつき進んだ。それは目だけでなく全身で感じる光景だった。それは永遠に続くように思われた。誰もが早く止むことを願っただろうが、実際には二秒間くらいしか続かなかった。ようやく爆発が終わり、閃光が弱まってきた。私たちは爆弾があった場所に目を向けた。そこに見えたのは巨大な火の球だった。そ

ロバート・オッペンハイマー（1904－1967）

ニューメキシコ州アラモゴード、一九四五年七月十六日

実験に使用されたプルトニウム型原子爆弾

れはずんずん大きくなり、大きくなるにつれて回転した。黄色い閃光を放ちながら空中に昇り、真紅となり、緑色に変わった。それは脅威に満ちていた。こちらに向かってくるように思われた。

新しい事態が今まさに誕生したのだ。新しい支配力、人類の新しい関係が。人間は自然を制して、これを手に入れたのだ。

最後の「新しい事態が今まさに誕生したのだ」に注目してください。原爆を持つことにより、新しい支配力が誕生したのでした。この新しい支配力は誰の手に渡ったのでしょうか。私は、若き世界王、ビクターの手に渡ったと認識しています。彼は「マンハッタン計画」が実施されるのを見越して、イギリスの空軍機を乗り回し、カナダの山林にウラン鉱を発見し、山林の開発権を手に入れます。二十一世紀の今、世界中のウラン鉱山の八〇パーセントがロスチャイルドとその一味の手中にあります。このことが、原爆開発でいち早く成功への道のりを推し進めてきたビクターが、新しい支配者として第二次大戦後に登場したという理由なのです。私たちは気づいていないけれども、異次元が現実となったのです。

私たちは、原子爆弾を恐怖とともに想像するけれども、ビクターとその一味にとっては、原子爆弾とはたんに一つの事物を意味する言葉ではありません。彼らにとって原爆とは、彼らの神が創ったとする宇宙創造にも比すべき創造なのです。彼らは時間と空間を破壊することにより、今までに存在しなかった、より根元的なものを手に入れたのでした。それは、世界をコントロールする権力です。

『バガヴァッド・ギーター』に、ビクターとおぼしき人物が描かれています。

私は今日これを得た。私はこの願望を達成するであろう。この財産は私のものだ。この財産もまた私のものとなろう。

私はあの敵を倒した。他の敵も倒してやろう。私は支配者である。享受者である。私は成功し、有力者で、幸福である。

私は富み、高貴な生れである。他の誰が私に匹敵するか。私は祭祀を行おう。布施をしよう。大いに楽しもう。

まさに若き世界王ビクターその人の描写ではないのでしょうか。そして、こうした人物に対し、聖バガヴァットは次のように言い放つのです。「憎悪する彼らは、残酷で最低の人であり、不浄である。私は彼らを、輪廻において彼らは阿修羅的な胎に入り、生れるごとに迷妄に陥り、私に達することができず、それから最低の帰趨につく。欲望、怒り、貪欲、これらは自己を破滅させる、三種の地獄の門である。それゆえ、この三つを捨てるべきである」

私たちは、原子爆弾がこの世に出現し、広島と長崎に落された後に、三種の地獄の門の出現をユダヤ人たちにより見せつけられたのです。その三つの門とは、欲望、怒り、そして貪欲です。気づいたでしょうか。時空が爆発し、心が爆発し、憎悪すべき彼らを羨望の眼差《まなざ》しで見つめるようになったのです。

どうして彼らが羨望の的となっていったのでしょうか。私たちの心は絶え間なく揺れ動いています。私たちの感覚や知覚というものが絶えずいろんな対象を追い求めています。そうして欲望が走りだします。想念が渦巻きます。私たちは憎悪すべき原爆に対し、憎悪の心を持たない方向へと向かわされました。私たちの心の中に、阿修羅的なものが入りこんできました。私は書きました——三種の地獄の門——の中へと、ビクターを筆頭とするユダヤ国際金融家たちとともに入っていったのです。寄せては返す波のように、彼らの情報の波に呑み込まれたのです。私たちは原子爆弾の恐怖をとおして緊張した意識を持ちます。しかし、その緊張も一定の時間を保てただけです。

あの原爆の投下となった「0《ゼロ》」の場面に今一度返ってみようではありませんか。複雑な因果の糸をたぐりよせて、原爆という存在にいたった因果律大系にいま一度挑戦してみようではありませんか。私は偶然なるものを否定します。原爆の誕生は一つの例外もない世界から誕生しました。

## 世界平和・世界政府論と終末時間について

原子爆弾が可能であるとする思想の出発点は、アルベルト・アインシュタインが一九〇五年に、「$E=mc^2$」という方程式を発表したときに始まるという説は正しいと思います。「E」はエネルギーです。「m」は質量、「c」は光速です。この方程式の意味するところは、「エネルギーと質量は、質量に光速の二乗を掛けたものとエネルギーが等しくなるという関係で、互いに変換可能である」ということです。これ以上の説明をする能力を私は持たないので、少しだけの説明で終わりとします。要するに、質量の中にはある特殊なものがあり、それに光速を加えると、エネルギーが発生するということです。

この方程式は一九〇五年六月に、「アナレン・デア・フィジーグ」という科学雑誌に投稿されたアインシュタインの重要な科学論文の一つ、「運動する物体の電気力学について」の中で見出されました。この中で彼は光速は一定で、絶対的な静止などは存在しないとする相対性原理を世に問うたのでした。この論文の中で「質量とエネルギーの等価値」という概念が記述されていました。また、アインシュタインは従来から使用されていた光速記号「v」を使うのをやめ、「c」に切り換えました。彼の結論は「ある物理系の慣性質量とエネルギーは、同種のもののように見える」ということです。これが原子爆弾の可能性の出発点となったのでした。
「元々の原子の質量が、ラジウムの場合よりもはるかに高い割合で、さまざまな種類の放射線のエネルギーに変換されるような放射プロセスが発見されるかもしれない」と彼は論文の中に書き添えました。

アインシュタインの方程式から六年後、原子核が発見されます。そして一九三二年、質量＝エネルギーの等価原理が実際に使えるようになりました。その一つが、イギリスの物理学者ジェームズ・チャドウィックが中性子を発見したことでした。もう一つは、やはりイギリスの物理学者ジョン・コックロフトとアーネスト・ウォールトンが行なった、リチウム原子核と陽子をぶつけて核変換を起こした実験でした。この実験で、正味の質量が減少した一方、エネルギーが増加していることがわかったのでした。これは、アインシュタインの質量＝エネルギー等価を示す方程式の正しさが証明されたということです。これ以降の原子爆弾製造に至る過程はすべて省略します。ただ一つだけ付け加えねばならないことがあります。それはアインシュタインをはじめ、原子爆弾製造に加わった物理学者のほとんどがユダヤ人であるということです。

この疑問を追っていくと、ユダヤ人とはいったいどんな人間なのかという謎を追うことになります。アインシュタインとは何者なのでしょうか。私はアインシュタインに関する本をたくさん読んできました。私の拙著『原爆の秘密（国外篇）』の中でもアインシュタインについて書きました。ここでは、アインシュタインの心の中はどうなっているのかを記すことにします。

しかし、アインシュタインを書く前にもう一度、若き世界王ビクターがどのように原子爆弾製造にかかわっていたかを書く必要がありそうです。アインシュタインをよく知るために。

若き日のビクターはケンブリッジの「使徒会」の一員として、ソ連物理学者のピョートル・カピッツァと出会います。彼はラザフォードの研究所で働いていました。カピッツァはビクターと親しくなり、ロシアに帰国後も連絡をとり合います。ロスチャイルド家の第三代当主となってから三年目、ビクターはMI5に入り、商業防諜を担当します。彼はまた、イギリス国防科学技術研究所でも重要な役職に就きました。この研究所では生物兵器の研究をしました。ここで米陸軍のデータを収集し、KGB経由で、大量の秘密データをソ連に流します。

ソ連を創ったのがロスチャイルドとその一味のユダヤ国際金融家たちだったことを思い出してください。ビクターはソ連というネバーランドの国を強国に育て上げなければならなかったのです。イギリスの科学者たちが原子爆弾の可能性を模索していることを知ったビクターは、生物兵器よりも核兵器のほうがより兵器としての価値があることを知ります。第二次大戦の前、フランスのパリでハルパン、コフルスキーの研究チームが、コロンビア大学でフェルミのチームとシラードのチームが、ウランの核分裂によってエネルギーをゆっくりと取り出す方法（原子炉による）と爆発的に放出させる方法を発見します。フランスのチームは一九三九年五月にこの二つの方法の特許を申請しました。

ビクターはこのことを知ると、前述したように、ＭＩ５の軍用機で世界中のウランの買い付けに奔走《ほんそう》します。原子爆弾製造の主導権を獲得すべく動くのです。

ビクターはチャーチル首相に核兵器の重要性を説きます。そしてチャーチルに核兵器の研究チームをつくらせ、その本部をロスチャイルドが経営する帝国化学工業ＩＣＩに置くのです。ここから「チューブ・アロイズ」のコードネームを持つ委員会の誕生となります。ビクターがチャーチルを説得することがなかったら、原子爆弾は実現しなかったということです。なぜなら、原子爆弾製造に入ろうとしたとき、すでに第二次大戦が始まっていたからです。ビクターが本当の意味での「原子爆弾の父」だったのです。ビクターは原子爆弾製造には多額の金が要ることを知り、技術を提供し、アメリカにこれを受け入れさせることにします。そのために、アメリカに亡命しているアインシュタインが利用されることになったのでした。

あの原子爆弾の初期開発当時、世界で、核兵器についていちばんよく知っていた男はビクターでした。ビクターはアインシュタインをしてルーズベルト大統領に書簡を送らせ、アメリカを原子爆弾製造の拠点にしようと考えました。その結果、考え出されたのが「アインシュタイン書簡」です。その中で、アインシュタインは、アメリカ政府はウラン鉱の獲得のために積極的な努力を開始すること、ウラン連鎖反応の実験研究に対して政府機関と担当者は政府への勧告、資金、設備の援助を進めること……を要求しています。どうしてでしょうか？　アインシュタインは「敵国ドイツがウラン研究を進めている」からと言っています。「ドイツが原子爆弾をつくり、恐怖の時がやってくる」というものでした。

しかし現実にはドイツはまだ研究段階であり、ヒトラーの命令によりウランを集めることすらしていませんでした。アインシュタインは後に「わが生涯ただ一つの誤り」と友人に手紙を出していますが。しかし、アインシュタインはビクターに利用され続けられます。アインシュタインの方程式により、原子爆弾の理論的可能性が高まりました。また彼はアメリカを原子爆弾製造へと導いた物理学者たちのリーダーでもありました。戦後、彼は「原爆を廃絶せよ」と叫びます。ナチス軍事政権を倒すためという言葉は今日でも生きています。しかし、ナチスを強大化したのは、ロスチャイルドとその一味が、特にアメリカの金融資本家たちが、ロスチャイルドと強力な組織をつくり上げて援助したからでした。第二次大戦が始まって二年ほどで、ナチス軍事政権はいつでも崩壊しうる状況にありました。それがどうして終戦は一九四五年まで延びたのでしょうか。その一つの理由は、原子爆弾の製造が予定よりも遅れたからでした。最初からドイツは原爆投下の目標ではなく、それは日本でした。どうしてでしょうか。ドイツにキリスト教徒とユダヤ教徒がいるからでした。

私は原爆投下後のアインシュタインの動きを追ってみようと思います。

アインシュタインは一九四七年に、「国連総会への公開状」を世に問います。
（一）原子力エネルギーの解放は革命的な世界の創造である。新しい世界は国家を超えねばならない。原爆をなくすためには、国家を超えた形の立法と行政の力が与えられた世界政府を持たねばならない。
（二）原爆の管理は世界政府にゆだねるべきである。世界の安全保障は世界政府にゆだねるべきである。
（三）現在の国連は世界政府を目標にして改組しなければならない。総会の権威を最高のものとし、常時開会し、安全保障理事会をそれに従属させ、拒否権制を止め、代表方式を政府任命から諸国民の直接投票制にせよ。

これは長い論文ですので、右のように簡略に記しました。当時、世界中の多くの新聞紙上で詳しく紹介され、平和の使徒としてアインシュタインはもてはやされました。今日でも、特に物理学者たちは、この長論文を持ち上げています。しかし、これは人類の役に立つ提案なのでしょうか。

私はアインシュタインがビクターとその仲間たちの意向を受け入れて、この論文を発表したものと思っています。ビクターとその仲間である「ケンブリッジ使徒会」は、戦後もソ連に原爆情報、その製造のためのウラニウム、製造機械等を与え続けていました。どうしてでしょうか。前に引用した『通貨戦争』の中で宋鴻兵は「ビクターがソ連に原爆情報を流し続けたのは、一九四七年にパレスチナでのイスラエル建国をソ連に支持させるため」であったと記しています。私はこの説に反対です。それはほんの一原因にすぎません。最大の原因は、ソ連を核保有の大国に仕上げ、冷戦を行なわせるためだったと理解しています。冷戦下で、アメリカとソ連の国力を消耗させ、未来に世界統一政府をつくるためである、とします。どうしてなのか、という問いへの答えが、この「アインシュタイン書簡」に書かれているからです。

アインシュタインは原爆投下という世界最大の犯罪を隠すために、世界政府という構想をビクターとその一味である国際ユダヤ資本家たちから与えられたのです。換言すれば「罪隠し」が世界政府論となったのです。

私はここで、私の立場を明確にしようと思います。世界政府論を唱える人々は、例外なくユダヤ人とその傀儡《かいらい》であるということです。この世界政府論ないし世界統一論ほど、世にも恐ろしい思想はありません。この思想は、タルムード思想そのものだからです。ユダヤ人以外はゴイム（家畜）なのだから、これを支配するのはユダヤ人の権利である、という思想から生まれたものです。偽書といわれている『シオンの議定書』の中にも明記されています。アインシュタインはビクターの仲間であることが、この長論文から判明します。また、彼のこの論文から分かることは、国連が世界政府を目指す連中のためにつくられ、利用されてきたということです。一つの方程式、それも、原爆を生むための方程式を作った男が、格別の厚遇を世界から受けること自体が異常なのです。

このアインシュタインの長論文に対し、ソ連側から「独立国家の主権の放棄は資本主義国家への従属である」との反対意見が出ました。当然です。ビクターはそれを承知でアインシュタインを利用しました。ビクターはソ連側を次のように脅したにちがいないのです。「原爆製造を急がないと、ソ連を世界政府の従属国家にするぞ」

アインシュタインは世界平和の使徒として利用されていきます。ロシアはビクターの協力があり、原爆そして水素爆弾をも持つようになります。ソ連の国民は食べる物さえなく苦しみます。金とダイヤモンドをロスチャイルド一族に売り、ドルを得て、大量の核兵器づくりに入っていきます。

さて、ここで登場するのが、もう一人の「ケンブリッジ使徒会」の有力メンバーであり、ビクターの師の一人であるバートランド・ラッセルです。ケインズが一九四六年に亡くなった後（ケインズは次章で再登場させます）、バートランド・ラッセルがビクターの有力な協力者となっていきます。彼はいち早く原爆に注目します。ビクターは両面作戦を使います。ヘーゲル哲学の悪用です。ラッセルは第二次大戦中は原爆使用を肯定する一派でした。しかし、大戦後からは一変し、「原爆の出現はあらゆることの再吟味を必要とする。私はこれほど前途を暗く感じたことはない」と調子のいいことを言い続けました。彼は一九四五年にイギリス上院で「このままの状態で進めば水素爆弾がまもなく実用化されるであろう」と発言しました。

水素爆弾という言葉さえまだないときに、どうしてラッセルはこの事実を知っていたのでしょうか。彼はビクターに頼まれて、上院（ビクターは上院議員です）で未来を予言してみせたのです。彼はビクターの力添えを得て、アメリカで社会主義を説いた哲学者です。ケインズと同じような権威に頼らなければ、有名になれない男でした。彼はビクターの希望を素直に受け入れ、一九五一年に『変りゆく世界の新しい希望』を出版します。「現代の社会は、だれも欲しない戦争の方向に押し流されている……」とまたもや調子のよいことを書いていきます。ラッセルは一九五四年十二月にイギリスの放送を通じて原水爆の禁止を世界中に訴えました。

「私は一個の人間として同胞に訴える——あなたがたの人間性を想起し、それ以外のことは全部忘れなさい。そうすることができれば新しい楽園への道が開かれる。できなければ、その前途には全人類の死があるだけだ」

さて、ラッセルとアインシュタインは一九五五年八月、パグウォッシュ（カナダ）に科学者たちと集まり、「宣言」を発表します。「パグウォッシュ宣言」と一般にいわれているものです。また、「ラッセル＝アインシュタイン宣言」とも呼ばれます。この宣言に賛成した科学者の中に湯川秀樹がいました。

「将来の世界戦争では必ず核兵器が使用されるであろう。世界の諸政府に対して、彼らの目的が核戦争によって促進されないことを自覚し、このことを公然と認めることを勧告する」

アインシュタインもラッセルも世界統一政府を望みました。この宣言が出た年にアインシュタインは死にます。パグウォッシュ会議は続けられます。では、この会議とはだれにより開かれたのかを見てみましょう。世界の閉ざされた秘密の扉がまた一つ開くのです。

このパグウォッシュ会議は、サイラス・イートンの経営するパグウォッシュという名のホテルで開かれました。会議に必要な金はイートンとイートンの背後にいるユダヤ国際金融家のメンバーが出しました。イートンはジョン・D・ロックフェラーに雇われ、日給七ドルの雑用係を出発点として出世した人物です。イートンはソヴィエト連邦の中に入っていき、ロスチャイルドとロックフェラーの両財団の力添えで富を成していきました。一九三九年のスターリン・ヒトラー協定を真っ先に擁護した人物でもあります。朝鮮戦争、ベトナム戦争のとき、ソ連経由で武器を売って大金を稼ぎました。その背景にはロスチャイルド、すなわち、ビクターがいたということになります。

ビクターは何を狙っていたのでしょうか。彼は原子爆弾、のちに水素爆弾という核兵器競争をアメリカとソ連に競わせることで恐怖を演出し、この恐怖を逆手にとって、アインシュタインやラッセルを操り、世界統一政府による核管理という形での平和の演出を狙っていたのです。アインシュタインやラッセルはそれを百も承知で平和主義者の役割を演じ続けたというわけです。日本の物理学者湯川秀樹もノーベル物理学賞を貰い受け、世界連邦主義者となり、パグウォッシュ平和会議から生涯にわたり大量の資金を受け取って、平和主義、世界連邦主義を唱えました。

私はここで一つのことを再び明確にします。「平和」を語る人間には特に気をつけよ、と。「自由、平等、博愛」がいと恐ろしきスローガンであったように、「平和」「世界政府」もいと恐ろしき言葉である、と。

ラッセルは第二次大戦直後の数年間、「ソヴィエトに原爆を落とせ」と叫んでいました。そして、ソヴィエトが原爆を持った後には、「もし共産主義者が核武装解除への管理案に同意しない場合、その結果、全世界が共産主義者の支配下に置かれようとも、私は一方的な核武装解除に賛成する」とジョーゼフ・オルソップとの会談で語っています。彼は生涯において、共産主義者の仮面を被った「ゆるやかな共産主義者＝社会主義者」でした。そして、何よりもビクターのために生涯をささげた

アルベルト・アインシュタイン（1879－1955）

バートランド・ラッセル（1872－1970）

哲学者でした。だからこそ、この凡庸な哲学者は一九五〇年にノーベル文学賞を授与されたのです。誰にでしょうか？　ノーベル賞の選考委員のほとんどが、ユダヤ国際資本家か、その息のかかった連中であることが何よりの証しではないでしょうか。

あのラッセルの「共産主義下に置かれても……」の発言に対して、「コミュニズムの軍門に降《くだ》ったラッセル」という評も出ました。ラッセルは巧妙にも「生存か死滅か」を問うたのです。私たちは、ラッセルの思想に、ケインズの思想と同じように騙《だま》されています。ケインズもラッセルも、経済学と哲学の立場を超えて、世界政府樹立のために働きました。ラッセルの主張はアインシュタインが唱えたものと同一です。「科学が進歩し続ける社会にあっては、平和の安定のために全世界は単一の政府を持ち、しかも、その政府は軍事力を独占する必要がある」というものです。

はたして、世界政府なくして世界に平和はやってこないのでしょうか。私はどうしても、この思想の背後に、若き世界王ビクター・ロスチャイルドを連想するのです。ラッセルはパグウォッシュ会議のリーダーになります。その会議に要する金の出所を秘したままに、世界中で「世界連邦大会」が開かれていきます。多くの物理学者、平和主義者、社会主義者……たちが世界中の会議に集結し、「世界に単一の政府を」と唱えます。しかし、この連中は考えなかったのでしょうか。この会議に要する費用がどこから出ているのかを。

一九六七年一月十六日、ニューヨーク・タイムズに「イートンは赤との取引に活を入れるため、ロックフェラー家と結ぶ」との見出しの記事が出ました。ロックフェラーがコントロールする「国際基礎協力機構（ＩＢＥＣ）」とイートン家が、ソ連邦を含めた鉄のカーテンの諸国との取引を促進することになった、との記事でした。一九六九年十月二十日、ロンドンのＮ・Ｍ・ロスチャイルド・アンド・サンズ社が、このＩＢＥＣに加わりました。ベトナム戦争のために、ソ連経由で大量の兵器が「非戦略」品目として流れていきました。イートン、ロックフェラー、そしてビクターが経営するＮ・Ｍ・ロスチャイルド・アンド・サンズ社に大きな利益がもたらされました。その金の一部がイートン財団を通してパグウォッシュ会議に使われて、「世界連邦をつくれ」とのスローガンが世界中に溢れるのでした。一九九五年度のノーベル平和賞は「パグウォッシュ会議」に授与されました。

この項の最後に、斎藤文一の『アインシュタインと銀河鉄道の夜』から引用します。彼は物理学者です。

「心の爆発」

これは他者の爆発といってもよい。あるいは神の爆発といってもよいだろう。神の爆発？　そうなのだ。この世にはさまざまな神があるのだが、この一万年紀、あらゆる神はゆらぎにゆらいだのだ。ほとんど爆発したのだ。

人間の心は、始めは個人や家族の中によりどころがあったが、それが、地域、民族、国家、人類、そして宇宙へと開かれねばならないことになった。あっという間のことだ。間にあうもあわないもない。個人がいきなり「巨大な他者」に直面する。経験の拡大などといって済ませられるものではない。まったく。この情況が心の爆発なのだ。

ここでつけ加えておきたい。「巨大な他者」のことだが、このものは当初、われわれの前に仮面をかぶってあらわれたのであった。だが、それだけならまだいい。やがて、どこにいるのか顔もみせない。どころか、顔がない！

そこで宗教の出番である。この一万年紀、ゆるぎない神が求めつづけられた、とも思う。普遍的な愛とか合理性を本質にした神である。「宇宙的宗教」なるものが取り沙汰されたが、しかしうまくすすんでいるようには見えない。

二十世紀、心の爆発は極限に達した。みな地獄を見たのだ。しかし、なぜそれを許したのか。それをくい止める手筈は出来ているのかといえば、確かなことはいえない。そんなことで宇宙を相手にやって行けるだろうか。

「巨大な他者」「顔がない他者」に向かって私は書き続けています。心が爆発したのに、どうして、読者よ、あなたは行動に出ないのですか。たとえ、ロシアン・ルーレット（回転式拳銃の弾倉に一個だけ弾丸をこめて引き金をひくゲーム）で装填数分の一の確率で死のうとも、顔のない、巨大な他者の仮面に向かって私は挑戦をつづけようと思っています。

[第九章]

# ケインズ経済学は世界権力が創作した「時間差経済学」である

# 球面的時間、「開闢《かいびゃく》」とは何かを知るべし

私はここで二人の日本人について紹介がてら、彼らの本を引用しようと思います。一人は仲小路《なかしょうじ》彰《あきら》です。彼の『未来学原論』（一九六八年）です。仲小路は時間についてこう書いています。

真の時間は、始めと終りとをもつ両極の中に段階的、螺旋的に推移してゆくものとして捉えたり、山の流れの如く表象化する地平的時間としてあるものではない。これを地球的時間としてみるならば、時間は地球の場に統一された、表象的には地球をつつむものとしての球面的時間であり、過去・現在・未来は球面的時間として地球の球体的場に統一され、過去は消え去った時間ではなく、未来もまた来らざる時間ではなく、この場に、始めなく終りなく統一されている。この地球の場は光の場として、光の根源生成の相にある純粋存在にあって、時間は純粋時間となり、その純粋時間に光と生命の根源的生成が行われるのであり、この純粋時間において過去・現在・未来の生成的・創造的統一がなされるのである。

歴史とは、単なる死せる過去、或はその直線的延長としての地平的時間にあるものではなく、球面的時間として、地球空間との統一における地球の場の球面的時間として把握されねばなら

ない。

私は、ヨーロッパの哲学者たちが考えた時間論を書いてきましたが、仲小路彰のような時間論、そして歴史論を見ることはできませんでした。仲小路の時間論は非常に美しいものだと思います。円環的時間論は宇宙的時間論ですが、それとも異質です。彼は、絶対時間とは「もとよりそこに宇宙的時間を内包するものであるが、その時間は、自然的、歴史的地平に流れる時間でなく、過去・現在・未来が、球体の時間としてあり、空間と統一されつつ、表象的には空間的、球体的転回としてみとめられるのである」とも書いています。彼の歴史観を知るために、以下に引用します。

歴史とは、地球空間（地球の場）に積重ねられた時間の厚い層が生命的に昇華されて現在に生きているものであり、過去・現在・未来の生ける同時存在である。過去の歴史の光は、現在の生成力として内在し、未来と交響するのであり、歴史創造とは、永遠の歴史の光と生命を内在しつつ、すでに現実にある未来を現在化することに他ならず、過去・現在より因果律的に未来に入るのではなく、純粋存在における純粋時間にある未来より逆視的に透視しつつ、過去・現在と同時存在する未来を現在化する創造である。

私は仲小路彰と同じ歴史観をもってこの本を書き続けています。過去は暗いものです。しかし、その中にも歴史の光は現在の生成力を生み出しています。私は純粋時間から未来を逆視しつつ、この本を書き続けていくつもりです。

もう一人の日本人は馬野周二《うまのしゅうじ》です。彼の著書、『「栄枯盛衰」の科学』（一九八六年）から引用しますが、文中に「開闢《かいびゃく》」との言葉が出てきます。「開」も「闢」も「開く」の意です。天地のひらきはじめ、世のはじまりのことです。開闢以来の大事件などとして使用されます。

古代以来の日本的世界観は円環的であり、直線観想である進歩ないし進化の観念は見いだせない。しかし変化はある。しかも、一時的でとらえて変化と見えても、それはいずれ回帰する一局面にすぎないと観想する。そうすると世界は定常状態の円運動となり、根本的発展は封止される。

古神道は生々発展する思想であるから、これでは矛盾する。進化、進歩は、日本的世界ではこうなるのか。

そこに用意されているのが〈開闢〉という概念である。これは突然変異に近いともいえるが、ある有限の時間内に跳躍が起こり、以後はそれをベースにして再び円環運動が続く。この跳躍が世に進化と変化をもたらす。

この開闢は何によって起こるのか。今の私にはその起因はわからない。強いていえば神意でもあり、物理的にいえば系に与えられた擾乱《じょうらん》ということになる。おそらくそれは天体的な作用によるものであろう。

馬野周二は「始源文明の精神面を、包括的にもっとよく保存している日本の古代伝承によれば、人間は円環的な作動の場の中におり、地球外の何らかのインパルスによって、開闢を繰り返しつつ段階的、断続的に進化し、進歩していることである」とも書いています。彼は「地球外の何らかのインパルス」については太陽よりも月を挙げ、太陰暦の重要性を説いています。

馬野周二も仲小路彰も古神道を信仰しています。私も古神道を信仰しています。日本の悲劇は、古神道の世界を否定し、多くの神々を殺したことにあると思っています。だから危機の時を迎えても「開闢」の時を持ちえないのです。あまりにも、ユダヤ教とキリスト教のあの憎悪の宗教にやられっぱなしです。私はもう一度、ヨーロッパとアメリカに引き返し、時間と空間と、そして何より心がどうして爆発したのか、の原点に立ち、その後の歴史を見ようと思います。

イリヤ・ブリゴジンという化学者がいます。一九七七年に散逸系の研究によってノーベル化学賞を受賞しています。散逸系とは、一度混乱したものは決して均衡状態にならず、さまざまな状態の間を往ったり来たりする化学物質の異常な混合状態のことを意味します。ブリゴジンは化学者ですが、時間について、物理学的「時間」についても述べています。彼は現実の世界は逆行しないという特性を最終的に正当付ける、という理論を展開しました。『混沌からの秩序』という本で、そのことを書いています。「あらゆる構造は、時間の方向に、つまり、逆行しない時間が元になっている。そして、時間の矢こそ、宇宙の構造の非常に大切な要素になっている」と主張しています。

ブリゴジンはまた、「私たちは、時の父ではない。時の子供なのだ。私たちは進化を経てきた。私たちは進化のパターンを、あらゆる説明の根拠に取り入れるべきなのだ。私たちが必要としているのは、物理学のダーウィン的考察、物理学の進化論的考察、物理学の生物学的考察なのだ」とも書いています。彼によれば「科学は進化し続けている。時間の矢によって進化しないものは何もない」ということになります。彼の理論がノーベル賞を受ける理由になったのは、科学は進歩、進化のためになるから一切の非難をするなという理由によるものではないでしょうか。

原爆投下を非難する声は科学者の間から消えていきます。そして、原爆が世界の平和に役立つという思想が広まっていきました。そしていつしか、原爆問題が平和問題に、前述したように変化しました。ビクター・ロスチャイルドが背後から操ったパグウォッシュ会議が世界統一政府を唯一のスローガンとするようになったのでした。

私はもう一度、ケインズについて書こうと思います。ケインズほど二十世紀、そして二十一世紀を大きく動かした経済学者はいないからです。晩年のケインズに的を絞ろうと思います。彼は一九四一年夏の初めにアメリカを訪れます。一九四一年三月、アメリカはレンド・リース(武器貸与法）をイギリスに適用します。これはチャーチル首相（背後にビクター・ロスチャイルドがいて）がルーズベルトを説得して法律化させたものです。アメリカはこの法でイギリスを援助します。そしてイギリスに見返りを求めました。

ケインズは、チャーチル首相の特使としてアメリカと交渉しました。彼はアメリカ側の要求（英国ポンドを貿易決済に用いる諸国＝スターリング地域の開放、通商上の無差別主義の導入）を受け入れざるをえませんでした。この後、ＩＭＦ協定のために、ケインズはアメリカでの生活が長くなります。ケインズはイギリスの帝国特恵を守ろうと努めますが思うようにいかず、敗北感を持ち続けます。ＩＭＦ（国際通貨基金）については書くべき内容が多いのですが書かないことにします。ここで、米倉茂の『落日の肖像——ケインズ』からあるエピソードを引用しようと思います。ケインズは、ブレトン・ウッズ会議の最終会議（一九四四年七月二十五日）が終わった後の八月九日付で同僚のロバートソン宛てに「国際通貨基金に関する覚書」を送ります。

覚書の題名、副題に示されるとおり、ロバートソンの冗談は秀逸であり、「常識語」で解説するあたり、ケインズに対する優越感の現われであり、「ラビニックス」もケインズがよく引き合いにした「タルムード」（ユダヤの律法学習書）に引っかけている。ケインズがホワイトの安定基金案を「タルムード」と言ったり、その有能な部下のバーンスタインにかなりてこずった時の悪夢を思い出させる悪い冗談である。ケインズはバーンスタインのことを次の様に叙述する（1943年10月3日）。

「バーンスタインは常任の小人のラビです。ハリー（ホワイト）の壮大なラビ王国に属し、タルムードの祈祷を読むことができる地位の人物です。彼は非常に聡明でまた相当にすごい人物ですが、自分の考えをひねくり回すこと以外は何も知りません」、「こいつは彼のゲットーのありとあらゆる裏切り者が動き回るのを知っており、われわれと世界の王道を歩む王に説得しても言うことを聞くようなやつではありません」

これは、ひどい反ユダヤ主義に満ちており、バーンスタインが不快に思うのも当然である。彼が自分をこのように評されたことを知ったのはケインズ全集第25巻が発刊された時のことである（1980年）。

私がこのケインズのエピソードを特に引用した理由は、ケインズが反ユダヤ感情を持っていたということを知っていただくためです。彼はユダヤ人を嫌っていました。しかし、ビクター・ロスチャイルドの影響を大きく心の中に秘めていました。あのチャーチルも若いころは、反ユダヤの感情を隠すことがありませんでした。しかし、ロスチャイルドの庇護《ひご》を受けてからは死ぬまで反ユダヤ的発言は一切していないのです。

ケインズは、第二次大戦が始まると、対米交渉を一手に引き受けるようになっていきます。そして、この反ユダヤの手紙を書いた一九四三年から三年後にアメリカとの交渉に疲れて病気となり、死にます。ケインズもチャーチルも、ビクター・ロスチャイルドに操られた黒い犬としての生涯を終えるのです。しかし、『雇用・利子・および貨幣の一般理論』の最終章の文章、「権力の座にあって天声を聞くと称する狂人たちも、数年前のある三文学者から彼らの気違いじみた考えを引き出しているのである」の中で、ケインズは自らを三文学者にたとえ、権力の座にある者をビクター・ロスチャイルドにたとえていると私は思うのです。ビクターとその仲間たちは「天声を聞くと称する狂人たち」だとケインズは言いたいのでしょう。

「こいつは彼のゲットーのありとあらゆる裏切り者が動き回るのを知っており、われわれと世界の王道を歩む王に説得しても言うことを聞くようなやつではありません」とは、なんという反ユダヤ的な表現でしょうか。世界の王道を歩む王とは、反ユダヤ的な王と全く異質な王でしょう。ケインズは、ハリー・デクスター・ホワイトがユダヤ人であり、ソ連のスパイであることも知っていたのでしょう。ホワイトはビクター・ロスチャイルドがルーズベルトを説得し、ホワイトハウスに送りこんだエージェントでした。ＩＭＦ（国際通貨基金）は、イギリスの期待通りにはならなかったけれど、アメリカの富をユダヤ国際金融勢力が奪うのに実に役立ったのでした。第二次大戦後、アメリカだけが唯一の債権国となり、大戦に勝利したイギリスもフランスも債務国となりました。ビクター・ロスチャイルドはケインズを使い殺したのでした。

このケインズの生きざまに見えてくるのは、ユダヤ国際金融勢力に使われている人間でも、心の中は反ユダヤだということです。ケインズもチャーチルも、それを百も承知でユダヤのゴイム（家畜）になったのでした。米倉茂は『落日の肖像』の最後に「ケインズの悲劇」について書いています。それはまさしくイギリスの悲劇でした。「第二次大戦を終えて新たな試練に直面した大英帝国を体現していたのがケインズだろう」と米倉茂は書いています。イギリスは戦時中に抱えることになった膨大なスターリング残高債務が重くのしかかり、自由貿易ができなくなり、統制経済をしつつ、アメリカの援助を受け続けることになります。私は拙著『20世紀のファウスト』の中でイギリスの第二次大戦への参加と、戦争がどうして長引いたのかを描きました。あの戦争はユダヤが背後にいました。

ルーズベルト、チャーチル、スターリン、ヒトラー……これらの戦争指導者全部にユダヤの血が流れていました。チャーチルは反ユダヤ思想の持ち主でしたが、母親がユダヤ人でした。イギリスはユダヤに、そうです、ビクター・ロスチャイルドの奸計にはまり、戦争へと突き進みました。戦争にいちばん必要なものは貨幣です。私たちは、失業をなくすための新しい経済学を確立したという面からのみ、ケインズを、ケインズ経済学を見るように飼い馴らされています。しかし、真実は、いかにして国家を財政赤字の事態に持ち込むかというのが、ユダヤ国際金融勢力の狙いであり、ケインズはそのことを知りつつ利用されたのでした。

第二次大戦後、朝鮮戦争、ベトナム戦争と続きますが、この両戦争の背後にもビクター・ロスチャイルドがいました。J・F・ケネディ大統領は国家財政の赤字化を防ぐためにアメリカ財務省にドル紙幣を発行させようとして暗殺されます。この暗殺にもビクター・ロスチャイルドがからんでいました。リチャード・ニクソン大統領もケネディ大統領と同じ方法でアメリカの財政赤字を解消しようとしましたが、ヘンリー・キッシンジャー補佐官の罠にはまり、大統領職を任期途中で去らねばならなくなりました。やはり、ビクター・ロスチャイルドとユダヤ国際金融勢力が、ニクソン追放劇となったウォーターゲート事件を操りました。ケネディとジョンソン、そしてニクソンの三代の大統領の時代に渡り、ケインズ経済学の人気が高まりました。政府が、戦争に、事業に直接介入したからでした。ハーバード大学がその中心でした。

ケネディは経済を拡張しました。そのために連邦政府は補償政策をとりました。また消費者と企業に対する減税を実行しました。それは、経済を刺激する上で適切な処置であるとしました。消費は伸び、企業は潤いました。失業率の暫定目標を四パーセントとしました。しかし、目標は達せられませんでした。失業率が下がったのはベトナム戦争に介入してからでした。適正なインフレが失業率を下降させるようになりました。この結果として、アメリカは国家財政の赤字化が急速に進みました。

一九六五年、年末最終号の「タイム」誌の表紙を飾ったのはジョン・メイナード・ケインズでした。「タイム」はケインズを激賞しました。「タイム」がユダヤ資本の雑誌であることを承知で以下の文章を読んでください。

ケインズの死から約二十年を経た現在、彼の理論は世界中の自由世界の経済、なかんずく最も富み、最も活気に満ちた米国の経済に多大の影響を与えている。ワシントンで米国経済政策を練り上げている人々は、戦後の激しい景気変動を回避するためだけでなく、すばらしい経済成長も実現し、めざましい物価安定を達成するために、ケインズ主義を用いている。いまや、ケインズと彼の考え方は、むろん一部の人々にとっては神経をいら立たせるものだが、広範に受け入れられている。そして、ケインズ経済学は大学においては新しい正統派になり、ワシントンでは経済運営の基本となった。ケインズの考えは非常に創造的かつ説得的であり、ケインズはいまや、アダム・スミスおよびカール・マルクスとならぶ、歴史上最も重要な経済学者の一人として位置づけられている。

一九六五年十二月三十一日の「タイム」誌が出たとき、アメリカはジョンソン大統領の時代でした。ベトナム戦争は泥沼化していました。反戦運動が盛り上がっていました。ジョンソン大統領は「偉大な社会」をスローガンに掲げ、社会保障の支出を増加させていました。それにベトナム戦争の軍事費も増えていきました。国家財政の赤字を救うために、一部の経済学者は、増税するかベトナム戦争をやめろ、と忠告しました。ジョンソンを大統領にしたのは、ビクター・ロスチャイルドを中心とした国際金融資本家たちでした。一九六六年からケインズ経済学を疑う声が上がっていったのでした。米倉茂の『落日の肖像』は次の文章で終わっています。

結局、日本のケインズ学者はケインズの晩節の苦悩を共有することなく、彼らの著書、論文に「ケインズ」というラベルを貼って、したり顔にケインズを語っていた。根拠の薄い、あるいはまことしやかな俗説がケインズをめぐる神話的言説として跋扈《ばっこ》してきた。ケインズの実像は脚光を浴びないまま、深い霧に閉ざされていたのである。

最後に確認したい。本書はケインズ批判の本ではない。日本のケインズ研究、あるいは国際金融の研究を鹿鳴館時代のレベルから脱却させる、ひとつのマニフェストである。日本において蔓延するケインズ神話を払拭する効果があるとすれば、『ケインズ神話解体新書』と銘したいところである。本書が日本のケインズ学者を折伏《しゃくぶく》させる展開力を発揮できたのか否か、読者の審判を仰ぎたい。

私がこの文章を引用したのには三つの理由があります。一つは、二〇〇八年のリーマン恐慌（あるいは、リーマン・ショック）後にケインズ信仰が復活したことの意味を問うのに、ケインジアンは異口同音に「ケインズに返れ」と叫んでいるのに疑問があること。二つは、米倉茂が「鹿鳴館時代のレベルから脱却させる」と意気込んでいるのに、ユダヤ国際資本についての一行の文章もないこと。三つは、ケインズ学者およびケインズを研究する人々は、第二次大戦がどうして起きたのかを考慮に入れることなく経済を論じていること。以上三つのことを知って私は再び、ケインズ経済学を後の章で論じます。私は過去数年間の国内外の学者が経済史、新聞等に発表したケインズに関する莫大な記事、いわば「ケインズ・ファイル」を持っています。彼らのすべては、世界＝経済の怪物たちの実像に迫ることなく、ただただ、ケインズを論じているからです。

この項の最後にもう一度、仲小路彰と馬野周二の本から引用します。私がこの本を書き続ける立場をはっきりするためと、二人の日本人を通して「いかに生くべきか」の指針を読者に持ってもらうためです。仲小路彰は『未来学原論』を通して、西洋文明の恐ろしさを私たちに教えてくれます。

未来に絶望した西欧文明が、よしんばそれ自らの根源なす故郷を神話的世界に求めるとしても、彼らがそこに見出すのは、かのプロメテウスとシジフォスの象徴的存在であり、一方は水爆なる第二の火の発見によって罰せられ、他方は無意味な物質的反復運動をくりかえすばかり……そしてそれは断崖と沙漠の荒涼たる背景を担っている。この断崖にスターリンはつながれ、沙漠にはニーチェやヴァレリイ、カミュ等が倒れ伏し、あるいはさまよう。こうして彼らの求める根源的世界もそれから先へ進むことはできない。ユダヤ神話においても神エホヴァは電光、復讐の神として、バベルの塔なる現代文明を焼き亡ぼすのみであろう。

機械の前に恐怖する人間は、それを克服すべき唯一のものとして全能なる神の像を求め描こうとしつつも、それはいつしか戦慄すべき悪魔の像にすりかえられ、悪魔が神に勝利する悲劇だけがあざやかに浮んでくるのである。カトリックに改宗せるオルダス・ハックスレイの描いた未来世界（「猿と本質」）もまた悪魔が勝利せる世界であった。

私たち日本人はあまりにも西洋かぶれです。欧米の学者たちを善人と信じて疑うことすらしません。彼らの本質が、仲小路彰が書くように、悪魔的存在であることを知らないのだから。二〇〇八年のリーマン恐慌以降、一部のアメリカの学者が「ケインズに返れ」と発言すると、ほとんどすべての日本人の学者がケインジアンになってしまいます。「悪魔が神に勝利」していることを考えない彼らすべてを、私はあえて「お坊っちゃまケインジアン」ということにします。

さて、もう一人、馬野周二の『「栄枯盛衰」の科学』から再び引用します。

直線的世界観もまた古代から根強く存在する。仏教にもその思想は深く組み込まれていて、仏典は末世と破滅の到来を予告している。ユダヤ・キリスト教ではさらにはっきりと、世の終わりの必然、その際のハルマゲドン、善と悪との最後の大戦争があるとする。これはきわめて悲観的な世界観だ。そこで最後の審判が下されるのだが、その先何が起こるかは説かれていない。

同じ始原文明が、何ゆえに日本での明るい円環的発展観から、インドでの永劫輪廻《えいごうりんね》の苦しい想念に移り、ついに西洋の直線的破滅観にまで変わったのか。その原因は、私が以前から述べているように、人種、民族闘争が、本来晴朗であった始原人たちの想念を変えてしまったものと考える。

馬野周二はインドについて触れます。そして次のように仏教誕生のドラマを描きます。「大昔から北方インドは人種、民族の軋轢《あつれき》闘争の烈しいところで、ここで生活していれば六道輪廻の悲劇が生まれざるを得ないだろう」と書いています。仏教は日本に伝わり、古神道と融合し、日本的仏教になったのでした。空海も道元も本来の仏教とは関係のない哲学を創造したのでした。

仲小路彰は「今や、我々の瞬間は時限爆弾の爆発する一瞬前に置かれている。我々はこの刻々に刻まれてゆく『絶対の今』なる瞬間にあって、超越の立場としての最高善に徹しなければいけない」と説きます。「絶対の今」とは何でしょうか。彼の言う、その「一瞬」とは、永遠に通う純粋時間の質と深さと強さを持つことといいます。私たちはその一瞬に何を見出すのでしょうか。——「そこには原子核反応の発見と共に人間の作りうる最大かつ最も劇的絵巻物が、この遊星の上に展開されるであろう」——

私たちは、原爆投下という、最も劇的な絵巻物を西欧の悪魔から見せつけられた唯一の民族です。私たちは、馬野周二が私たちに伝えてくれた「開闢の時」を持たねばなりません。悪魔たちに、その時を明示すべきなのです。

## フリードマンはマネタリズムを創作し、時間を悪用した

M&R・フリードマンは『選択の自由』の中で次のようにケインズについて書いています。M&Rとは、ミルトンとローズという意味です。ここではミルトン・フリードマンとします。

大恐慌はまた、経済を専門とする人びとの考え方にも、重大な変化を引き起こした。金融政策こそが経済的安定を促進するための有効な政策であるという、長い間信奉され、とりわけ一九二〇年代に支持を強めていた考え方は、大恐慌による経済的崩壊の結果、粉砕されてしまった。経済学者のほとんどは百八十度転換し、「通貨は重要でない」と考えるようになった。二十世紀が生んだ偉大な経済学者の一人であるジョン・メイナード・ケインズは、これに代わる新しい理論を提供した。ケインズ革命は、経済学者の心をとらえただけでなく、政府介入の拡大を正当化する魅力ある理論およびその具体的な処方箋を提供することとなった。

ユダヤ人ミルトン・フリードマンは一九七六年、ノーベル経済学賞を受賞しました。彼は長年（一九四六〜七六年）、シカゴ大学で経済学を教えました。ノーベル賞を受賞した頃がフリードマン

の理論、「マネタリズム」の人気の絶頂期でした。文中の大恐慌について、フリードマンは同書の中で次のように書いています。

連邦準備制度理事会は、いまや自らのリーダーシップを確立したいと考えていた。理事会はニューヨーク連邦準備銀行に懲罰を課すべくただちに行動し、ニューヨーク連銀はこれに屈服した。その後に連邦準備制度がとった行動は、一九二〇年代初期の景気後退期とはきわめて異なるものだった。すなわち準備制度は、景気後退の影響を緩和するために通貨供給量を通常の場合より積極的に増大させるのではなく、一九三〇年を通じて通貨量がしだいに減少するのにまかせた。一九三〇年末から三三年初めにかけて通貨量がほぼ三分の一も激減したのに比べれば、一九三〇年十月までの通貨量の減少は穏やかなものにみえる。すなわちそれは、わずか二・六%の減少率でしかなかった。しかしこの減少率は、それ以前の例に比べればかなりの大きさだった。実のところそれは、ごく少数の例外を除けば、それまでの景気後退期のうちでもっとも大幅なものだった。

株式市場崩壊の余波と一九三〇年一年間に通貨量の漸減とが相まって、きわめて厳しい景気後退が起きた。この景気後退は、かりに一九三〇年末か三一年の初めに終わっていたとしても(もし金融恐慌が発生しなかったなら、そうなっていたかもしれないのだが)、歴史上もっとも深刻な景気後退のひとつになっていたことだろう。

ケインズ経済学とフリードマン経済学の相違は、フリードマンの『選択の自由』から私が引用した二つの文章の中にはっきりと書かれています。ケインズは恐慌の後に失業者が世界中に増えたことを前にして、どのようにすれば失業者が減少するのかを基礎として経済学を樹立したということです。フリードマンは、この恐慌は「通貨量」を増やしていれば起こらなかったであろうというのです。この通貨量を増やすことを彼は「マネタリズム」と名づけました。

一九六〇年代後半からの「ケインズ理論ではうまくいかない」という風潮の中で、古典派経済学の見直しが進みました。フリードマンのマネタリズムは、古典的数量説と同じです。また彼はシカゴ大学で経済学を教えました。ボストンのハーバード大学はケインズ経済学が中心でした。シカゴは先物取引で栄えました。自由経済、すなわち政府の介入を嫌う自由経済の中心地でした。この地でフリードマンは、「マネタリズム派」という学派を形成しました。

ケインズより三十年遅れて生まれたこのユダヤ人は、ケインズ（貴族）とは異なり極貧の中で育ちました。彼の師の一人がアーサー・バーンズで、後にニクソンからＦＲＢ（連邦準備制度理事会）の議長に指名されました。フリードマンのマネタリズムはＦＲＢの支持を受けてつくられたものにちがいないのです。ケインズは慎重にＦＲＢの金融政策を避けて論じています。ＦＲＢというよりも、中央銀行と経済の関係を避けているのです。ケインズ、そしてケインジアンたちは、ＦＲＢによる金融政策よりも経済安定化手段としては財政政策の方が優るとの立場をとりました。トルーマン、ケネディ、ジョンソンの各大統領の時代はまさしくケインズ経済学が重視されました。一九三〇年から一九六五年ごろまでの時代がケインズの時代でした。そうして、一九七〇年ごろからフリードマンの時代がやってきました。

フリードマンには、インフレはマネーの過剰な創出によるのだから、通貨の供給を抑えればインフレは起こらない、デフレは通貨の量が少ないと起こるのだから、通貨の量を多くすればデフレは起こらない、というフリードマンの方程式（彼の発明ではないのですが）があります。MV＝PQ（Mは通貨量、Vは回転率）。MVは、ある一定期間の総支出を表わします。PQは財の取引量（Q）に平均価格（P）を乗じたものです。これは総収入を表わします。これを国民総生産（GNP）とみることも可能です。この方程式による通貨量が時間の経過とともに増加していけば、経済が拡大していくということがわかります。これにともない、時間というものがいかに経済にとって大事であるかをフリードマンは説いたのです。通貨量を経済成長率を考慮してある一定のスピードで増加させれば、アメリカ、否、世界の経済は確実に、長期的に成長するとしました。フリードマンは年率三〜四パーセントが適切なマネーサプライの増加率としました。フリードマンとマネタリストはケインズ主義を非難しました。その主な点は、ケインジアンが経済における通貨の役割に重きを置かず、財政政策のみに重きを置いたという非難です。

私は、ＦＲＢとフリードマンが裏取引をし、アメリカの経済政策をアメリカ財務省からＦＲＢに移すために、ＦＲＢを実質的に支配するロスチャイルドを中心とする国際金融寡頭勢力が打った芝居ではないかと思っています。マネタリストは古典経済学者と同じように、経済は自己調整力を持っていると主張します。だから政府が介入するよりも、FRBが通貨量をある時間をかけて（あるスピードで）コントロールするだけでよいとするのです。フリードマンは、政府の行動自体が不安定要因であるとし、政府による自由市場の介入は最小限にしろと主張しました。私は、ケインジアンもマネタリストも、世界＝経済の怪物たちに操られた黒い犬たちであると思っているのです。どちらにしろ、必要以上に通貨が増加するシステムにはちがいないからです。ただ、ケインズ経済学と大きく異なるのは、流通速度（V）という概念を通貨の中に導入したという点ではないでしょうか。この通貨の流通速度がインフレとデフレをコントロールする要因になっています。そして、ケインズの財政政策とちがい、フリードマンはこれを金融政策と称するのです。ケイジアンは政府の財政政策派です。つまり、政府支出を経済システムに直接投入するか、民間支出を増大させるべく減税するのがケイジアンの目指す経済学です。

FRB（連邦準備制度理事会）について書こうと思います。アメリカの中央銀行ですが、国家が所有しているものではありません。私的な銀行集団というのが正確な表現です。アメリカの連邦準備制度（FRB）を構成する十二の地域連邦準備銀行は、ワシントンにいる七名の理事とともにFRBのもとで機能するということになっています。十二の準備銀行も私的銀行です。これらの十二の私的銀行の株主のほとんどがロスチャイルドを中心とする国際金融家たちなのです。もう少し具体的に書くならば、FRBそのものが、ロスチャイルドとその一味の個人的所有物ということです。

フリードマンは貧しいユダヤ家庭に生まれながらシカゴ大学の教授になり、古典経済学に通貨の流通時間を導入してそれをマネタリズムと名づけただけで、どうしてマネタリストの総帥となりえたのかを考えてみると、結論はただちに出てきます。FRBが、トルーマン、ケネディ、ジョンソンの各大統領の後に、アメリカの経済を実質支配しようとして乗り出したというわけです。ニクソン大統領、カーター大統領の時代からマネタリズムの時代がやってくるのは、アメリカの経済の自由化をロスチャイルドとその一味が望んだからです。この政策（マネタリズム）はイギリスから伝えられたものです。ビクター・ロスチャイルドと政策集団が、後に書きますが、グローバリズムを拡大するためには、ケインズ主義を一時的に流行遅れにしようとしたのです。

そのよき例が一九七九年から八七年にかけてFRBの議長を務めたポール・ボルカーです。彼は現在も意気軒昂で、オバマ大統領の経済回復諮問会議のトップを務めていました。また、ボルカーは元世界銀行総裁ジェームズ・ウォルフォンソーン（ユダヤ人）とともに、ロスチャイルドの子会社フィデリティ投資会社が経営する「J・ロスチャイルド・ウォルフェンソーン&カンパニー」の役員兼理事長を務めています。彼がロスチャイルドのエージェントであることは自明です。

さて、ボルカーは一九六九年にニクソン大統領により財務省の金融問題担当の次官補に任命されます。ロスチャイルドがニクソン政権に送りこんだジョン・コネリー財務長官とともにニクソン大統領を脅し、アメリカの金本位制を廃止させます。一九七九年、カーター大統領によりFRB総裁に任命されました。ボルカーは、従来の金利政策中心から「マネタリー・アグリゲート」に目標を

ミルトン・フリードマン（1912－2006）

ポール・ボルカー（1927－）

切り替えると発表しました。「マネタリー・アグリゲート」とは、種々のマネーサプライの測定値として用いられている概念です。すなわち、金利中心の政策により、マネーをいかに適宜な時にどれだけの量を流すか、ということです。ボルカーはフリードマンの経済学をＦＲＢの基本政策としたのでした。ボルカーがＦＲＢの議長に就任した当時のアメリカのインフレ率は消費者物価で一三〜一四パーセントに達していました。

ボルカーは、マネタリズムを利用します。国民にマネーサプライの抑制に対応することが物価水準を安定させることだと認めさせました。ＦＲＢは目標を金利から通貨に転換しました。そして金利を変動制にしました。フリードマンは金利という言葉そのものを無視して経済学をつくっていました。普通に考えても、金利と通貨量は需要と供給モデルでは同時に決定されるべきです。従来のＦＲＢは金利を目標とする伝統的政策を遂行していました。金利はＦＲＢの行動をしばり、一時的にしろ固定されていました。しかし、マネタリズムを採用して以降、通貨量に重点を置いたので金利の動きは不規則になっていきました。変動金利貸付を導入したので、この流れが消費者ローンまで生み出しました。先物市場が繁栄しました。ボルカーは公定歩合を引き上げていきました。

そして何が起きたでしょうか？　ボルカーが金利の自由化を進めたために、フリードマンが大学教授を務めるシカゴ大学のあるシカゴで、穀物先物市場の他に金融先物市場が創設されたのです。リーマン恐慌の源をたどれば、ボルカーの政策に行き着くのです。金融の現物市場はニューヨーク株式市場ですが、シカゴ取引所が先物市場となっていくのです。一九八七年十月、株式市場が暴落しました。そして、二〇〇八年九月、リーマン恐慌が発生しました。この原因の第一は、間違いなく、金利の変動性の増大にあります。ボルカーが故意に（私はそう断言しますが）、数々の株式市場の暴落を演じたと思っています。そのために都合のよい経済学が、金利を無視したフリードマンの通貨流通経済学であったということです。

ボルカーは、マネタリズムの中心にある通貨の流通速度をどのように解釈したのでしょうか。彼は全く無視しました。通貨（M）×流通速度（V）がGNPと結びつくとしたフリードマンの学説を証明するような数字は幻でした。そしていつの日か、現在のような、各種の通貨量、および金利を含む複数の指標を設定し、監視するということになったのです。

それではマネタリズムは消えたのでしょうか。消えてはいません。ただ、利用され続けています。世界中の中央銀行が、ボルカーに右へ倣《なら》えしたからです。アメリカの中央銀行たるFRBがアメリカ財務省を実質的に支配し、アメリカの経済をコントロールするときに、今でも、フリードマンが役に立っています。金利というものを考慮に入れず、通貨の供給とその流通速度の方程式「MV＝PQ」はどこか、アインシュタインの方程式「$E=mc^2$」に似ています。使い方次第ということです。

もう一度ボルカーについて、別の角度から検討してみましょう。一九八一年、FF金利（FRB貸出の金利）は年率一九パーセントとなりました。三カ月物の財務省短期証券（TB）は利回り二〇パーセントとなりました。FRBの利益が極端に増加しました。これらの利益はロスチャイルドとその一味の利益となりました。あまりに高い金利ゆえに、景気は後退していきました。インフレを抑えるために通貨の供給量を抑えたからです。一九八二年には経済成長率は戦後最悪のマイナス一・九パーセントとなっていきます。

変動金利がとられだしたころ、貧しい国々はアメリカの銀行から、そしてＩＭＦや世界銀行から、何百億ドル単位で金を借りて経済を回復させ、中流国の仲間入りをしようとしました。そこで、ボルカーがインフレを抑えるとして、ＦＦ金利を上げて通貨量を落としました。各国は金利が急騰したので返済に窮すると未払い利子を元本に繰り入れて借り換えを行ないました。一九七〇年代半ばに数百億ドルであったラテン・アメリカ向け融資は一九八二年には三千二百七十億ドルにまで膨みました。特にメキシコ、ブラジル、アルゼンチンが大きな負債を背負いました。彼らの土地が奪われ、資源が略奪され、公共事業も民営化され、人々の暮らしは最貧の状況に陥りました。そして、その借金が五千億ドルを突破したとき、ついにその国々のＧＤＰを追い越してしまいました。フリードマンの方程式が見事にその正しさを証明したといえます。

このラテン・アメリカのインフレが世界中をインフレにしていったのです。ＩＭＦと世界銀行を動かしたのは、ロスチャイルドとその一味です。ラテン・アメリカのみならず、アフリカ諸国も土地や資源や豊富な鉱山を手放しました。開発途上国が軒並み債務不履行に陥ったため、アメリカの銀行も債務超過に陥りました。この危機を救ったのはアメリカ財務省でした。アメリカ財務省が債務を保証するという芝居を打ったのでした。アメリカは債権国から債務国へ転落していきます。メキシコは一九八二年時点でデフォルトを宣言しました。アメリカという国家がメキシコという国家を救ったのでした。アメリカはますます弱体化していきました。財政赤字が増えに増え続けていきます。

どうして、アメリカは巨大な赤字を抱えることになったのかを私は書いてきました。世界中の国はほとんど財政赤字を抱えて苦しんでいます。その原因はどこにあるのかを私は書いてきました。世界＝経済の怪物の正体に気づかれたでしょうか。彼らが何を狙っているのかが理解できたでしょうか。

ケインズは経済問題を解決するために国家の介入を説きました。失業者を救うという大義名分のもとに、国家が大量のドルを印刷してもらい（ＦＲＢに利息を支払って）、社会事業に注入しました。そのドルが大量に出回り、第二次世界大戦へと進んでいったのは歴史の必然でした。アメリカ以外の国々が戦争の勝者と敗者を問わず国家を破壊されたなかで、アメリカだけが独り勝ちしました。その富を略奪すべく仕組まれたのが、フリードマンを利用して新しい経済学をでっち上げることでした。マルクスが利用されたように、フリードマンもまた利用されたのです。

メキシコがデフォルト宣言をした一九八二年秋の連邦公開市場委員会（ＦＯＭＣ）の会合でボルカーは演説し、最後を次のように締めくくりました。

　市場のほかあらゆる分野に、混乱が深まっている、間違いなく困った状況になるという、凄まじい不安をもたらすだろう。……それが悪循環となって跳ね返り、本当の意味で磐石なもの、確かなものはひとつとして存在しない。……特例的な措置をとらざるをえないおそれもある。これは未曾有の事態であり、例外は一九二九年だけだ。

「例外は一九二九年だ」とは、フリードマンの指摘を指しています。ついに破局かというときに、一九八九年三月、レーガン政権のブレディ財務次官がブレディ債なるものを発行します。アメリカの民間銀行がメキシコ、アルゼンチン、ブラジル等に持っている債務を削減するために、IMFが債務国の民間銀行が持つ債務を引き受けました。その債務の引き受けを債権証書を発行して処理しました。その債権の証書に対し、アメリカ財務省が保証したというわけです。アメリカ財務省がロスチャイルドとその一味の持つ借金を支払ったというわけです。どれだけのドルがアメリカ財務省から流出したのかは不明です。

IMFも世界銀行もロスチャイルドとユダヤ国際金融寡頭勢力の支配下にあります。IMFの専務理事も世界銀行の総裁も、ほとんど例外なくユダヤ人が独占しているのを見てもわかります。彼らはIMFと世界銀行を最大限に利用しているのです。

もう一度、フリードマンの『選択の自由』から引用します。

第一次大戦後のインフレを論じて、ジョン・メイナード・ケインズが、どうして次のように書かなくてはならなかったかを、われわれは理解することができる。すなわち、「通貨を堕落させることほど、社会の既存の土台を転覆させるために、精妙で確かな方法はない。この過程は経済法則にかくれているすべての諸力を社会を崩壊させる方向へと働かせることになり、しかも百万人の中の一人の人でさえもが診断することができないような方法において、このことを行う」というのだ。

フリードマンがケインズの言葉として引用しているのは『平和の経済的帰結』（一九二〇年）からです。ケインズがこの本を書いたときにはまだ、ビクター・ロスチャイルドとは出会っていませんでした。しかし、ロスチャイルドを中心とするユダヤ国際金融勢力が通貨を堕落させる手段を眼にしてはいました。フリードマンには自分の心を隠しきれないところがありました。非常に面白い言葉を発したり、また文章として遺しています。フリードマン自身は気づいていませんが、彼ほど「通貨を堕落させた」男はいません。彼はひたすら名声が欲しかったのです。一方、ケインズは貴族として生まれましたが、ユダヤ人を嫌悪していました。ケインズは彼らユダヤ人に利用される自分自身を嫌悪していたのです。

ピーター・ドラッカーは著書『新しい現実』の中で「ミルトン・フリードマンやサプライ・サイダーはポスト・ケインズであって、反ケインズ経済学ではない」と書いています。私はケインズとフリードマンは同一の経済思想を持っていたと思います。また、ドラッカーは「ケインズ経済学とポスト・ケインズ経済学の世界では、貨幣と信用から成るマクロ経済が、個人と企業のミクロ経済を支配している」とも書いています。ドラッカーは、その個人と企業のミクロ経済のための経済学を完成させていったのでした。彼は個人と企業のために役に立つような処方箋を書き続けました。そのドラッカーにとっては、ジョセフ・シュンペーターの経済学のほうが、ケインズやフリードマンの経済学よりもすばらしいものでした。ドラッカーはシュンペーターについて次のように記しています。

オーストリアで活躍し、後年アメリカに移った経済学者ジョセフ・シュンペーターがすでに一九三〇年代中頃に指摘したように、個人は、いかなる経済政策とも関係なく、貨幣の回転速度を誰にも予想できないかたちで、突然、しかも急激に変えることができる。

これは事物が明確に示している通りである。

ドラッカーはケインズやフリードマンよりもシュンペーターを評価しますが、シュンペーターのイノベーション（新結合、革新）理論に惹《ひ》かれているからだと思います。しかし、シュンペーターにもケインズやフリードマンと共通するところがあります。彼は著書『資本主義は生きのびるか』の中で次のように書いています。

資本主義体制の現実的かつ展望的な成果は、資本主義が経済上の失敗の圧力に耐えかねて崩壊するとの考え方を否定するほどのものであり、むしろ資本主義の非常な成功こそがそれを擁《よう》護《ご》している社会制度をくつがえし、かつ（不可避的に）その存続を不可能ならしめ、その後継者として社会主義を強く志向するような事態をつくり出す。

彼の理論は世界統一政府の実現を目指す権力者の思想を代弁しているようです。シュンペーターについてはこれ以上書かないことにします。彼はオーストリアで財務大臣を務めた男です。ソヴィエト革命を支持しました。アメリカでは権力から遠ざかったので、イノベーション理論を中心にした経済学の本を書きました。もし彼に世界権力からの誘いがあったとしたら、たぶん、大いなる変貌をしたと思います。

この項はこれで終わろうと思います。私たちは学問としての経済学を考えがちですが、経済学は世界を大きく動かすのです。そして、ケインズにしろ、フリードマンにしろ、時間という要素を経済学の基本に置いているのです。なぜならば、人間は所詮、時間に支配された動物なのですから。

## 死よりも質《たち》の悪い隷属の時間が続くのを許すのか

私は、この世には本当の犯罪人がいると書き続けてきました。その犯罪人は、富と権力を手にしていると書いてきました。しかし、残念ながら、彼らはその素顔を見せることがないために、私たちは歴史の夜の部分を知ることができないのです。

私たちはマルクスの唯物史観という機械的な世界観が世界中に拡大していくのを見ました。その中で、二十世紀の初頭に、シュペングラーが『西洋の没落』を世に問いました。彼は人間の歴史を春夏秋冬の中にあてはめて、育ち、花開き、枯れゆく植物の発芽から凋落までの過程のように、人間の歴史も同じような過程をたどると考えました。彼はファウスト的なものをその没落の中心的な精神としました。そのファウスト的なものが成長していくなかで、宗教的なもの、形而上学的なものとなり、ついに科学的なものを生み出し、文明・機械を発達せしめ、その過程で独裁的な権力を生み出し、ついに人間の歴史は没落する運命から逃れることはできないとする予言を遺しました。

シュペングラーの予言は的中しました。しかし、彼は独裁的権力の誕生は予言したものの、具体的にその権力について記すことがありませんでした。この項では、その権力に的を絞って追求していこうと思います。

『INSIDER《インサイダー》』という本があります。G・アレンとL・エブラハムの共著です。この本の中に、権力者について書かれています。

　陰謀を認識するためには、銀行業、とくに国際的な銀行家たちについての基礎的な知識をもつことがどうしても必要である。しかし、この本で取扱う陰謀のすべてを、国際的な銀行家たちのせいにするのは誤りだろう。なんとなれば、彼らはその中心的役割を演じていなかったからである。陰謀は一つの手であると考えなければならない。そしてこの手の指一本が「国際的な銀行業」であり、他の四本の指が「財団」「反宗教運動」「フェビアン社会主義（エスタブリッシュメントの社会主義）」そして「共産主義」である。キグリー教授は、国際的な銀行家たちにふれ、「彼らの目標は金融上の権力を用いて全世界を統制することそのものである」と言っている。

私は「陰謀」という言葉を使わずに私の本を書き続けてきました。私は「陰謀論」を書くつもりはありません。『INSIDER』も陰謀本ではありません。国際的な銀行業を中心に、何がどのようにして権力を手に入れているのかを書いています。「財団」を一本の指としていますが、これは国際的な銀行の支配者が（特にアメリカで）、銀行業以外の仕事をするために、特殊な組織をつくって世界権力のために尽くしているからです。五本の指がそろって、「世界権力」という見えない組織がすでに完成しつつあるのが二十一世紀の〝今〟なのです。真の権力者たちはどこにいるのでしょうか。キグリー教授の『悲劇と希望』を再び引用します。

世界の諸中央銀行の頂点にいる者自らが、世界金融における事実上の権力者であると考えてはならない。彼らはむしろ、彼らの国の支配的な投資銀行家から送りこまれてきた技師であり、代理人である。その投資銀行家が彼らをもちあげたのであり、またそれゆえに彼らを再びひっこめることもできるのである。世界の事実上の金融権力はこれらの投資銀行家（国際的な銀行家、もしくは大銀行家）の手中にあり、彼らのほとんどは合併していない彼ら自身の私的銀行の舞台裏に隠れている。彼らが国際協力と国内勢力の体系を形づくっており、この体系は中央銀行に送られている彼らの代理人よりは私的で、強力で、また秘密に満ちたものなのである。

キグリー教授は中央銀行がほぼ世界を支配する本当の意味での支配者の手の中に落ちていることを書いています。私は前項でFRB議長であったポール・ボルカーについて書きました。ここで改めてボルカーを登場させようと思います。世界権力は各国の中央銀行を支配しています。それゆえ、公定歩合、マネーサプライ、金利水準そして、金価格までも決定します。アメリカを例にとりますが、ボルカーも現在のベン・バーナンキ議長も世界権力を実質に握るごく少人数の操り人形にすぎません。ダニエル・エスチューリンの『ビルダーバーグ倶楽部』から引用します。

英国のアンソニー・ウェッジウッド・ベン国会議員はビルダーバーグの上位組織、三〇〇人委員会の幹部でもある。一九八〇年一二月のワシントンで、彼は社会主義インターナショナル加盟団体を前に、「レーガンに『演ずべき人物像を描いてやる（つまり、洗脳を施す）』ことによって、金融引き締めを強化する大統領にしてやれば、諸君はボルカー（FRBの議長）の引き締め政策のもとで、我が世の春を謳歌できるのだ」と述べた。実は、ロナルド・レーガンは、大統領選挙で勝てたらボルカー議長を辞めさせるとの密約を共和党と交わしていた。ところが、レーガンがホワイトハウスに入ると、保守層は唖然とすることになる。ビルダーバーグがボルカーFRB議長を「再任」し、「無力な」レーガン大統領に押しつけたのだ。レーガンは、だんまりを決めこんだ。

私はミルトン・フリードマンとボルカー議長の関係について書きました。ストーリーがいつも作られて実行に移されます。レーガン大統領はマネタリストたちの学説に忠実な経済政策を採り入れることになりました。レーガンが大統領に就任して数週間後、FRBの公開市場委員会の場でセントルイス連銀総裁ローレンス・ルースが次のようなことを言いました。「新政権の面々は、私たちがマネタリズムに忠実に従っているかどうか、厳重な監視の目を向けてくるでしょう。この状況をハッタリで切り抜けるのは不可能だと思います」

「新政権の面々は」とは、「新政権をウラで操る面々は」という意味にちがいありません。「ブレディ債」については前項で記しました。あの債券発行も、世界権力を握るルートから、レーガンにも伝えられました。そのとき、共産国にも債券が流れていきました。ブレディ債は9・11事件にも登場します。二十一世紀の今でも償還期限が来ないブレディ債が存在しているかもしれません。アメリカの財務省はこのことを隠し続けています。

文中に登場した「ビルダーバーグ」について書くことにします。ビルダーバーグは一九五四年、オランダのベルンハルト殿下の呼びかけにより、同国のオーストテルベークにあるビルダーバーグ・ホテルで第一回会議が開かれたことからビルダーバーグ・クラブと命名されました。

毎年一月から二月にかけてはスイスのダボスで世界経済フォーラム、四月から五月にかけてビルダーバーグ会議とG8（サミット、主要八カ国首脳会議）が、そして九月にはIMFと世界銀行との年次合同総会が開催されます。ここで私たちが注意しなければならないのは、ビルダーバーグ会議に出席する百三十名すべてがヨーロッパ人（約八十名）と、アメリカ人とカナダ人（約五十名）だということです。このことから見ても、世界を支配しているのが欧米の超エリートたちであることがわかります。しかし、百三十名を選別する少数の中心人物こそが世界権力に近い人だといわれています。ダニエル・エスチューリンは『ビルダーバーグ倶楽部』の中で次のように書いています。

一九五四年の創設以来、ビルダーバーグは少数の中心人物を責任者に据えた運営を行ってきた。その運営責任者を任命するのが五賢人委員会で、この委員会は常任委員長、米州委員長、欧州委員長および米州幹事長、財務担当委員の五名で構成される。年次会合へ招待されるのは、「高度な専門分野の造詣が深く、国内外の人脈と人脈全体への影響力を持ち、ビルダーバーグ・グループの目標と資源を拡充することができる、重要でしかも尊敬に値する人物」に限られる。

私たちの知らないところで、ビルダーバーグ会議が開かれています。間違いなく、ビクター・ロスチャイルドがこの会議を仕切っていたものと思われます。英国の情報機関MI6がRIIAの指導のもとに創られたからです。いろんな秘密組織があります。しかし、このほとんどがイギリスで生まれています。アメリカを支配しているのはイギリスのRIIAであると私は書いてきました。そこから世界中に網が張りめぐらされました。キグリー教授が、世界権力の扉を少し開いてくれました。私はその隙間をさらにこじ開けようと努力しました。一九七四年五月二十九日付の「ザ・レビュー・オブ・ザ・ニュース」紙にマリアン・リバックの記事が載っています。

われわれは決然として戦う姿勢を失ってはいない。この先も、神に与えられた命ある限り、戦いつづけるだろう。われわれにはわかるのだ。有効な攻撃は、まっすぐ敵に向けられた矛先からしか生まれない。本当の犯罪人、富と権力の所有者、顔を見せない世界のエリート。われわれを奴隷とするために、彼らは夜となく昼となく陰謀をたくらむ。わが国の政府でさえ、敵の手に落ちた。今や国家元首を選ぶのも、その地位に就かせるのも、そして暗殺し、あるいは中傷攻撃でその座から引きずり下ろすのも、すべてエリート層の仕業だ。私はすべての著述において彼ら自由の敵と戦ってきた。しかし、耳を傾けてくれた人はあまりにも少なかった。ほかの人たちが謀略の警報を鳴らし続けても、やはり同じだった。もう時間はない。アメリカ人は今すぐこの声に従い、行動を起こさなければならない。それとも、質《たち》の悪い隷属の暗闇が続くのを許すのか。

マリアン・リバックが「もう時間がない」と、病に倒れる直前にこの文章を書いてから三十七年という月日が流れました。世界の暗闇は一日一日と深まっています。顔を見せない世界のエリートは、世界政府を目指す、このエリートは、手順を追って策謀を段階的に進める面と、私たちが想像しえないような複雑な手法を使います。ケインズやフリードマンを使った手法は後者に属するのではないでしょうか。

マリアン・リバックは書いています。「自由を愛するアメリカ人が、世界国家の奴隷用くびきを納得して受け入れるはずもなく、快諾することもありえない」と。だからエリートは、「複雑に入り組んだ回りくどい計画」を立てたのでした。どうしてアメリカ人は(否、日本人も含めて)、エリートの創造した世界で隷属的な人間と成り下がったのでしょうか。リバックは「自由を維持するのはただではない。時間と金、それに努力が引き換えになる。しかし、隷属を維持するのにコストはかからない」と主張します。「死よりも質《たち》の悪い隷属の時間が続くのを許すのか」

一九八三年、J・K・ガルブレイスは、マネタリズムの嵐が吹くなかで『権力の解剖』を世に出しました(日本での出版は一九八四年)。しかし、「今や権力を行使する場合には、そのほとんどは、権力行使の事実を隠そうとする社会的条件づけ権力という形で行使されるようになっている。若い人々は、民主主義社会ではすべての権力が人民にあるなどと教え込まれた。さらに、自由企業体制の中では、個人の力とは無関係な市場メカニズムを通して実現される消費者主権が最大であるとも教えられている。このようにして、組織のもっている社会的な権力——ペンタゴンや軍需工場やその他の企業やロビイストたちの権力——が隠蔽されてしまう」と書いています。しかし、ガルブレイスは、この程度の権力しか描きません。どうしてでしょうか。ハーバード大学教授として、ケインズ経済学を継承した学者としては、この程度が限界なのです。彼の本の中には国際金融という言葉さえ登場しません。しかし、彼は実に妙なことを書いています。続けて読んでみましょう。

これら保守派の人々の直感は健全である。所得が高くなり、社会福祉の恩恵が大きくなれば、たしかに動機づけとしての強制力がなくなり、労働意欲が落ちる。威嚇的服従と報償的服従との差が大きくなるにつれて、労働の習慣に対する関心の差も大きくなる。労働者が勤勉でなくなってきたという不満が多くなっている。このことから、ある程度の解雇や解雇の心配があった方が、職場の秩序や労働倫理を保つにはよいのだと結論づける人がおそらくいるだろう。ちなみに、この考えは、一九八一年にアメリカでレーガン政権が誕生したときに受け入れられた政策の信条であった。

「レーガン政権の政策の信条」をガルブレイスは別の方面から描いています。フリードマンの経済学かいかに応用されたかが分かります。

一九八〇年代に入ると、アメリカ経済はさらに低迷していきます。都市には失業者やホームレスが溢れだしました。治安が悪化しました。かつてアメリカ経済を代表した優良企業はことごとく凋落していきました。マネー崇拝がアメリカ思想の中心となったからでした。これは国際金融を支配する顔の見えないエリートたちが、マネタリズムを創造したがゆえでした。マルクスが共産主義を創造したのではありません。そのように仕向けられたのです。アメリカの富を略奪するために、まさにガルブレイスが書いているように、「レーガン政権が誕生したときに受け入れられた政策の信条」だったのです。

レーガンが大統領になった前後からアメリカ人労働者の賃金は低下していきました。アメリカ人労働者の平均年収は、一九七三年から一九八七年までの間に二五パーセントも下落しました。一九七三年には三十歳のアメリカ人労働者の平均賃金は年収二万五千ドルでしたが、一九八七年には一万八千七百ドルに減少しました。マネタリズムの嵐が吹き荒れた時期と見事に一致します。

アメリカの労働者の賃金が下降する一方で、アメリカの大企業の社長たちは社員の平均給与の百五十七倍の給料（当時）を取るようになります。国民の一パーセントに富が集中するようなシステムが出来上がるのもレーガン時代からです。レーガン大統領は「小さな政府」を目指しました。インフレが進んだのだからMV政策、すなわち、マネーの流通量をゆっくりと落とすということだけをしました。麻薬が野放しにされて、拳銃が自由に使えるようになりました。映画もテレビも下劣化しました。

ケインズ主義者、フリードマンを崇拝するマネタリストたちにとっては、私が一方的な非難をケインズ、そしてフリードマンにしていると思われるかもしれません。そこでこの項の終わりに、R・O・ウィリングの『マネー』からケインズについて書かれた文章を引用します。

二重規準《ダブル・スタンダード》を応用し、冷徹に合理化した経済思想はごく普通にみられる。現代経済学の父といわれるメイナード・ケインズは、「厳密な意味でいえば、私は背徳者だ」と堂々と本音を述べている。「グローバル経済」なるものが芽生えつつあった頃、ケインズを取り巻く人々の間では、窮屈な道徳制約などは無視して当然という空気だった。「一般的な規範によって押し付けられたあらゆる制約を完全に拒絶する。この姿勢に、他者は恐怖を抱き、攻撃であると見なし、それを我々の最も危険な性質と恐れる。我々は因習と旧来の価値観によって押し付けられたあらゆる道徳的な習慣を拒否する。言っておくが、我々は、言葉の厳密な意味において、背徳的である」。この意気盛んな草創期の背徳者たちを引き継ぐ現在の背徳者たちが、十戒を否定する風潮の先頭に立っていることは不思議ではない。市場の力の邪魔になるからということで、ますます裁判所が性的な逸脱を保護し、伝統的な道徳を否定する行為が蔓延《まんえん》するのを保護しているが、そんな傾向を先導しているのも彼ら（ケインジアン）である。

私の考えでは、ケインズ派というのは、経済霊の徒党一派として理解すると最も正確に把握しやすい。ケインズ派は善悪の二重規準なくして成り立たないことは明らかである。

では、フリードマン一派はどうでしょうか。私はケインズ派よりももっとひどい経済霊の徒党一派であると思っています。

ケインズが「私は背徳者だ」と言うのは、背徳でなければ利益を手にすることができない、という意味です。この背徳者たちの利益のために、多くの人々が道徳の制約に縛られています（引用文中のケインズの言葉は、ビガード・フィリップの『ケインズの予言』〔パリ・フランス〕からの引用であると書かれています）。

## 新自由主義＝リバタリアニズムが狂気の時間を創造した

私は複雑なシステムが創り出されて、すなわち長期的戦略のもとに、ほとんど人々が気がつかない方法で経済が進行しているのではないか、と書いてきました。それは、二十世紀に入ってから進行しているのではないか、と書いてきました。ケインズがビクター・ロスチャイルドに操られた事実を調査しました。そしてまた、フリードマンもやはり世界権力に操られた経済学者であるとして、その内実を追跡してきました。

ここで、もう一人の経済学者について書きたいと思います。その経済学者の名はユダヤ人フリードリッヒ・ハイエクです。フリードマンは『選択の自由』の中でハイエクについて触れています。

われわれは、もはや引き返すことができないところまできてしまっているわけではない。フリードリッヒ・ハイエクが、その深遠で影響力が大きい著書のタイトルにしたように、われわれは『隷従への道』を速度を速めながらころげ落ちていくことになるか。それともいまこそ政府に対して厳しい制限を設け、われわれがそれぞれもっている目的を達成するため、自由な個人相互間における自発的な協力にいっそう大きく依存をしていくようにするのか。このどちらの道を選ぶかという「選択の自由」を、依然としてわれわれはもっているのだ。

読者はこのフリードマンの弁が詭弁であることを知っています。どうしてでしょうか。フリードマンが言う「政府に対して厳しい制限を設け」た結果、公定歩合が二〇パーセント近くにまで達し、大不況が世界を襲ったことを知っているからです。そしてレーガン大統領がフリードマン主義者と自ら称し、「小さな政府」をスローガンとしたけれど、財政赤字が莫大に膨れ上がったのを知っているからです。レーガンはアメリカの人々への投資を抑圧しました。フリードマンがどうしてレーガン大統領に大きな影響力を与えることができたのかを考えるとき、ハイエクの存在を知る必要があります。

ユダヤ人フリードリッヒ・ハイエクはオーストリア生まれの経済学者であり、哲学者です。一九三二年にイギリスに亡命し、その後シカゴ大学に移りました。フリードマンの大先輩です。その思想は新自由主義思想です。ハイエクは一九四四年に『隷属への道（*The Road to Serfdom*）』を出版します。この本は当時の大ベストセラーになります。反ケインズ経済学の本です。人間は国民経済を計画化し実行に移せるまでの全知全能ではない。従って経済へのいかなる国家の介入も有害である。市場を信頼しなければならない。そうすれば自然発生的に秩序が生成してくる、という哲学を発表したのでした。経済は一つの思想であり、一つの法学であり、また哲学なのです。しかし、私たちは経済学をたった一つの学問としてとらえています。世界＝経済という方程式を私は幾度も書いてきました。この世界＝経済の現代経済学を象徴する人物こそがハイエクなのです。先に引用したフリードマンの『選択の自由』の続きを見ます。

暴政と悲惨にあえぐ状態は人類の大半にとって、これまでもありふれた状態であったし、今日でもまだ依然としてそうだが、われわれの黄金時代もいまや終わりを告げ、このような暴政と悲惨に苦しむ状況によって改めて全面的にとって代わられていくのだろうか。それともこのような方向を転換し、過去の経験に学び「自由の再生」から利益を得る道を選ぶという、賢明さと洞察力と勇気とをわれわれは今日もっているだろうか。

この文章を読むと、フリードマンの経済学がすばらしい未来を私たちに約束してくれるように見えてきます。フリードマンがレーガン政権の政策として採用された頃、イギリスにおいてサッチャー首相が、サッチャー主義なるものを唱えました。これはまったくフリードマンの経済学そのものでした。市場の自由、マネタリズム、公共サービスの民営化、高所得層への減税、福祉政策反対……。こうして財政支出を切りつめ、アメリカと同様にイギリスは国防費を増大させました。サッチャーは、フリードマンの名を口にする代わりに、ハイエク主義者であると自ら宣言しました。ハイエクは一九七四年にノーベル経済学賞を手にしました。フリードマンも一九七六年に同じ賞を授かっています。

ハイエクとフリードマンが何者なのかを知る必要があります。

ハイエクが一九四七年に創立した「モンペルラン協会」なるものがあります。ハイエクは『隷属への道』を書いた後に人気経済学者になります。彼は一九五〇年にはシカゴ大学の教授に就任します。フリードマンはラトガース大学卒業後、シカゴ大学大学院経済学科に進み、ハイエクがシカゴ大学教授に就任する前からフリードマンは助手を勤めていました。このユダヤ人経済学者の二人は、大きな野心を持っていました。この二人が密かに設立した秘密結社がモンペルラン協会でした。この協会は新自由主義学者の溜まり場でした。同じユダヤ人の作家アイン・ランドの思想、「リバタリアニズム」を共有していました。

このメンバーの中に、政治家となる前の若きマーガレット・サッチャー（元英国首相）が加わっていました。マーガレット・サッチャーは、ビクター・ロスチャイルドの庇護も受けていました。ビクターがソヴィエトのスパイとして名指しされたとき、サッチャーは彼をかばいました。イスラエルのモサドという秘密組織が影で動き、サッチャーとともにビクターを守りました。ハイエクとフリードマンは、サッチャーを通してビクターと結ばれていました。ケインズが死んだのは一九四六年です。ハイエクがモンペルラン協会を設立するのがその翌年です。

ビクター・ロスチャイルドが、ハイエクとフリードマンを利用するヒントがここに隠れています。若きマーガレット・サッチャーがビクターの意を受けてハイエクとフリードマンに接したと私は思っています。そこに「リバタリアニズム」思想のアイン・ランドが加わり、秘密結社ができたと私は思うのです。
スーザン・ジョージの『アメリカは、キリスト教原理主義・新保守主義に、いかに乗っ取られたのか？』から引用します。

モンペルラン協会は、狂信的な新自由主義派経済学者の秘密のコミュニティであり、マーガレット・サッチャーは今日に至るまでその会のメンバーでありつづけている。
ゆっくりとした始まりにもかかわらず、これらの萌芽的諸機関はそのまま継続し、国内外で、重要な——だが大部分は目に見えない——役割を果たすようになった。一九八五年から二〇〇二年にかけて、モンペルラン協会は、合計で五〇万ドル以上の資金を保守派のさまざまな財団から獲得し、トップクラスの新自由主義思想家たちをリクルートした。今やその数はトータルで四〇カ国五〇〇人以上を数える。モンペルラン協会の最も著名な歴代議長は、ハイエクとフリードマンを別格とすれば、いずれもノーベル経済学賞の受賞者であるジョージ・スティグラー、ジェームズ・ブキャナン、ゲーリー・ベッカーである。

この文章の中に、ノーベル経済学賞とはどんなものであるかが見事に書かれています。ノーベル経済学賞は、一九六九年、スウェーデン王立銀行が、「アルフレッド・ノーベルを記念した」賞を毎年、経済学者に授与することを決定したことによります。選考委員のほとんどは国際金融家です。

世界権力のために役に立ったとしてハイエク、フリードマン、そして「シカゴ・ボーイズ」の人々がこの賞を貰いつづけているのです。秘密結社「モンペルラン協会」の思想を支えてきた文学者アイン・ランドの『利己主義という気概』から引用します。

野蛮な武力や詐欺のような手段を使って、生産する人間から生産物を掠《かす》め取ったり強奪したり、生産する人間を騙《だま》したり奴隷にしたりすることによって生き延びようとする人々が、どこにでもいます。このような人間たちの生存は、このような人間たちの犠牲になる人々が存在するからこそ可能になります。自ら考えることを選ぶ人々のおかげで略奪者は生きることができます。また、略奪者が奪い取ったら絶対に手放さない物を生産することを選んだ人々のおかげで、略奪者は生きることができます。このような略奪者は、自らの力で生き延びることができない寄生虫です。彼らは、有能な人々を破壊することによって生存します。人間にとって適切な行動を選び採り、正しい道を進む人々を破滅させることによって、彼らは生きるのです。

この本の巻末にある著者アイン・ランドの紹介文には「1905〜82年、アメリカの国民作家、政治思想家。ハイエクやフリードマンと並んで、自由放任資本主義を支持する超個人主義的自由主義（リバタリアニズム）の提唱者のひとりとして知られる」と書かれています。彼女はユダヤ系ロシア人です。フィリップ・ロスチャイルド（フランス）の愛人であり、アラン・グリーンスパンを

フリードリッヒ・ハイエク（1899 - 1992）

娘時代のマーガレット・サッチャー（1925 - ）

アイン・ランド（1905 - 1982）

ＦＲＢ議長に仕立て上げたことでも有名です。著書の『肩をすくめるアトラス』『水源』はアメリカですでに数百万部発行されている超ベストセラーです。それもそのはず、ほとんどの本がロスチャイルドとその一味であるユダヤ国際金融家たちにより、全米のハイスクールの生徒たちに無料配布されているからです。

さて、アイン・ランド女史は何を言わんとしているのでしょうか。「野蛮な武力や詐欺のような手段で富を掠め取られる」人々は馬鹿者で、この略奪者は「正しい道を進む人々（＝馬鹿者）」を破滅させるといっているのです。彼女は心ならずも、自分自身が寄生虫であり、略奪者であると告白しているのです。それはモンペルラン協会が、略奪者と寄生虫のための秘密結社であることで分かります。モンペルラン協会は、シカゴの闇市場と結びつきました。彼らは闇の投機家が利益が出るように麻薬産業のための自由企業地帯を提唱しました。レーガンとサッチャーの二人に、低賃金政策をとるように指導しました。ハイエクの弟子リチャード・ウィーバーは一九四八年の著作に『思想は結果をもたらす』というタイトルをつけました。この「思想が結果をもたらす」という思想こそが、ネオコンのスローガンとなっていきました。ハイエクとフリードマンは世界中から膨大な数の学者や研究者、評論家をモンペルラン協会に集めました。新自由主義＝リバタリアニズムが、この協会から広まっていきました。なかでも、ハイエクの思想は、若き経済学者ジェフリー・サックスに引き継がれました。世界権力はこのジェフリー・サックスにポーランドの政治的壊滅を導くために、経済的危機を演出させました。彼はズビグニュー・ブレジンスキーの指揮下に入りました。

ポーランドは独立しました。しかし、ポーランドは世界権力の経済奴隷となります。どうしてでしょうか。ポーランド独立を獲得した、あの「連帯」という組織の幹部の大半は、オデッサ生まれのユダヤ人ボルシェヴィキの子孫だったからです。

ハイエクとフリードマンは、シカゴ大学で経済学を学ぶ学生たちを洗脳しました。彼らは「シカゴ・ボーイズ」と呼ばれ、モンペルラン協会の秘密ルートで世界中に出されました。グレッグ・バラストの『金で買えるアメリカ民主主義』を引用します。

一九七〇年代半ば、奨学生としてシカゴ大学で学んでいた私は、「グローバリゼーションによる新世界秩序」の誕生を目の当たりにした。大学院でミルトン・フリードマンのゼミに入り、「シカゴ・ボーイズ」とのちに呼ばれる奇妙な一派の一員になろうとしていたのだ。チリを拷問と自由市場の実験場に変えた右派の「新自由主義」経済学者と南米の新進独裁者の集団である。

この『金で買えるアメリカ民主主義』は、新自由主義＝リバタリアニズムがいかに人間を奴隷化してきたかを追求した記録文学です。「一切の偽善を排して、真の自由のために戦い抜いたアメリカの民衆の保守思想家」アイン・ランドの正体も見ることができます。ハイエクとフリードマンが、ＩＭＦと世界銀行のために魂（もともと彼らにあるとも思えませんが）を売った経済学者であるのが分かります。彼ら、新自由主義＝リバタリアニズムに生きる人々は、公正のために活動していると心底信じている人々を裏切っています。私たちはこの市場という名の世界＝経済の場で、不公正な世界が演じられていることを知らされていません。ハイエクとフリードマン、そしてアイン・ランドは「社会なるものは存在しない」という思想の持ち主です。彼らに言わせれば「人々が共通の利害を持つこともなく、共通の目標を持つこともなく、共通の富を持つこともない社会である」ということになります。そこで彼らは「隷従の道」を避けたければ「選択の自由」をとれといいます。それが「利己主義という気概」であると言うのです。この思想はまさしく、寄生虫であった連中が今や世界の権力を一手にする一歩手前にまで来ていることを示しています。

この本の訳者は「徹底したエゴイストばかりなら、戦争は起きない！　利己的に生きることができない人間は、他人も世界も救えない……」というアイン・ランドの言葉を引用し、「アイン・ランドが本書で弾劾してやまない悪とは『生きているのに死んでいること』である」と記しています。私たち日本人は、アイン・ランドによればほとんど「生きているのに死んでいる」ようです。しかし、私たち日本人は、かつて「開闢《かいびゃく》の時」を持った民族です。今こそ、その時ではないでしょうか。

［第十章］

# 終末時計が零時を打つとき世界を支配する者が姿を見せる

## 世界＝経済の終末時計は二十一世紀の今、何時何分なのか

一九九〇年代、終末時計（二九九頁参照のこと）は一九九〇年初めには、午前零時の十七分前を示していました。二〇〇二年の時点では七分前、二〇〇七年一月には「五分前」でした。

これは全面核戦争の脅威を示す終末時計です。では、「世界＝経済」にも終末時計なるものは存在するのでしょうか。

私たちは、世界＝経済が、さまざまな曲折を経ながらも、なんとなく現状通りに続いていくという前提のもとに毎日の生活を送っています。そして、なんらかの大事件や恐慌に遭遇すると、その原因の半分以上は偶然性の中に見つけ（あるいはそのように信じて）、それ以上深く追い求めることをしません。リーマン恐慌といわれるものを「資本主義の暴走」、あるいは同じ意味の「強欲資本主義」のせいにし、人間の欲望ゆえに恐慌が発生したのだと考えます。そして、その考え方に馴らされてしまい、なんら疑問を抱くことなく詮索することなく、過去の出来事として片付けています。

しかし、私は、人間が起こすいろんな戦争や恐慌などには、必然のストーリーがあるという前提のもとにこの本を書いてきました。

「カタストロフ理論」というものがあります。一九七〇年代に登場した数学上の理論です。たくさ

んの学者がこの理論に挑戦しました。この数学上の理論が、人間の行動の面においても応用できるとする学者も現われました。V・I・アーノルドの『カタストロフ理論』によりますと、「力学系は、定常状態からジャンプして逃げ出し、別の運動状態に飛び移る」とされています。すべての運動には特異点が存在し、〝折り目〟とか、〝ひだ〟とも呼ぶべきものが必ず存在するがゆえに、カタストロフ（崩壊）が起こりうる、ということになります。その理論が「ニューズ・ウィーク」という雑誌に登場してから四十年近くがすでに経ち、この理論は一般の人々からはとうに忘れられました。

しかし、私は何か大きな事件に遭《あ》うと、いつもこのカタストロフ理論を思い出します。それは、カタストロフ＝恐慌も、何らかの〝折り目〟とか〝ひだ〟を持つ運動の中で発生したものにちがいない、と信じているからです。カタストロフという言葉を使うのは少々難解ですので、「まさか」という言葉を使います。「まさか」には二通りあります。一つは天変地異です。火山の噴火とか台風の襲来です。しかし、「戦争」とか「恐慌」に、この「まさか」が通用するのでしょうか。私たちは、ただ戦争や恐慌が準備されていたことを知らずにいるから「まさか」を連発するのではないのでしょうか。

私たちの知らないところで、ほとんどの戦争、恐慌、大事件が進行している真の目的は何かを考える時が来ています。私は、世界権力なるものが、どのようにして誕生してきたかをこれまで書いてきました。無目的に時間が進行しているのではなく、歴史を、時間というものを通して観察するとき、「まさか」を演出する人々がいることを明らかにしてきました。この「まさか」を演出する人々の存在について触れない政治学者・経済学者たちは恐慌を目の当たりにして驚き、それは「暴走資本主義」のせいだと、ただそれだけを叫んでいます。そして今日でも、株価、為替相場、国債……の面から経済を論じ、日本の未来は暗いとか、明るいとか言って満足しています。世界＝経済の怪物たちについて、何ひとつ書かない本に真実味があるのでしょうか。「まさか」を演出する世界権力のごくごく少数の超エリートたちは、未来のシナリオを書きつつ、ニタっと含み笑いをしているのです。

私は「アメリカの上昇、そしてその終焉」に至るドラマを描いてきました。その一つに、新自由主義経済学がどのように誕生して、アメリカ経済、イギリス経済を下降にシフトさせ、世界経済の悪化となったかを書きました。この経過の中に「まさか」があったでしょうか。偶然性はほとんどなく、必然性だけが存在したのでした。ハリウッドの二流役者レーガンも、イギリスのマーガレット・サッチャーも長い時間をかけて、計画どおりにつくられた大統領と首相でした。国家財政を破綻させるべく彼らは操られました。レーガンもサッチャーも現職を引退後、アルツハイマー型認知症となりました。これも偶然でなく必然ではないでしょうか。

私は今や世界の権力を掌中《しょうちゅう》にしていると思われる超エリート集団にも何らかの欠点があると思っています。私たちは彼らの欠点を探さなければなりません。

二十世紀後半から二十一世紀にかけて、アメリカの宗教は何かと問われると、単にキリスト教の国から、ユダヤ・キリスト教の国といわれるようになりました。今やユダヤ教とキリスト教が合体しているのです。あの憎悪の宗教ユダヤ教とやはり憎悪の宗教であるキリスト教が合体して一つの宗教のようになっています。この変化の中にも、世界権力をより強固なものにせんとする超エリートたちの思惑《おもわく》が見えてきます。

アメリカの宗教について書こうと思います。その理由はこの項のタイトルに掲げた「世界＝経済の終末時計は二十一世紀の今、何時何分なのか？」の鍵をアメリカの宗教が握っていると思うからです。

アメリカでは一九二四年に定められた国別移民割当制度が一九六五年に廃止され、新しく移民帰化法が制定されました。世界中から多くの人々がアメリカに移民するようになっていきました。イスラム教、ヒンドゥー教、仏教、シク教、ゾロアスター教……こうしたさまざまな宗教の信仰を持った人々がアメリカに住み着きました。その結果、イスラム教徒の人口とユダヤ教徒の人口がほぼ同じようになり、また、ロサンゼルスは世界で最も複雑に宗教が混じり合う都市になっていきました。そしてアメリカ生まれのイスラム教徒や仏教徒が急増するようにもなりました。

キリスト教の世界でも、道徳的多数派やキリスト教徒連合などのキリスト教原理主義が立ち上がりました。アメリカ人は、アメリカの宗教は基本的にはキリスト教であると、無意識に自信をもって決めつけているだけです。あの一九六五年に移民帰化法が制定されてから今日に至るまでに、アメリカは宗教上では世界で最も多様な国になったのです。

一九六四年に公民権法が制定されます。この法により法律的には人種差別がなくなります。アメリカ連邦憲法修正第一条には「連邦議会は、国教を樹立し、あるいは信教上の自由な行為を禁止する法律を制定してはならない」とあります。アメリカは宗教上の多様性、すなわち、宗教多元主義の国家となったのです。しかし、キリスト教徒たちの中には憎悪の炎を燃やし、他の宗教徒にテロ行為を繰り返す人々も増加しました。宗教多元主義はまた文化多元主義を創り出しました。移民法以前のアメリカは、プロテスタント、カトリック、ユダヤ教の三つの宗教の国家であるといわれていました。他の宗教が加わったために、三つの宗教を総称してユダヤ・キリスト教という言葉が生まれてきたのでした。

ユダヤ・キリスト教という言葉の中に、世界権力の狙いを知るための大きな鍵が隠されています。ハーバード大学はマサチューセッツ州にありますが、この大学は徹底したプロテスタントの大学でした。十九世紀の後半になると、カトリックの学生が増加しました。二十世紀に入ると、ユダヤ人の学生が入ってきました。今やハーバード大学にはユダヤ教徒の学生のためのロソフスキー・センターがあります。「ラビ」ヘンリー・ロソフスキーの名にちなんだ施設です。そして一九二〇年ごろから、イギリスのハロルド・ラスキー教授がハーバード大学に来て、フェビアン社会主義を教えます。また、一九三〇年代にはケインズ経済学が学内を席巻します。もともと、プロテスタントの牙《が》城《じょう》であったハーバード大学も、ユダヤ教と社会主義の影響を受けて、ユダヤ・キリスト教という名の宗教を中心とする大学へと変貌していきました。

これはたんにハーバード大学だけの問題ではありません。アメリカという国家が、ユダヤ・キリスト教を中心に、そして人種や文化が混合し、社会的多元化が進んだのでした。こうした多元化の中で、ユダヤ・キリスト教徒と他の宗教との間に憎悪犯罪が増加していきました。そして憎悪犯罪が増加するのと並行して、プロテスタント教徒、カトリック教徒、そしてユダヤ教徒が一つになっていくのです。ユダヤ教徒の宗教習慣がキリスト教徒の中で市民権を得ていきます。

しかし、ユダヤ・キリスト教的アメリカという理念が拡大していくことは、信教の自由というアメリカ建国の原則と相容《あいい》れません。

ここまで私が書いてきたのは、この宗教上発生している憎悪犯罪が世界＝経済を支配せんとしている超エリートにとってどのように考えられているのかということなのです。彼らは間違いなく世界統一政府を目指しています。そのためにも宗教を統一したいのです。そうしなければ人間の心を支配できないからです。

一人のチャプレンについて書くことにします。大伝道家ビリー・グラハムはアメリカの国民的英雄です。彼が各地で興行する伝道集会（クルーセード）には一回で数万、いや、数十万人を超える聴衆が集まります。彼の興行のために多くのサクラが用意されます。サクラの中には盲人や麻痺患者が雇われていて、グラハムと一緒に街から街へとめぐり歩きます。その途中、多くの奇跡が起きるように演出されています。二千年前のイエスが盲人や麻痺患者を使ったのと同じように。彼はケネディ大統領の主催する朝食祈祷会で、大統領と並んですわり、政府要人や上・下両院議員に説教しました。ニクソンもそれ以降の大統領もグラハム師をチャプレン（専属牧師）としました。グラハム師は、チェース・マンハッタン銀行（今はＪ・Ｐ・モルガン・チェース）に特別な口座を持ち、世界権力から必要なだけの資金を与えられています。ベトナム戦争、イラク戦争のときには大統領とともに戦勝の祈りを捧げました。

私はこのグラハム師が世界権力によって故意にアメリカの英雄に仕立てられたと思っています。このグラハム師がプロテスタントとカトリック、ユダヤ教を超えた宗教のシンボルに祀《まつ》り上げられて以降、たくさんの伝道師が登場し、特に保守政党と結びつきました。ここにキリスト教原理主義が誕生します。その中でも、一九八九年にキリスト教徒連合を設立したパット・ロバートソンが有名です。彼が政治家と結びつき一大勢力を作ってからは、多くのミニ版のロバートソンが生まれてきました。彼らはテレビを利用し大衆にアピールします。メガチャーチが登場しだしたのは二十世紀の末ごろからです。バーバラ・エーレンライクは『ポジティブ病の国、アメリカ』の中で二十一世紀の教会（メガチャーチ）を次のように描写しています。

概してメガチャーチは、聖像をはじめとする一般的な教会の象徴をことごとく捨て去った。十字架も、尖塔も、キリスト像も。とくに十字架は、宗教史学者のランドール・バルマーの話では、教会へ行かない人に、吸血鬼に対するのと同じような影響を及ぼしかねなかった。つまり、「訪問者を怖がらせたり、おびえさせたりする」というのだ。

さらに、人びとの神学嫌いを和らげるため、たいていのメガチャーチは、地域の人工環境に

ビリー・グラハム（1918－）

グラハムの伝道集会（クルーセード）

なじむよう、現代風に、また企業風に設計され、建設された。

私は、ユダヤ教がキリスト教を乗っ取ったのがメガチャーチであり、キリスト教原理主義であったと思うのです。今や求道者たちは、銀行やオフィスビルに入るように、十字架もキリスト像もない教会に入るのです。そこで牧師が「教会が大きくなるのは、その精神が大きいからである。事業を始めようとする人は、十分に努力すれば、いつか大成功すると考えるはずだ。これこそがアメリカン・ドリームではないか」と言うのです。

二十一世紀のアメリカに「牧師企業家」が大量出現しました。人々は教会で罪について熱弁を聴かされたり、自分に悪いところがあると思わされるのを嫌がるようになったのです。「神はたしかに善であり、だからこそわれわれに最善のものを与えたいと望んでいる」というわけです。教会が企業に近づき、企業も教会に近づいていいます。そこに必要なのは、トップがカリスマ性を備えていて、神秘の力を持っているかです。

こうした中で、二〇一〇年十一月二日の中間選挙に向けて、全米各地で民主・共和両党の候補者を決める予備選が相次いで行なわれるなか、草の根保守派連合「ティーパーティ（茶会党）」が実力を見せつけるようになりました。ティーパーティとは何ものなのでしょうか。その中心にいるのは「大きな政府」を嫌い、社会の変化に敵意を抱く中流層の中高年の白人たちです。彼らはアナーキーな性格の持ち主が多く、いつも喧嘩腰です。彼らはたいした政策を持たず、彼らの政策を非難されても代替案を持っていません。年齢層も高くて後ろ向きです。彼らは一九八〇年代に流行した「新自由主義思想」を引きずっています。ハイエク、フリードマン、ランドの思想が二十一世紀に復活したのです。彼らは理由もなくいろんなところに集まっては〝怒り〟を爆発させました。ウォール街の金融機関などのエリートや、リベラルな職業政治家たちに毒矢を放ちました。「彼らは中流納税者を犠牲にして、貧困者やマイノリティ、移民の便宜を図っている」

彼らはオバマ大統領にも怒りをぶつけました。「アメリカ人から銃を取り上げようとしている」「白人に対して執拗な憎悪を抱いている」。アメリカ人は、外の世界を忘れてしまったようです。二〇一〇年十一月の中間選挙では共和党が勝利しましたが、アフガニスタンもイラクも話題にならず、世界に対する無関心さを示しました。祖国での騒乱や、困窮から逃れるためにアメリカにやってきた移民が、海の向こうの世界を嫌うようになったのかもしれません。アメリカ国民の間ではエリートへの反駁《はんばく》の高まりがあるのも事実です。

私は、アメリカが孤立主義の時代に突入しつつあるとみます。アメリカは世界中から手を引こうとし、金の計算のみの国となっていきそうです。このティーパーティが盛り上がったのはテレビの報道が大きく影響しています。特にユダヤ人ルパート・マードック系のテレビ局が最大限にティーパーティを応援しています。彼らの目的はどこにあるのでしょうか。一言でいうならアメリカの解体です。ユダヤ教とキリストの合体、キリスト教のメガチャーチ化、そしてティーパーティ、これらはすべてアメリカの解体を目指しているように思えます。

それでは、キリスト原理主義について書くことにします。

一九七九年六月、ファルウェルを代表としてモラル・マジュリティという政治団体が誕生しました。一九八〇年八月、宗教者円卓会議がダラスで国内問題討論会を開催しました。ニュー・ライト・テレビ伝道師を中心としたキリスト教原理主義者など一万八千人の参加者の中に、大統領選挙を戦っていたロナルド・レーガンがいました。坪内隆彦の『キリスト教原理主義のアメリカ』から引用します。

ここでレーガンは、「時代の証を理解し、我が国の偉大な伝統的な原理を理解している人物」、「神の言葉を信じ、生ける神とその子イエス・キリストを信じる人物」などと大げさな紹介をされた。このキリスト教原理主義者の熱狂の中、レーガンは演説をぶち、「アメリカの家族関係を回復する。そして、伝統的なアメリカの姿を取り戻していく」と宣言した。

モラル・マジョリティーや円卓会議に象徴されるニュー・ライトと宗教右翼の連繋は、プロテスタントと保守派カトリック、ユダヤ人の連繋強化を意味した。

キリスト原理主義にユダヤ人が参加します。この原理主義運動からユダヤ・キリスト教が発達していきます。レーガンがキリスト教原理主義の中から大統領の道を歩まされたことが理解できます。

このことはキリスト教原理主義が新自由主義と結びついていることの証しとなります。この両主義のために、ユダヤ国際金融のマネーが大量に流れていくのです。

ジョージ・W・ブッシュと並み居る高官たちも皆、キリスト教原理主義者でした。「ボーンアゲイン派キリスト教」という教派があります。彼らは「知的設計説」を公立学校で教えようとしています。「霊的体験に見覚めよ」と説いています。七千万人もの人々がこの宗派に属しており、ネオコンの組織の地上部隊の中核をなしているのです。彼らが「テロとのグローバルな戦い」の頑固な支持者なのです。ネオコンを通してユダヤ国際資本の金が「ボーンアゲイン派キリスト教」に流れています。彼らは新自由主義者です。彼らは熱心にイスラエル国家を支持しています。二十一世紀になってもキリスト教原理主義は拡大し続けています。

私たちは、イスラム教とキリスト教の間で憎悪犯罪が激発しているのを知っています。では、この憎悪犯罪が終わる時は来るのでしょうか。それはほぼ絶望的です。ネオコンという組織がキリスト教原理主義をバックに軍産複合体と軍隊を実質的に動かしているからです。ここにアメリカ、否、世界の危機があります。ユダヤ・キリスト教が軍産複合体と軍隊と結びついて、他の宗教を撲殺する可能性です。もし、このことがなされる時は、間違いなく世界統一の宗教が姿を見せる時です。その時が到来すれば、ユダヤ・キリスト教以外の宗教を信じる人々は、その宗教を捨てるか、アメリカを去るか、最悪では収容所に入れられるでしょう。

今、その兆《きざ》しはすでにあります。アメリカ人の外国人嫌いが急速に進んでいます。世界＝経済で、世界の支配を目指す超エリートたちは、間違いなく、世界統一のために、宗教を一つに、ユダヤ・キリスト教に統一すべくスケジュールを組んでいるにちがいありません。もし、その時が訪れれば、私たち日本人は時間も自由も奪われます。アメリカ大陸へ移住したアングロサクソン民族は、アメリカ先住民を宗教民族として、宗教伝統を持つ人間としては見なさず、あっという間に（たったの数百年で）、数千万人を殺しました。彼らにとっては、キリスト教徒だけが人間でした。だから殺しても良心の呵責《かしゃく》はなかったのです。その民族が「タルムード」を持つユダヤ人と合体し、ついに二十世紀の末にユダヤ・キリスト教を創り上げたのでした。

この例が示すように、ユダヤ・キリスト教以外の宗教は悪魔崇拝とか魔術とされる可能性が大です。反ユダヤ主義は消えたのです。私たちは、世界＝経済が指し示す終末時計が何時何分を指すのかを、もうすぐ知るようになりそうです。その終末時計の針を止める方法はないのでしょうか。

## 逆共産主義＝未来の新共産主義が世界を狂わせた

ロナルド・レーガン元大統領が亡くなったのは二〇〇四年六月五日でした。二〇一一年二月六日、カリフォルニア州の記念館で、ナンシー未亡人を中心に「レーガン生誕百年」の祝賀会が催されました。集まりにはベーカー元財務長官ら当時の側近らに加え、地元住民ら数千人が参加しました。以下、日本経済新聞（二〇一一年二月八日付）の記事を引用します。記事の見出しは『『レーガン賛美』交錯する思惑」です。

年明け以降、米メディアで「レーガン」の名を見ない日はない。折しも米政界は歳出削減を巡る与野党の攻防が始まったばかり。共和党にとって「小さな政府」をかかげて景気回復に成功したレーガン改革は誇るべき前例であり、業績に日が当たるのは願ったりかなったりだ。

何かがアメリカを狂わせています。レーガンが「小さな政府」をスローガンに掲げて登場した一九八〇年には、アメリカの上位五百社の企業のCEOたちの平均年俸は、平均的ブルーカラー労働者の四十二倍でした。レーガンが大統領の座を去った後の一九九〇年には八十五倍となり、二〇〇〇年には五百三十一倍となりました。上位百社で見ると、ＣＥＯたちの平均年俸は、自分たちが率いる企業の労働者の一千倍を超えています。どうしてこのようなことになったのでしょうか。「小さな政府」を目指したのは、中央集権制度を嫌い、反政府的伝統を復活させたことが大きな原因の一つです。ハイエクとフリードマンを中心とするマネタリズム派が政府の規制に反対する声を上げげました。彼らは政治的右派と結びつき、「国家とは勤勉な市民を食いものにする吸血鬼である」と言い張りました。アメリカ政府が福祉関連の支出増を止めることが「小さな政府」の第一歩だとしました。レーガンが大統領の地位から去って二十年以上が経ちますが、同じ叫び声をティーパーティの中に発見することができます。

私は人間の歴史のターニングポイントはキリストが神となった時と、そして、第二次世界大戦と原子爆弾の投下の時点、まずこの二つにあると思っています。では、その次のターニングポイントはどこにあったのでしょうか。私は一九七九年にあると思います。そう思えばこそ、ハイエクとフリードマン、アイン・ランド、サッチャーを描いてきたのです。米ハーバード大学（歴史学）教授ニーアル・ファーガソンが語る記事を引用します。「フォーサイト」（二〇一〇年四月号）、タイトルは「待ち受ける『二つの未来』」です。

ソ連自壊のきっかけとなったのは、一九七九年のアフガニスタン侵攻でした。そして、イギリスがマーガレット・サッチャーを首相に選び、自由市場主義を復活させたのも、初の訪米で自由主義の現実を目の当たりにした鄧小平が中国の改革開放に着手したのも、イランでイスラム革命が起きたのも、すべて七九年のことでした。

それから三十年余。今度は、アフガニスタンの泥沼に足を取られ、超大国の地位を危うくしているのはアメリカであり、経済危機後の瓦礫に横たわるのは、サッチャーやレーガン元米大統領が推進した自由市場型の経済モデルだといえます。

一方中国はアメリカの地位を脅かすまでに急成長し、イスラム革命がどれほど多くの原理主義者に勢いを与え、テロネットワークの拡大を招いたことか。つまり、いま我々が直面している世界の潮流――中国の台頭、イスラムの過激化、市場原理主義の興亡――の源流は、七九年に見いだすことができるのです。

「経済危機後の瓦礫に横たわるのは、サッチャーやレーガン元米大統領が推進した自由市場型の経済モデルだとも言える」に注目してください。ここに、アメリカがリーマン恐慌を迎えた最大の原因があります。資本主義が暴走したから恐慌が起こったというのは、一面しか見ない日本の経済学者たちの致命的な欠点です。二〇〇八年九月に恐慌が起こるべく、ストーリーが作成されていました。私は拙著『八百長恐慌！』の中にそのことを書きました。

もう一冊の本を紹介します。カレル・ヴァン・ウォルフレンの『アメリカとともに沈みゆく自由世界』です。

政治議論のなかで使われる公益という概念が、揺らぎはじめたのはレーガン政権時代だった。この概念は個人主義や独立独行、望ましい社会秩序を形成する最良の働きをする市場といった、前述したようなさまざまなイデオロギー的幻想の前にかき消されようとしていた。公益とはあらゆる市民すべてが分かち合うべきものであり、それは特権階級にのみ配分される私益とは対極的な関係にあるものだった。だが「階級」という言葉を使うことはよろしくないとされているため、アメリカの政治議論のなかでこの事実を認識することは困難だ。また前述したように、人々が努力しさえすれば、それによって得られるあらゆる利益をみんなで分かち合うようになるのだから、公益をことさらに重視する必要はなくなる、というロマンティックな幻想を、アメリカ人たちが抱き続けていることも原因の一端であろう。

私は、ウォルフレンが書いている「階級」という言葉に注目します。どうしてアメリカのジャーナリストはこの言葉を避けているのでしょうか。ウォルフレンはオランダ人ですから、この「階級」という言葉を自由に使えるのです。アメリカを「階級社会」にしようというのが、新自由主義とリバタリアニズムの真の目的なのです。

階級とはマルクスにとっては資本家と労働者でした。労働者は賃金の面で不当に差別されているから、資本家という階級を打倒すべしというのが共産主義でした。では、新自由主義者やリバタリアンたちは何を主張しているのでしょうか。「小さな政府」を徹底することで、それまで貧しい人々に再分配していた国家の富を与えないようにせよ、富める人々の利益を公益に優先せよ、というものです。共産主義理論風に表現するならば、富める階級が貧しい階級からその富を一方的に掠奪《りゃくだつ》しても国家は関与するな。ただ、富める階級に近づく自由を貧しい階級に与えているのだから、そこになんら問題はない、というのが、フリードマンが自身の著作名とした『選択の自由』なのです。階級という言葉がアメリカの経済誌にも新聞にもまるで出てこないのは、こういう理由によります。

ここで私は私の考えを、アメリカという国について次のように明確にしようと思います。「アメリカは逆共産主義国家である」と。新共産主義でも、反共産主義の国家でもなく、未来の共産主義を意味する、逆共産主義が極端に発達し、二十一世紀の今日にほぼ完成しつつあると私は主張します。そして、この逆共産主義が姿を見せ始めたのは、一九七九年からであるとします。では、その始まりの時はいつでしょうか。ケインズが死んだ翌年の一九四七年、ハイエク、フリードマン、サッチャーが「モンペルラン協会」を創立した時をもって始まったとします。

アメリカではそれまで、権力者たち、特に政治家たちは、私利私益のためではなく、公共の目的のために働いていました。ルーズベルトも、トルーマンも、アイゼンハワーも、彼らは戦争を故意に仕掛けた大統領ではありましたが、アメリカ国民の福祉を忘れることはなかったのです。今、オバマ大統領も、富める者の利益のために国益を捨てています。オバマ大統領をはじめ閣僚たちは、「欲望という名の電車」に乗った富める者たちの奴隷に成り下がっています。そして、民主党に投票しようと、保守党に投票しようとも、公益の受益者であるアメリカ市民の政治参加の余地はまったくなくなりました。

私は今、アメリカを描いています。しかし、この未来の共産主義＝逆共産主義の風潮は日本でも見られます。日本人は「階級」という言葉を過去の遺物として捨て去りました。しかし、平成の時代に入り、新しい階級が誕生したのに気づかないのです。「格差社会」という言葉を逆共産主義と置き換えて考えなければいけません。私たちはアメリカの変貌を通して日本の変貌を見るべきなのです。「グローバリゼーション」を物の流通の面からのみ見るのではなく、階級という面からも考えなければならないのです。グローバリゼーションは新自由主義経済論から生まれたことを知るべきなのです。

「黙示録」という言葉があります。この言葉の真の意味は、一般大衆に隠さねばならないことを一部の特権階級だけが知る、ということを意味しました。黙示録的とは、重要なことを隠して、という意味です。今は、逆共産主義の意味を（世界中の）ほとんどの人々は知りません。私はアメリカの宗教が、プロテスタント、カトリック、ユダヤ教からユダヤ・キリスト教という言葉にほぼ統一されて呼ばれるようになった、と書きました。このユダヤ・キリスト教という言葉の中に、逆共産主義思想が色濃く流れているのをアメリカ人のほとんどは知りません。

「ポジティブ・シンキング」などという考え方が流行しだしたのは一九八〇年代からです。物事を楽天的に肯定的に考えようとする思想です。この潮流を支えるのは「教会成長運動」といわれるものです。教会は昔から伝わる教義を犠牲にしました。今、メガチャーチには十字架も、キリスト像も、尖塔もなく、あるのは、ロック音楽、所属するスーパー、学校、病院です。そして説かれるのはアメリカン・ドリームです。給料が下がる人々、失業者たちに、ドリームを持てと説教師が説くだけです。その後にロック音楽が鳴り響き、何も知らぬ大衆は絶叫しているのです。つまり、教会は、特にキリスト教原理主義の福音派の教会は、求道者を福音派の信者にしたあと、その者たちを使ってさらに多くの求道者に呼びかけ、信者を増やしています。かくてネズミ講がアメリカ全土に拡大しました。同時に、キリスト原理主義＝逆共産主義の宣伝機関は完全に富める階級の支配下に入りました。これがアメリカという国の現状です。

アメリカでは、ほんの一パーセントの富める階級の人々が残りの九五パーセント以上の人々（中流・下級階級を含めて）を支配するという逆共産主義の体制がほぼ完成しました。この体制の中から、ネオコンなる不法組織が生まれてきました。ネオコンのほぼ全員が、ヨーロッパからのユダヤ人移住者または難民です。ハイエク、フリードマン、アイン・ランドも同じ出身です。これは偶然ではありません。私は逆共産主義者たちはイギリスにいる世界政府樹立を目標とするオリンピアンズ（自分たちをオリンポスの神々の末裔《まつえい》だと彼らは自称しています。この言葉を世界権力に換えて使います）の指導を受けていると思っています。その中でも特に注目すべきはあのアイン・ランドという小説家です。彼女は小説『肩をすくめるアトラス』の中で未来の国家を描いています。富める者が貧しい人々を徹底的に支配することの重要性を説いています。

また、アイン・ランドは社会公平政策を批判する論文を多数発表しました。簡単に言えば、貧しい人々を救うために富める者の財貨を奪うな、という思想を広めました。金を儲けるか、儲けないかは人間の能力の差なのであるから、金儲けに道徳は介入すべきでないと主張しつづけました。私はリバタリアンたちを逆共産主義者であると断言します。この日本にもリバタリアン＝逆共産主義者が増えています。彼らは言います。「卑劣な者たちが、強者の金銭と財産を奪っている」と。

私は宋鴻兵の『通貨戦争』を引用しようと思います。彼は「ランドの考え方は、今の中国社会では、一部の巨額の富と物質的優位性を持った者から賛同され、支持されることだろう」とも書いています。

アメリカの教育機関と教師協会までコントロールし、ランドの思想を若者に植え付けようとしている。学校と学年によってダイジェスト版本が異なるものの、『肩をすくめるアトラス』はアメリカ小中学生の必読書に指定されている。出版数8千万冊とは市場での販売数量ではなく、エリートが社会に向けて徹底して洗脳するための「販売促進」の結果であった。世界的名著ではないのに、異常なほど売り上げを記録した。

ランドを代表とする「世界の主」、「神に選ばれし者」、「生れながらの支配者」と言う考え方は、どの社会においても大多数の不満を買うことになる。人は平等で善良なる社会を追求し誰も奴隷になりたいとは思わない。ランドは人々の価値観と道徳観に挑戦し、不公平の合理性を強調して、金銭の重要性を主張し、社会倫理の虚偽性を唱えた。これら全てが人類の常識と直感と衝突している。

宋鴻兵はアメリカ生活が長いものの、今は中国に帰っています。私は「アメリカ小中学生の必読書に指定されている」との文章に接し、「ああやっぱりな」と思いました。私は拙著の中でアイン・ランドにたびたび触れてきましたが、アメリカでは小中学生までが、アメリカ逆共産主義の餌食《えじき》になっているのを知って驚きました。中国でも中国式逆共産主義が進んでいます。怒れる貧しい人々が富める中国の富ある者たちに対し、年間数十万回を超える反撃を繰り返しています。しかし、アメリカでは、静かに逆共産主義が広まっています。

確かに「ニュース」は絶えず与えられています。しかし、本当の「知識」を持つことをアメリカの人々は、子供の頃から拒絶されていると思えてなりません。今アメリカで進行中なのは、時間というものの価値を教えないということです。『肩をすくめるアトラス』の中で、主人公ジョン・ゴールドは次のように語ります。

人間は、理性ある存在と呼ばれてきましたが、理性とは選択の問題です。人間の本性が人間に与える選択肢とは、理性的存在であるか、自殺したがる動物であるか、です。人間は人間であらねばいけません――それも自ら選ぶことによって人間は、自らの人生を、ひとつの価値として保持しなければなりません——それも自分が選ぶのです。人間は、自らの人生を保持するために学ばねばなりません——それも自分が選ぶのです。人間は生きることに必要な価値を見つけて、その価値を実践しなければなりません——それも自分が選ぶのです。選択によって受け入れられた価値観という規則の体系が、道徳という規則の体系です。

読者は右の文章を読んでどのように感じられたでしょうか。理性の力で価値を見出し、保持し、実践せよと説かれています。この理性の力を持たぬ者は「自殺したがる動物」であるというわけです。「選択によって受け入れられた価値観を持つ」者のみが、「道徳という規則の体系」を体現するエリートであるということです。宋鴻兵はエリートについて次のように書いています。「異邦人は永遠に神様に選ばれず、奴隷となり、アングロアメリカのエリートたちに管理される以外には選択する道はないのである。いわゆる民主的自由主義の政治の看板の下で、精神信仰面の根深い格差は永遠に解消されることはない」

宋鴻兵が「精神信仰面の根深い格差」と書いていることに注目してください。この格差こそが、逆共産主義の思想の中核をなすものです。日本人も中国人も決して訂正することのできない格差です。すでにこの格差は歴然としています。ではどうすればいいのでしょうか。宋鴻兵は『凡人』の参加が許可されるのは、全くの不公平なゲームであり、不公平な人生である。どこが平等社会なのか」と切り捨てます。彼は中国人として、憤慨しつつ書いています。

私たち日本人は宋鴻兵と同じ状況下に置かれていながら、彼の思想の深さを知ることがないのです。アメリカの九五パーセント以上の人々と同じような立場に、日本人の全員が位置づけられた時間と空間の意味を知ろうとしないのです。逆共産主義の完成が近づき、その奴隷化の時間が予定通り進んでいるのに日本人は気づくこともないのです。それどころか、日本のリバタリアンたちは意気揚々として、偽りの預言者として、日本人を誑《たぶら》かしているのです。私は日本の特権階級であるリバタリアンたちにこう告げようと思います。

「あなたたちも、本当はリバタリアンの奴隷であることを知るべし！」

## 見よ、世界の惨状を、壊れゆく時間を！

ここでもう一度、ケインズの経済学について書くことにしようと思います。リーマン恐慌以降、ケインズ経済学が見直されているからです。ノーベル経済学賞受賞者のプリンストン大学ポール・クルーグマン教授、コロンビア大学のジョセフ・スティグリッツ教授の影響力が強いせいかもしれませんが、『雇用・利子・および貨幣の一般理論』（通称「一般理論」）がたくさんの学者たちによって論じられるようになりました。

ロバート・スキデルスキーの『なにがケインズを復活させたのか？』の中にケインズ復活のシナリオが見事に描かれています。リーマン恐慌（あるいは危機）以降、世界経済は低迷を続けています。そして犯人捜しが行なわれました。日本の経済学者も同じような追求をしているのですが、強欲な投資銀行（ゴールドマン・サックス、モルガン・スタンレーなど）、格付け機関の無責任なやり方、監督官庁の見て見ぬふり、グリーンスパン前FRB議長がとった金利政策……こうしたものがリスクの証券化を誘い、ついに資本主義そのものを崩壊の危機に立たせたというのです。新古典派経済学、フリードマンやハイエクなどのために世界各国の財政支出は巨大化された。要するに、各国は財政支出することにより、百年に一度の危機からかろうじて脱出しえたので、ケインズ経済学が復活しえたというわけです。学者たちは、ケインズの「有効需要の考え方」を第一としているようです。何かが必要ならば、穴を掘ると有効需要が創造されるということです。

若田部昌澄は「日経ビジネス」（二〇〇九年三月二十三日号）の「ケインズ経済学　オバマ政権下で再び脚光」の中で次のように書いています。

> 具体的に何ができるだろうか。現代のマクロ経済政策の基礎は、中央銀行による金融政策である。大恐慌からの脱出にも、ＦＲＢによる金融緩和が有効であったことを考えると、金融緩和がすべての危機対応の大前提である。（中略）大恐慌以来の経済危機と言われる現在、大恐慌を繰り返さないためには、現代におけるケインズ経済学の意味とケインズ政策の教訓、さらに現代経済学の潮流を正確に理解すべきだろう。

若田部昌澄のこの短い文章の中に、他の日本の経済学者の経済に対する思想が見事に描かれています。「ケインズ経済学の意味とケインズ政策の教訓」を知るためには、私は『一般理論』を読むだけでは不十分であると考え、ケインズの私生活や、ビクター・ロスチャイルドとの私的関係、彼がフェビアン社会主義者であったこと、そしてアメリカで何をしたのか……を、資料を漁って書いてきたのでした。そして何よりも、世界を支配しようとしている人々がケインズの背後にいて、彼を動かし、彼もまた、名声を得るために、彼ら（特にビクター・ロスチャイルド）を最大限に利用したのです。もしケインズがビクター・ロスチャイルドという世界政府を目指していた実力者の援助を受けなかったなら、一介の平凡な経済学者で終わっていたにちがいないのです。表向きには「一般理論」は権力について触れてはいません。しかし、ケインズはあの本の最後の文章の中に、権力について書いているのです。フリードマンもハイエクもケインズ同様、権力についての記述は極力避けています。しかし、権力と、それも世界権力と深く結びつくことにより、マネタリズムは脚光を浴びたのです。日本の経済学者はきれいごとを書いたり、喋ったりして一件落着としています。是非、宋鴻兵の『通貨戦争』を読むことをお勧めします。彼はケインズの本の一行さえ引用してはいませんが、ケインズが何者であるかを見事に書いているからです。

ビクター・ロスチャイルドは一九九〇年に死にます。この世界に一番影響を与えた男はほぼ完全に闇の中に隠れています。私は拙著『20世紀のファウスト』（上・下）の中で彼を描きました。そしてこの本を書くために、たくさんの資料の中に彼を捜し求めました。その中でも宋鴻兵の『通貨戦争』の中にビクター・ロスチャイルドとケインズを発見したときは驚きました。後述しますが、宋鴻兵は世界権力という存在の立場から経済を論じていたからです。

もう少し、ケインズとは何者かを追求してみることにします。ケインズを知るのにいちばん適した本はジョン・K・ガルブレイスの『不確実性の時代』です。彼の本から引用します。

1937年の景気後退はワシントンにおいてケインズの考え方の評判を高めたが、雇用水準を引き上げるための行動は、まだ中途半端なものだった。戦争がヨーロッパに波及した1939年には、950万人のアメリカ人が失業していた。これは、労働力の17％に及んでいたが、次の年にも、ほぼ同じ程度（14・6パーセント）の失業が依然として残っていたのである。

ところが、このあと、ケインズ流の救済策が急速に登場した。政府支出は2倍となり、さらに増加した。赤字も同様であった。1942年末までに、失業は最低水準を記録し、多くの地域で労働力不足が生じたのである。

この歴史をみるのには別の見方がある。ヒトラーはドイツの失業をなくしたあと、彼の敵国においても失業に終止符を打たせる働きをした、と言えないこともないのだ。彼は、ケインズ流の考え方の真の主唱者であったといえる。

私の考えを言えば、第二次世界大戦を仕掛けんとするビクター・ロスチャイルドとその一派の依頼を受けて、ケインズは『一般理論』を書いたのです。ガルブレイスは「ハーバード大学からケインズの思想はワシントンへやってきた。しかもそれは汽車に乗ってである」と書いています。『一般理論』の出版前の出来事です。大きな力がハーバード大学に加えられていたのでした。ガルブレイスは最初のケインジアンです。ガルブレイスは、ケインズのために、ワシントンが政府支出を四倍に増やしたと言っています。何のために？　第二次大戦をルーズベルトにやらせるためだと書いています。ヒトラーも同じように、ビクター・ロスチャイルド一派からの大量のマネーを受け入れて、失業をなくしました。戦争が失業をなくしたのでした。

私たちは、資本主義と共産主義とは相反するものだと教えられています。しかし、資本家たちが共産主義を創造したことを知らねばなりません。資本主義の最終目的が共産主義であることを理解しなければなりません。ケインズ経済学とハイエク、フリードマンのマネタリズムは、コインの表と裏の関係なのです。

第二次大戦が終わった後に、ケネディ、ニクソンの時代までケインズ経済学がもてはやされます。この後にハイエク、フリードマンの経済学へと交代します。しかし、この二つの経済学は一つの重要なファクターの見地からすれば、異質なものではないのです。それはオリンピアンズ（オリンポスの神々）がいかにしてアメリカ（その他の国々も含めて）を弱小国にし、財政赤字を拡大させるかという大きな目標のための、ステップにすぎないのです。

リーマン恐慌はまったくもって八百長の一語で説明できます。巨大な損失を巨大銀行に背負わせて（これも八百長ですが）、「大きすぎて潰せない」との一言で中央銀行に負債の処理をさせ、それによって中央銀行がアメリカ財務省を支配下に置いたのでした。若田部昌澄は前述したように「現代のマクロ経済学政策の基礎は、中央銀行による金融政策である。大恐慌からの脱出にも、ＦＲＢによる金融緩和がすべての危機対応の大前提である」などと実に暢気《のんき》なことを書いています。

中央銀行はロスチャイルドとその一味、すなわちオリンピアンズの私的所有物であることを知らねばなりません。アメリカが大恐慌後、ＦＲＢに依頼して大量のドルを印刷してもらったということは、FRBの支配下に完全に入ったという意味なのです。確かに、大恐慌後、巨大銀行は数兆ドルの支援をFRBと財務省から受けて立ち直りました。しかし、民間部門の債務が大幅に増加し、過剰レバレッジに公共部門の債務が加わりました。中小の金融機関の倒産が相次ぎました。家計や中小企業への融資は抑制されたままです。何がアメリカに起こっているのでしょうか？　アメリカという国家が倒産に向かっているのです。アメリカの中央銀行であるFRBがその倒産の鍵を握ってしまったのです。

アメリカ全土が「巨大な病院」となってしまいました。政治、経済、社会のありとあらゆる面で、この病院には重症患者が溢れています。この巨大病院の経営者は世界＝経済を支配するオリンピアンズたちです。患者のほとんどは隔離病棟の中に入れられています。彼らは小中学校の頃からアメリカ教育機関と教師協会によって強制的に、アイン・ランドの『肩をすくめるアトラス』のダイジェスト版を与えられ、「理性なきものは動物である、他の邪魔にならぬ範囲で（そんなことは不可能ですが）個人の利益のみを追求せよ、他人のことは無視しなければ自由を得ることはできない……」を教え込まれます。そして、ハイスクールに入ると、ゴールドマン・サックスやJ・P・モルガン・チェース、モルガン・スタンレーの資金提供により、『肩をすくめるアトラス』の完全版を無料配布されます。一九九一年にアメリカ議会図書館とブック・オブ・ザ・マンズ・クラブが、「二十世紀でいちばん影響を受けた本」についての読者を対象にした調査を行ないました。『肩をすくめるアトラス』が『聖書』に次いで第二位でした。ランドのもう一つの大作『水源』も大量に出版されています。完全な利他主義、個人主義の本です。

正直いって私はこの二作を読んだあと、身震いが止まりませんでした。「なんでこんな本が……」。そうです、アメリカの若者たちは、アメリカの教育機関、教師協会から、完全なる洗脳教育を受けているのです。ごくごく一部の青年がこの病院から脱出します。その青年たちが、オリンピアンズへの道を歩みます。また、ごくごく一部の青年が「正気」という名の病名を自分でつけることができます。ジョージ・オーウェルが一九四九年に発表した小説『1984年』の中で描いた世界と今のアメリカはよく似ています。『1984年』の世界は、スターリン支配下のソヴィエトがモデルとなっています。人間愛の収奪の上に成立する不毛の世界ですが、今のアメリカを見ると、共産主義の理想の代わりに、アイン・ランドの理想が教えられているのです。アメリカを支配する権力には決して逆らうなと、偽りのユートピアを強制された人々が、病院に収容されているのです。「富裕層が成功をおさめたのは、運が良かったのではなく、彼らが美徳を持ちあわせていたからだ」ということです。「あなたが富裕層の仲間入りをすれば、あなたは美徳を持った人になる」。そして叶わぬアメリカン・ドリームに祈りをかけて、巨大病院の中にある、メガチャーチへと彼らは入っていくのです。そこには、聖書も、キリスト像も、十字架もなく、ただただ、牧師が「アメリカン・ドリームの達成のために祈りましょう」と説教するのです。

現在、アメリカ人の五人に一人が失業するか、パート労働（非正規労働）に出ているか、まったく仕事をしていません。実質失業率は二〇パーセント以上です。会社経営者は経営不振を理由に、いかなる従業員も即決で馘《くび》にできます。失業保険は二十六週間を過ぎると支給が打ち切られます。彼らは失業者ではないとされるのです。フードスタンプ（貧困者用の食料券）を貰うアメリカ人が毎日、約二万人も増えています。アメリカ人の七人に一人（二〇一〇年六月現在）がこの食券をもらって生きています。毎月百ドル（約七千六百円）程度のフードスタンプで、なんとか命をつないでいるのです。まったくの無収入者が六百万人（国民五十人に一人）います。彼らは家も持たず、公園のテントの中か車の中でただ生き続けています。彼らが病気をしたら、巨大病院は救ってくれるのでしょうか。四千七百万から五千万人の人々が医療保険に入っていません。彼らは巨大病院の外の荒野に放り出され、ただただ生きながら死を待つのです。オバマの社会保障制度改革は何の役にも立たず、製薬会社と巨大病院の経営者のみを富ませるためのイカサマ政策でした。

「勉強しないとイラクに行くことになるぞ」という〝名言〟を二〇〇四年の大統領選で民主党のケリー候補が発しました。今アフガニスタンで戦っている（？）のは雇兵がほとんどです。働けど働けどじっと手を見るだけの「ワーキングプア」たちが選んだ職業が「アフガンへの出稼ぎ」というわけです。この雇兵の最大手企業がハリバートン社で、ブッシュとともにイラク、アフガン戦争を仕掛けたチェイニー前副大統領がCEOです。しかし、ハリバートンの実質支配者はオリンピアンズの面々です。生かすも殺すも、オリンピアンズしだいということが理解できたでしょうか。

失業者を増やせば大企業＝富裕層が儲かるシステムがアメリカに完成されていることを知る必要があります。自動車産業のトップ企業GM、電機部門のトップGEは大量の失業者を出しました。

GMもGEも新自由主義の旗手の役割をオリンピアンズたちから委《まか》されてリーマン恐慌を演出しました。彼らは金融部門に進出し、住宅ローンも手掛けました。儲けの大半をケイマン諸島に隠し、一部の者だけで山分けしたのです。これがアイン・ランドの言う「富裕層の美徳」なのです。失業率上昇＝余剰人員の削減＝株価上昇＝富裕層の美徳＝アメリカの衰退、という方程式がリーマン数学の解なのです。

「クーリエ・ジャポン」（二〇一〇年五月号）、堤未果責任編集の「オバマ大統領就任から1年『貧困大国』の真実」から引用します。刑務所の囚人たちがその自治体を潤しているというお話しです。

刑務所の建設自体もビジネスの対象になっています。「刑務所REIT《リート》」という不動産投資信託が今、ウォール街の投資家たちから注目を集めています。普通の不動産投資信託では、たとえば買ったアパートに人が入居しないと利益が出ない。でも刑務所はいつも満員ですから、ローリスク・ハイリターンなんですね。

米国の刑務所では、入所と同時に手数料といった名目で多額の借金を追わされます。当然、刑期を終えて出所しても借金漬けですから、貧困のために犯罪に走って、すぐに刑務所に舞い戻ることになる。一度落ちたら最後、刑務所ビジネスから逃れられない。

オリンピアンズの子分たちはついに、究極のビジネスを発明しました。堤未果は「米国では日本よりはるかに急激なスピードで市場原理が社会を呑み込んでいますが、一つ一つのステップを見ていくと、日本も確実に同じ道を歩んでいます。そして、このまま進むとこうなるというモデルケースを米国が見せてくれている」と記しています。私は堤未果説に賛成です。オバマは貧困層、中間層に何をしたのでしょうか。ただただ、成り行きにまかせたのでした。彼は最初から何もしない大統領として登場したのです。

私はアメリカの惨状をごく少しだけ書きました。これは明日の日本の縮図です。私には、巨大病院が日本に生まれてくる様子がはっきりと見えてきます。十年も経たないうちに必ずや日本はアメリカ化します。オリンピアンズたちは日本をアメリカ化する明確なプランを持っています。

もう一冊の本を紹介します。先に紹介したカレル・ヴァン・ウォルフレンの『アメリカとともに沈みゆく自由世界』です。

だが、なににも増して悲惨なのは、アメリカの刑務所の民営化だろう。国家の刑罰を儲け主義の民間企業に委ねれば、商業上の理由からさらに多くの人間を罰しなければならなくなる。すると犯罪行為と見なされる領域は拡大し、投獄によって罰すべき罪を判断する基準は引き下げられる。このように考えれば、アメリカの刑務所システムが史上最大規模となり、囚人の数も世界最大規模を誇るようになったことは、少しも不思議ではない。レーガン政権が誕生する前、刑務所にいるアメリカ人の数は五〇万人ほどで、仮釈放や執行猶予処分になった人々は一五〇万人に満たなかった。ところがいまや二〇〇万人以上が獄中にあり、合計で七〇〇万人が矯正施設にいる。カリフォルニア州では一九八二年から二〇〇〇年の間に刑務所の数は五倍に増えた。

また二〇〇九年にペンシルベニア州のふたりの裁判官は、民間刑務所企業から賄賂と引き換えに、二〇〇〇人余りの子供を投獄したとして有罪判決を受けたのである。

これがレーガン大統領後のアメリカの変貌ぶりです。新自由主義＝リバタリアニズムの思想が市場の自由化を推し進めた結果です。しかし、この刑務所の民営化も、アメリカを崩壊させようとするオリンピアンズたちの計画の一つにすぎません。

## 終末時計のカウントダウンが始まった

旧約聖書の世界は今でも生きています。旧約聖書の最初の五つの書（創世記、出エジプト記、レビ記、民数記、申命記）だけでも六百十三の戒律があるといわれます。J・ラッシュドゥーニー牧師が指導した「カルケドン財団」という団体があります。J・ラッシュドゥーニーは、ハイエクの精神に触れて「キリスト教の政治的関与を支持するにあたってのわれわれの目的は、西欧民主主義諸国における大きな国家を縮小することであり、それを聖書的限界内にまで小さくすることである。国家は本質的に宗教機関なのだ」と言っています。アメリカのキリスト教原理主義が政治と深く結びついていることが分かります。

私たち日本人には奇異に思えることですが、あの創世記の天地創造の神話の物語、アダムとイブ、蛇、リンゴを文字通り信じている人々がアメリカには無数にいます。この詩的神話が「創造説」を生み、科学そのものと対決しています。「創造説」が宗教右派であるアメリカを支配しつつあり、キリスト教原理主義を拡大させ、ネオコンなどの政治勢力と深く結びつきました。私たちは、旧約聖書と新約聖書が一体となって預言者が準備されている現状を知らねばならないのです。今や、ユダヤ・キリスト教は世界＝経済をほぼ完全に支配しているというのが偽らざる現実です。

私はギリシャ文明の衰退、そしてローマ帝国文明への移行について書いてきました。それからユダヤ教とキリスト教の誕生とローマ帝国によるキリスト教の公認に至る歴史を書いてきました。ギリシャでは、あらゆる出来事に神々がいること、それゆえに科学的な進歩があったと書いてきました。また、そこにはコスモ（宇宙）が存在し、時間は円環的であったとも。しかし、多神教の世界は、キリストが神となり、一神教が登場したなかで消え去らざるをえませんでした。闇の世界に追放された神々がグノーシス主義者の中に宿り、かろうじて科学が残存し続けました。キリスト教世界にほころびが生まれだしたのはフランス革命でした。その後にユダヤ教が復活してきました。それから百余年を経て、ユダヤ教はキリスト教の世界へと巧妙な手段で入り込み、キリスト教原理主義なるものを新たに創造し、さらにはユダヤ・キリスト教なるものへと変容したのです。

一神教の人々（プロテスタント、カトリック、ユダヤ教、イスラム教）は例外なく、他の宗教に対して敵対的、すなわち憎悪に満ちています。二十一世紀の騒乱はどれも一神教徒の起こしたものです。一神教の人々は、自分たちの信じる神を讃えたりするだけでは満足できないのです。この一神教ゆえに数百年にわたり戦争が繰り返されてきました。人間すべてが、かの創造神の代弁者の意に従えというのです。

ロスチャイルド家が経営する英国の「エコノミスト」社は、このキリスト教原理主義運動を支持し続けています。なかでも「エコノミスト」誌は、宗教右派の信仰復興派への支持を表明しています。教会を解放せよ、一人のカリスマよ立ち上がれ、高らかに主を讃え、万人を救済せよと、「エコノミスト」誌は書いています。世界＝経済を支配するオリンピアンズたちは、明らかに宗教の支配に乗り出して、すでにほぼ完成させました。ＡＢＣニュースが二〇〇四年二月に実施した「プライムタイム世論調査」の結果によれば、創世記の天地創造に関して「文字通りの真実であり、一字一句がその通りだ」と答えたアメリカ人が六一パーセントにのぼりました。また、モーゼが紅海を二つに割ってファラオの戦車隊の追跡からユダヤ人を救った話を真実と認める人は、六四パーセントに達しました。

私は「終末時計のカウントダウンが始まった」をこの項のタイトルとしましたが、カウントダウンが偽りでないことの最終の証しが、この「天地創造説」を信じる人々がいかに多いかにあります。彼らは、創造主の代弁者の言うことを疑わない人々なのです。彼らは、アメリカがいかに悲惨な状況下に置かれているかを知らずに、神の再臨を待ちわびる人々なのです。９・11事件もイラクへの侵攻も、ジョージ・Ｗ・ブッシュ前大統領の言を信じて、「テロへの攻撃」を神の御業《みわざ》と讃える人々なのです。このような人々を創り出すことにオリンピアンズは成功しました。もはやアメリカに反ユダヤ思想はほとんどなくなりました。ここにおいて、終末時計のカウントダウンがいよいよ始まったのです。

それでは、終末時計の次のカウントダウンの進行はどの時点で始まったのでしょうか。それは今までに書いてきたように、「天地創造説」を信じきっている人々を住宅バブルに誘い込むことでした。住宅バブルはブッシュ大統領とグリーンスパンＦＲＢ議長とがオリンピアンズたちに誘惑されてなされたものでした。公定歩合が破格に下げられ、銀行がオリンピアンズのシナリオ通りに動きました。このリーマン恐慌への道はとても長いのでここでは省略します。詳しいことを知りたい方は、二冊の拙著『八百長恐慌！』と『ロスチャイルドと共産中国が2012年、世界マネー覇権を共有する』を読んでください。

なぜアメリカ国家そのものが巨大な赤字財政を持つに至ったのか、その理由を知る必要があります。ここで私が特に指摘したいのは、国家が国民に属する、国家とは国民であるという原則が、まるで逆になってしまったということです。

逆共産主義化するアメリカということについてはすでに書きました。アメリカはこの逆共産主義化を推し進めるために、安全保障に力を入れています。アメリカという国家は逆共産主義と強迫的資本主義とが一体となってきました。ケインズ主義の復活がいわれていますが、これは一時的なものです。それは決して長続きするものではありません。財政赤字は無限に埋め合わせることができないからです。

第一の終末時計の針が進んだのは、人間の心への絶えざる攻撃、第二の終末時計の針が午前零時近くに進んだのは逆共産主義の出現であり、強迫的（＝戦略的）資本主義も針を進めました。同時に進行していく巨大なアメリカという国家の財政赤字が決定的な要因です。どれほどの赤字なのでしょうか。四十兆ドルとも五十兆ドルとも、六十兆ドルを超えるともいわれますが、誰も正確な数字を知ることができません。しかし、確かな数字があります。二〇一〇年には一兆六千億ドル、二〇一一年には一兆三千億ドルが、それぞれ増えているということです。二〇一一年にはアメリカの公的債務は、国の税収の四〇〇パーセント（つまり四年分の税収合計）になるということです。二〇一二年には、アメリカは八千五百億ドルの債務を償還しなければなりません。二〇二〇年には、アメリカ政府の債務は対GDP比で一五〇〇パーセント以上になるとされます。これはあくまで現在の利率をもとに計算したものです。

二〇一〇年でも財政破綻しているのに、近未来の十年後にはアメリカが存在していない可能性が大です。一日一日と、アメリカの財政赤字が増加していることが、終末時計の針を進めていることを理解しなければなりません。

私はここで、アメリカの自由という立場から終末時計＝アメリカという国家の消滅の時間を書いてみようと思います。

アメリカの自由のシンボル、それは銃を持つことです。合衆国憲法で保障されている「武装権」を守ろうとする「オープン・キャリー運動」、すなわち「おおっぴらに銃を見せびらかせて公共の場所に出よう」という示威運動を通して、アメリカの自由が語られていることです。では、アメリカの政府は銃規制ができるのでしょうか。それは不可能です。アイン・ランドの『肩をすくめるアトラス』を小中学生のときから教えられているアメリカ人はリバタリアンになりきっています。彼らは、自由とは政府に束縛されていない状態という思想の持ち主なのです。

では、もしアメリカという国家が崩壊するとなったら、アメリカ人はどのような行動に出るでしょうか。米憲法修正第二条は「規律ある民兵（州兵）は自由な国家の安全のために必要であり、武器を所有し携帯する権利は侵されない」と規定しています。二〇〇八年六月、連邦最高裁はこの条項が州兵に限定されたものでなく、個人の武装権も保障するとしました。銃所持の権利を擁護する一部のリベラル派（リバタリアンたち）は、武装の権利とは自分の身を犯罪者と政府の両方から守れるようにする権利にほかならないと主張しています。今、アメリカでは個人が二億丁もの拳銃を所持し、毎年三万人が銃で殺されています。どうしてこのような銃世界がアメリカに出現したのでしょうか。レーガン政権以降、反政府的な伝統が復活したというわけです。

一九七〇年代、カリフォルニア州で納税者の反乱が起きました。レーガンが大統領になると、新自由主義＝リバタリアニズムの思想を受け入れ減税を行ないました。「国家というのは問題を解決する存在でなく、問題そのものである」という名言をレーガンは遺しました。財政破綻、拳銃による殺人の増加、そして悲惨なほど貧しい人々の激増、ユダヤ・キリスト教により「天地創造説」を信じる人々……アメリカ国家の消滅という終末時計の針は午前零時を目指して、一秒一秒進んでいます。私はアメリカについて書いていますが、ヨーロッパでも同じように、アメリカと同時進行で破滅のシナリオが進行中です。

破滅のシナリオとは何でしょうか。オリンピアンズたちによる支配が完成しようとしていることです。ジャック・アタリというユダヤ人がいます。彼は一九四三年にアルジェリアで生まれたフランス人です。彼は二〇〇七年、サルコジ大統領（ユダヤ人）に依頼され、大統領諮問委員会「アタリ政策委員会」の委員長となり、二十一世紀に向けてフランスを変革するための政策提言を行なっています。私はアタリはオリンピアンズたちが特別に選別した、アイン・ランドに次ぐリバタリアンであると思っています。彼は著書『金融危機後の世界』の中で次のように書いています。

世界は、グローバル化した複雑なシステムに覆われているわけだが、この「ゴーレム」とも言える意思も目的ももたないシステムは、人類に最大限に役立つと同時に、それが機能する過程ですべてを破壊することもある。というのは、こうしたシステムを動かす原動力には、道徳的配慮など、いっさいないからである。

「ゴーレム」には注釈がついています。「ユダヤの伝説に登場する、生命を与えられた泥人形。作った主人だけの命令を忠実に実行するが、あやつるには厳格な決まりが数多くあり、それを守らないと狂暴化し、人間に被害を与える」。現在進行中の「グローバル化した複雑なシステム」はオリンピアンズたちの影響下に、否、半ば支配下にあります。このシステムが「ゴーレム」化しているなどとは、何という人間侮辱の言葉でしょうか。しかも、「道徳的配慮など、いっさいないからである」とは何という残酷な表現でしょうか。

アタリは「今回の危機から、非常にシンプルだが、しばしば忘却されている四つの真理を、ここで確認したい」として以下の文章を書いています。

・われわれ各自が、社会的制限なく身勝手に行動すると、自らの利益だけを追求しはじめ、その果てに自らの子孫の利益さえも奪い取ってしまう。

・他者の幸せは自らの利益でもあることに、われわれ各自が気づいてこそ、人類は生き延びることができる。

・いかなる種類の仕事であれ、労働（とくに利他主義に根ざした労働）だけが、富を得ることを正当化できる。（引用者註：「利他主義」という言葉に注目してください）

・唯一、本当に希少なるものとは〝時間〟である。人々の自由時間を増やし、人々に充実感をもたらす活動に対しては、とくに大きな報酬がもたらされるべきである。

この本の日本語版は二〇〇九年五月に出版されました。私はこの本を読んだとき、アタリはオリンピアンズたちが描いた未来のデザインを一般大衆に知らせるプロパガンダーの役を得ていると思いました。四番目の「……人々に充実感をもたらす活動に対しては、とくに大きな報酬がもたらされるべきである」に、オリンピアンズが何を狙っているかを知ることができます。

アタリの『国家債務危機』の日本語版は二〇一一年一月に刊行されました。私はこの本を読み、ついに終末時計は午前零時に限りなく近づいたと思いました。ここで、終末時計とは何を意味するかを明確にしようと思います。それはオリンピアンズによる世界統一政府ができ、世界中央銀行が世界統一通貨を発行する日を意味しています。

アタリの『国家債務危機』について解説する前に、一度ならず引用した、宋鴻兵の『通貨戦争』を見ることにします。宋鴻兵は「ランドの考え方は金権の台頭という考え方と基本的に一致している。数千年もの間に抑制されてきた金権が社会において主導的な役割を果たすようになったならば、金権勢力は解放され、金権を握る国際銀行家たちは世界の主人公になり、道徳の模範と象徴になる」と書いています。彼の書くような内容を日本の著述家たちが一人として書いたでしょうか。歴史は二十一世紀に入って新しい頁をめくり始めたのです。宋鴻兵は、「2024年元旦、世界統一通貨が発行される」と予言しています。その理由はここでは書きません。ただ、その時のアメリカについて書かれた文章を引用します。

この過程の中で特に注目すべきことはアメリカ政府が演じる市場救済である。実に精彩で真に迫っている。特に財務長官が議会で7千億ドルの救済法案を跪《ひざまず》きながら承認を乞う一幕は、心を揺さぶり、これにより悲壮感が漂うクライマックスを迎える。一連の救済劇は、むしろアメリカ政府が世界に向けた、全力を挙げてドルとアメリカ経済を救済しているというアピールである――三日間で1千億ドル、五日間で1兆ドルを拠出した。にも拘わらず駄目ならば、もう政府の手に負えない、という。全ての準備が整ったある日、イギリスとフランスとドイツが突然にドルをこれ以上受け入れないと宣言し、株式市場も為替市場も一斉に暴落する。一夜にして全てのドル債券が泡と消え、中国人の貯蓄も大半の外貨準備も共に消えてしまう。アメリカ国民の年金も医療保険も姿がなくなり、国債は泡と散り、ドル準備金はトイレットペーパーに変わる。全ての怒りがアメリカ政府に向けられるが、アメリカ政府はなすべきことは全て実施したし、良心に恥じることはなにもないと胸を張る。すると、西側諸国の理論家たちが矛先を「極悪非道」の主権通貨に向け、「不幸な」ドルを標的にする。最後に、世界の金融エリートたちが、勤勉で善良なる中国国民を含めたドル犠牲者に対して心よりのお悔やみを述べる。追悼文は以下の言葉で締め括られる。

「生きている人間よ、主権通貨の廃墟から立ち上がり、世界統一通貨の新しい道を切り開こう！——アーメン」

宋鴻兵のこの文章は悲愴感に満ちています。しかし、彼の予測では世界統一通貨の出現は二〇二四年とされていますが、現実はもっと早い時期ではないかと私には思えるのです。アメリカの財政赤字の増加のスピードが異常であるからです。では、アタリの『国家債務危機』を引用します。宋鴻兵の文章とはちがって非常に冷静な文章ですが、内容は同じです。

次世代に先送りする負担を、将来的に返済するための貯蓄を形成することが可能であることも示さなければならない。この目的のために、世界中の人々の貯蓄でファイナンスする「世界修復基金」の誕生が望まれる。この世界修復基金により、個人には最低年金が約束され、また環境を破壊した者と破壊に苦しむ者との間で、環境を考慮しながら負担を公平に分配することが可能となる。

こうした支出の財源を確保することは可能である。世界の年間の貯蓄額は、およそ一五兆ユーロであり、蓄積された金融資産は、今日の価値が今後も維持されるのであれば(今のところ、現実的な仮定である)、およそ二〇〇兆ユーロである。

国際金融の構造を根底から見直し、これまで述べてきたように、金融市場にきわめて厳格な規制を遵守させることも必要である。

こうした取り組みが推進されていけば、長期的には、世界単一通貨・世界中央銀行・地球財務機関が創設されることになり得るのではないかと思われる。

文中の「地球財務機関」とは世界統一政府のことです。オリンピアンズたちは、すでにドル崩壊後のシナリオを作成していることが右の文章から理解できます。「個人には最低年金が約束され」とありますように、細部にわたる計算も既にできているようです。「国際金融の構造を根底から見直し」、ついにオリンピアンズ以外の人間はすべて奴隷化されます。アタリは『金融危機後の世界』の中で「人々に充実感をもたらす活動に対しては、とくに大きな報酬がもたらされるべきである」と書いていますが、これは「オリンピアンズが世界を支配する権利を持つ」ということです。その文章の前の文である「唯一、本当に希少なるものとは〝時間〟である。人々の自由時間を増やし……」とはどういうことをアタリは考えて書いているのでしょうか。「奴隷時間＝自由時間を増やし」、行動を束縛する、というのが真の意味であると私は思います。

ジャック・アタリのもう一冊の本を引用します。『21世紀の歴史』（日本語版の刊行は二〇〇八年）の中に、不思議なことが書かれています。

二〇二五年には、いずれにせよ中国共産党の七六年間にわたる権力に終止符が打たれるであろう（七〇年以上にわたって権力を握りつづける政権は、世界中どこにも存在しない）。

この国の過去の歴史からもわかるように、この時期に中国は混乱を極める。新たな民主主義が生まれ、一九一二年の「軍閥」による辛亥革命当時と似たような展開になるのではないだろうか。中国が国家統一を維持できないというシナリオは排除できない。この場合、中国は内乱状態に陥る。

宋鴻兵は『通貨戦争』の中で、世界統一通貨の出現の年を二〇二四年としています。アタリは、オリンピアンズから確かな資料を与えられて書いているものと思われます。このアタリの文章から推察する限りは、二〇二四〜二〇二五年にかけて、オリンピアンズたちが世界政府を樹立することは間違いないでしょう。何かの手違いがない限りにおいては……。

では、どのような世界が出現するのかということです。これは偽書といわれる『シオンの議定書』に書かれている世界です。オリンピアンズたちが階級の上位の位置を占め、他の人間たちが泥人形「ゴーレム」となって、奴隷としての一生を終えるということになります。今から十年後の世界を絶対視することはできません。オリンピアンズと奴隷化されると断定された「ゴーレム」との間に戦さが始まることでしょう。しかし、この戦さを書くことは、また別の機会に譲りたいと思います。ここでは「未来は一つではない」と書くにとどめます。

ジャック・アタリと並ぶ世界統一政府のエージェントの一人にユダヤ人のエマニュエル・トッドがいます。歴史人口学の専門家です。

トッドは、毎日新聞（二〇一一年一月十三日付）で「中国の民主化よりも、西欧が中国の政治制度を採用するかどうかが問題になる時代かもしれません」と書いています。世界統一政府は民主主義的ではなく、中央集権的になると彼は予言しています。また彼は「自由貿易と民主主義は長期的に両立しません」と書いています。民主主義の終焉については、「さらに社会が進歩して高等教育を受ける人が増えると、学歴差による再階層化が進みます。この再階層化と、人々の政治参加に必須な集団的価値の喪失が、民主主義の衰退を招きます。フランスも米英も事態は同じです」と書いています。エマニュエル・トッドは民主主義の終わりと〝中国の政治制度〟の時代がやって来るとはっきりと書いてます。

そのエマニュエル・トッドは、朝日新聞（二〇一一年一月八日付）で、「民主主義の危機から救う道はあるのでしょうか」の質問に、次のように答えています。

問題の表層部分についてなら、エリートたちがより知性を発揮して、経済についての考えを変えればなんとかなるでしょう。民主主義は人々のための統治のことであり、それが機能するにはエリートが必要です。エリートなんていらないと考えるのはポピュリストたちです。

私はエマニュエル・トッドの「エリート」という言葉の中に、アイン・ランドの思想を見ます。アイン・ランドは今日でも生きています。そして確実にリバタリアニズムは、世界統一通貨が登場し、世界統一政府が姿を見せるときに、唯一、この世を支配する思想となるでしょう。そのとき、民主主義は終わりを告げ、逆共産主義の中央集権政府が登場するでしょう。

ジャック・アタリは『21世紀の歴史』の中で「少なくとも二〇二五年までは、世界の大金持ちや主要の中央銀行は、経済的・政治的・金融的に最良の避難場所として、アメリカとドルの動向に注視することになるだろう」と大文字で書いています。中国は「二〇二五年には、いずれにせよ中国共産党の七六年間にわたる権力に終止符が打たれるであろう」とも書いています。アメリカと中国は二〇二五年までに、衰退どころか滅亡すると書いています。

宋鴻兵が『通貨戦争』の中で書いている「世界統一通貨」の出現する時は二〇二四年です。このことはすでに書きました。二〇二四〜二〇二五年にかけて、世界統一通貨が出現することを一つの未来の事実と認めて、私たちは生きていく道を探し求めねばならないのです。

# 〔終章〕日本人よ、開闢《かいびゃく》の時を持つべし

# 日本人よ、開闢《かいびゃく》の時を持つべし

二〇一一年に入ってから、いろんな大事件が続発しています。日本を大地震が襲いました。ヨーロッパの小国ギリシャ発の金融不安が世界を激しく揺るがしています。

アメリカでは、変化を信じる若者たちが、ウォール街で格差に〝NO〟と叫んでいます。七月十三日、カナダの非営利雑誌「アドバスター」がブログで「九月十七日抗議デモ決行」を呼びかけたのが始まりでした。九月十七日、約一千人の若者たちがデモに参加しました。「一パーセントの富裕層がこの国のすべてを得ている」と若者たちは叫んでいます。

私は、格差社会がどうして生まれたのかを書いてきました。公式失業率は九・一パーセントといわれていますが、実質失業率は一七パーセントです。しかも一年以上の長期の失業者が四百五十万人です。今や、アメリカン・ドリームとは職を得ることとなりました。若者の失業率は、二〇一一年七月の公式発表では全米の十六歳から二十四歳で一八・一パーセントです。実際は二〇パーセントをはるかに超えています。

私は国際金融寡頭勢力の超エリートたちがこの世界をいかに支配するかの計画を立てて、ストーリーを作成し現実化の道を進んでいる、と書いてきました。そして、その実現の日は、すなわち、彼らの狙う世界統一政府は、二〇二四～二〇二五年に完成するだろうと書いてきました。

しかし、確実に予想される未来は存在しないのです。オリンピアンズたちがゴーレム（泥人形）たちを完全に支配することが果たして可能なのかと思うのです。ノーベル経済学賞学者のジョセフ・スティグリッツも、「米国人の一パーセントが国全体の所得の二五パーセントを受け取り、富の四〇パーセントを保有している」と言っています。アメリカでは過去二十七年間、新自由主義経済が進むなかで、増加した富の四割が上位一パーセント、八割が上位四パーセントの手に渡りました。そして、下から六割の層の富が七〇・七五パーセント減少しました。

二〇〇八年のリーマン恐慌後、量的緩和第一弾（QE1）、そして第二弾（QE2）と、FRB（連邦準備制度理事会）は金融緩和策を打ち出しましたが、雇用は増えず、家計は過剰債務（借金）ゆえに身動きがとれないのです。それどころか、緩和策ゆえに中低所得者は物価高に苦しんでいます。今、ヨーロッパもアメリカと同様に、否、アメリカ以上に中低所得者が苦しんでいるのです。日本経済新聞（二〇一一年十月四日付）に、『市場の時間』と『政治の時間』という記事が出ていました。


世の中には「市場の時間」と「政治の時間」があるという。物やお金を取引し、利益を最大にし、損失を最小にしようと一刻一秒を争う速さが「市場の時間」。これに対し何か課題が発生してから解決するまでの政治的行動に要する時間が「政治の時間」。政治の仕組みと背後の国民感情によって速度が決まる。
ギリシャ危機がユーロ危機に拡大し日々深刻になっているのは、この2つの時間の差が埋まらないからだ。政治が市場に追いつかない。

誰でも理解できるように「市場の時間」と「政治の時間」を表現しています。しかし、私はこの二つの時間でギリシャ危機を説明できないと思います。

ギリシャ危機は見事なまでの方法で演出されたものなのです。それは、私が書いてきた「ファウスト的時間」の演出によるのです。ギリシャに財政危機をもたらすべく諸々の仕掛けがされたがゆえなのです。ギリシャ国債の信用が問題になっていますが、リーマン恐慌のときに、ゴールドマン・サックスとヘッジファンドのポールソン&ポールソンが国債下落の仕掛けをしたのです。ギリシャはまんまと罠に掛かったというわけです。

私はこの新聞記事の中に、日本人があまりにも単純に、世界経済を見ているのに驚くのです。この世に偶然は存在しないのです。私はこの本で読者のみなさんに、この世に何が、どのように起こっているのかを三千年の世界の歴史をとおして説明してきたのです。そこで、世界＝経済の怪物の正体について詳述したのです。今、何が起こっているのかを知るためには、日本経済新聞が書いているように「ギリシャ危機がユーロ危機に拡大し日々深刻になっているのは、この二つの時間の差が埋まらないからだ。政治が市場に追いつかないからだ」ではないのです。ユーロ危機については本文では書きませんでしたが、ＥＵそのものが誕生したときから、この危機を演出した「二十一世紀のファウストたち」がいたということなのです。ユーロという共通通貨をイギリスとスイスが採用していないのはなぜかと考えるとき、その答は簡単に得られるのです。イギリスとスイスに、この危機を演出したオリンピアンズたち、またの名を国際金融寡頭勢力の面々がいるということです。

やがて近未来に、ヨーロッパの多くの国々が財政危機ゆえに貧しい国へと転落していきます。アメリカは貧しい国どころか、内乱状態に陥ると私は思っています。中国も国家の姿が大きく変わっていくでしょう。

私が書いてきた「時間について」を再度考察していただければ、これからの世界が見えてくるはずです。しかし、未来の時間は確定した時間ではないのです。何が起きるのでしょうか？　万が一、アメリカの怒れる若者たちが、今の政治体制（代議制民主主義体制）を打破し、下からの革命に成功すれば、未来の時間はオリンピアンズたちが予定していた時間と大きく変わる可能性があるといえます。しかし残念ながら、ハイエク、フリードマン、そしてアイン・ランドの思想にすっかり洗脳されてしまった若者たちに、未来を切り拓くエネルギーはないだろうと私は悲観的な見方をしています。世界はアメリカから崩壊していくだろう、というのが私の未来予測です。

では、日本人はどう対処していけばいいのでしょうか。

終末時計が限りなく、午前零時近くを示しています。私たち日本人は、その終末時計の前に静座し、時間とは何かを問うべきであろうと思います。私は大分県別府市に住んでいますが、地元の地方紙、大分合同新聞（二〇一一年十月九日付）に、これはすばらしいと思う記事を発見しました。日本思想研究家ジュリア・トーマスの論文からの引用です。

> 日本は「成長後」社会のベストモデルを探していくという決意を固めて世界に宣言したらどうか。そうなれると思う。これから富は減る。職場も減る。でも、少ないものを分け合ってやっていける――とみんなが決意すべきだ。（中略）
>
> 日本は長いこと社会サービスで、優れた実践をしてきた。医療保険制度にせよ、公共交通機関にせよ、米国よりずっといい。町もずっと安全だ。いま日本も貧富の差が激しい社会に向かっている。米国の場合はもっと格差が広がっている。しっかりとした中産階級を、経済成長をベースにして築くのではなく、「成長後」にどう維持できるかが、課題だ。
>
> 歴史を振り返ってみれば、徳川時代は成長がなくとも続いた社会だった。当時としては世界最大といわれる１００万都市、江戸は清潔な都市でもあった。欧州に比べて疫病大流行は少なかった。人ぷんを肥料に使う一種のエコ社会で、都市が清潔だったからだといわれる。（中略）人々は移動せずとも、生まれついた場所でかなりレベルの高い生活を営めた。
>
> 日本は、その過去の経験から、未来に提示できるものをたくさん持っている国だと思う。

ジュリア・トーマスは私たち日本人に、貴重な過去の時間に心を振り向けろと忠告してくれています。忘れられ、捨てられた過去の時間にもう一度心を振り向けようではありませんか。彼女は私たち日本人に、ポスト・グローバリゼーションの準備に入れと教えてくれているのです。このポスト・グローバリゼーションについて、水野和夫の説を紹介します（「毎日新聞」二〇一一年十月六日付）。

現在求められているのは、ポスト・グローバリゼーションの時代を考える構想力である。その基本原則は、反「蒐集」であり、反「膨張」である。地球全体がグローバル化すれば、膨張しようがないからである。その前になすべき喫緊の課題は、近代で作った過剰な債務は、近代の仕組みで解決しておくことである。

新しい経済学はここから誕生してくるでしょう。私は東日本大震災後の東北の人々の姿をテレビで観て、あの人々は日本人がかつて持っていた時間を今も持っていることに気づきました。そして間違いなく、東北の地から新しい経済学が生まれると確信するようになりました。

日本人にとって時間とは、自然の中で、自然とともに生きることを自覚することに他ならないのです、いかなる世界の動乱の中にあっても。虫も鳥も風さえも、私たち日本人の一人一人と同じ時間を持っていることを知り、泰然《たいぜん》自若《じじゃく》として世界の動乱の時を迎えるべきなのです。富を失うことは悲しい。しかし、それ以上に、永遠の時を、絶対の今を失うほうがもっと悲しいのです。

私たち日本人は、この世界で進行中の大きな暗流の意味を知らねばなりません。それから眼をそらして、政治家も経済人も刹那的な行動をとっています。政治学者も経済学者も世界統一通貨とか世界統一政府を論じることはありません。彼らは何かに怯《おび》えているようです。だから彼らに頼ることなく、あなたは一人で、孤独の中で、あなた自身の時間を発見すべきなのです。それが私が言ってきた、創造的想像力を使うということなのです。

あなたは哲学者であり、政治学者であり、そして経済学者でなければなりません。やがて近未来に確実に襲来する世界大恐慌、世界最終恐慌の中で生きぬくために、あなたは屹然《きつぜん》たる人間でなければならないのです。その時、終末時計が午前零時の時を告げようと、あなたの心の中では、正午の時を知らせる鐘が鳴り響くのです。

その鐘の音とともに、あなたは開闢《かいびゃく》の時を迎えて、すっくと立ちあがるのです。

［了］

# 〔引用文献一覧〕

◉大森荘蔵『時間と自我』青土社／一九九二年◉佐藤勝彦監修『相対性理論を楽しむ本』ＰＨＰ文庫／一九九八年◉中野孝次『すらすら読める方丈記』講談社／二〇〇三年◉井筒俊彦『意識と本質』岩波文庫／一九九一年◉Ｒ・マリー・シェーファー『世界の調律』鳥越けい子他訳／平凡社／一九八六年◉Ｏ・シュペングラー『西洋の没落』村松正俊訳／五月書房／一九七六年◉フェルナン・ブローデル『世界時間』村上光彦訳／みすず書房／一九九六年◉真木悠介『時間の比較社会学』岩波書店／一九八一年◉パスカル『パンセ』前田陽一、由木康訳／中公文庫／一九七三年◉ユージン・ミンコフスキー『生きられる時間』中江育生・清水誠訳／みすず書房／一九七二年◉セネカ『生の短さについて』大西英文訳／岩波文庫／二〇一〇年◉原子朗編『大手拓次詩集』岩波文庫／一九九一年◉ロバート・Ｐ・クリース『世界でもっとも美しい10の物理方程式』吉田三知世訳／日経ＢＰ社／二〇一〇年◉ハックスリ『恋愛対位法』朱牟田夏雄訳／岩波文庫／一九六二年◉今西錦司『進化とは何か』講談社学術文庫／一九七六年◉糸川英夫『新解釈〝空〟の宇宙論』青春出版社／一九九一年◉ジョージ・オーウェル『１９８４年』新庄哲夫訳／早川書房／一九七二年◉道元『正法眼蔵』中村宗一全訳／誠信書房／一九七一年◉西田幾太郎「思索と体験」(『西田幾多郎全集』第一巻)岩波書店／一九四七年◉寺田清一編『森信三先生全一学ノート』私家版／一九七九年◉梅原猛『日本人の「あの世」観』中公文庫／一九九三年◉百田宗治『百田宗治詩集』(『現代日本詩人全集』第六巻)東京創元社／一九五五年◉モーリス・シャトラン『キリスト教と聖書の謀略』南山宏訳／日本文芸社／一九九四年◉デーヴィッド・アイク『大いなる秘密』太田龍監訳／三交社／二〇〇〇年◉マルティン・ハイデガー『存在と時間』桑木務訳／岩波文庫／一九六〇年◉E・H・カー『歴史とは何か』清水幾太郎訳／岩波新書／一九六二年◉『ナグ・ハマディ文書（Ⅱ）福音書』荒井献、大貫隆、小林稔、筒井賢次訳／岩波書店／一九九八年◉ユースタス・マリンズ『衝撃のユダヤ5000年の秘密』歴史修正学会訳／日本文芸社／一九九四年◉マルチン・ルター、I・B・プラナイティス『ユダヤ人と彼らの嘘・仮面を剥がされたタルムード』歴史修正研究所監訳／雷韻出版／二〇〇三年◉G・W・F・ヘーゲル『歴史哲学講義』長谷川宏訳／岩波文庫／一九九四年◉ニコラス・デ・ラーンジュ『ユダヤ教入門』柄谷凜訳／岩波書店／二〇〇二年◉荒井章三『ユダヤ教の誕生』講談社／一九九七年◉岡田明憲『ゾロアスターの神秘思想』講談社現代新書／一九八八年◉吉田敏浩『宇宙樹の森』現代書館／一九九七年◉小岸昭『離散するユダヤ人』岩波新書／一九九七年◉ゼブ・ベン・シモン・ハレヴィ『カバラ入門』松本ひろみ訳／出帆新社／二〇〇二年◉ジャンケレヴィッチ『仕事と日々・夢想と夜々』仲沢紀雄訳／みすず書房／一九八二年◉ジョハン・ホイジンガー『中世の秋』堀越孝一訳／中央公論社／一九七六年◉アルトゥル・ショーペンハウエル『哲学入門』石井正訳／角川文庫／一九五四年◉カール・マルクス『ユダヤ人問題によせて・ヘーゲル法哲学批判序説』城塚登訳／岩波文庫／一九七四年◉マイケル・シャピロ『世界を動かしたユダヤ人100人』大谷堅志郎訳／講談社／二〇〇一年◉ジグムント・フロイト『新訳モーセと一神教』渡辺哲夫訳／日本エディタースクール出版部／一九九八年◉C・G・ユング『ユング自伝』A・ヤッフェ編／河合隼雄、藤縄昭、出井淑子訳／みすず書房／一九七二年◉河合隼雄『宗教と科学の接点』岩波書店／一九八六年◉H・キュング『フロイトと神』鈴木晶訳／教文館／一九八七年◉秋山さと子「ゲルマン神の影・ナチス」（『別冊歴史読本・特別増刊⑪』所収）新人物往来社／一九九三年◉湯浅慎一『秘密結社フリーメイソンリー』太陽出版／二〇〇六年◉吉村正和『フリーメイソン』講談社現代新書／一九八九年◉ジョン・コールマン博士、太田龍『ロスチャイルドの密謀』成甲書房／二〇〇六年◉J・P・サルトル『ユダヤ人』安堂信也訳／岩波新書／一九五六年◉湯浅赳男『新版・ユダヤ民族経済史』洋泉社MC新書／二〇〇八年◉饗庭孝男編『ユダヤ的〈知〉と現代』東京書籍／一九九三年◉アンリ・ベルクソン『時間と自由』平井啓之訳／白水社／二〇〇九年◉マックス・ウェーバー『プロテスタンティズムの倫理と資本主義の〈精神〉』安藤英治編／梶山力訳／未來社／一九九四年◉ヴェルナー・ゾンバルト『ユダヤ人と経済生活』金森誠也監訳、安藤勉訳／荒地出版社／一九九四年◉ハンナ・アレント『パーリアとしてのユダヤ人』寺島俊穂、藤原隆裕宜訳／未來社／一九八九年◉プルースト『失われた時を求めて』吉川一義訳／岩波文庫／二〇一〇年◉フリードリッヒ・ニーチェ「反時代的考察」（『ニーチェ全集』第一期第五巻）三谷長治訳／白水社／一九八〇年◉フリードリッヒ・ニーチェ『ツァラトゥストラはこう言った』氷上英廣訳／岩波文庫／一九七〇年◉マルクス、エンゲルス『「新訳」ドイツ・イデオロギー』新訳刊行委員会訳／現代文化研究所／一九九七年◉大内兵衛『マルクス・エンゲルス小伝』岩波新書／一九六四年◉カール・マルクス『資本論』岡崎次郎訳／大月書店／一九七二年◉ポール・ジョンソン『ユダヤ人の歴史』石田友雄監修／阿川尚之、池田潤、山田恵子訳／徳間書店／一九九九年◉フリードリッヒ・エンゲルス『空想より科学へ』大内兵衛訳／岩波文庫／一九四八年◉バーバラ・アダム『時間と社会理論』伊藤誓、磯山基一訳／法政大学出版局／一九九七年◉『シオンの議定書』（「別冊歴史読本」特別増刊⑪）永淵一郎訳／新人物往来社／一九九三年◉ラビ・アブラハム・クーパー、スティーヴン・レオナルド・ジェイコブス、マーク・ワイツマン『「シオン長老の議定書」の大嘘』滝川義人訳／徳間書店／二〇〇八年◉アンドリュー・ヒッチコック『ユダヤ・ロスチャイルド世界冷酷支配年表』太田龍監訳／成甲書房／二〇〇八年◉エドワード・バーネイズ『プロパガンダ（新版）』中田安彦訳／成甲書房／二〇一〇年◉キャロル・キグリー『悲劇と希望（*Tragedy and Hope*）』未邦訳／マクミラン・カンパニー／一九六六年◉W・クレオン・スクーセン『世界の歴史をカネで動かす男たち』太田龍監訳／成甲書房／二〇〇五年◉W・カール・ビブン『誰がケインズを殺したか』斎藤精一郎訳／日本経済新聞社／一九九〇年◉宋鴻兵『通貨戦争』橋本碩也監訳、河本佳世訳／武田ランダムハウス・ジャパン／二〇一〇年◉J・M・ケインズ『雇用・利子および貨幣の一般理論』塩野谷祐一訳／東洋経済新報社／一九九五年◉ダニエル・A・ヤーギン、ジョゼフ・スタニスロー『市場対国家』山岡洋一訳／日本経済新聞社／一九九八年◉P・F・ドラッカー『ポスト資本主義社会』上田惇生、佐々木実智男、田代正美訳／ダイヤモンド社／一九九三年◉マーティン・リース『今世紀で人類は終わる？』堀千恵子訳／草思社／二〇〇七年◉ヘンリー・メイコフ『イルミナティ』太田龍監訳／成甲書房／二〇〇九年◉ワレンチン・M・ベレズホフ『私は、スターリンの通訳だった。』栗山洋児訳／同朋舎出版／一九九五年◉ジョン・R・ヘインズ、ハーヴェイ・クレア『ヴェノナ』中西輝政監訳／山添博文、佐々木太郎、金自成訳／PHP研究所／二〇一〇年◉『バガヴァット・ギーター』上村勝彦訳／岩波文庫／一九九二年◉藤永茂『ロバート・オッペンハイマー』朝日新聞社／一九九六年◉ピーター・グッドチャイルド『ヒロシマを壊滅させた男オッペンハイマー』池澤夏樹訳／白水社／一九八二年◉W・L・ローレンス『0（ゼロ）の暁』崎川範行訳／創元社／一九五〇年◉リチャード・ローズ『原爆から水爆へ』小沢千恵子、神沼二真訳／紀伊國屋書店／二〇〇一年◉金子光男『ラッセル』清水書院／一九六八年◉斎藤文一『アインシュタインと銀河鉄道の夜』新潮社／二〇〇一年◉仲小路彰『未来学原論』文化建設会／一九七三年◉馬野周二『「栄枯盛衰」の科学』PHP研究所／一九八六年◉イリア・プリゴジン『混沌からの秩序』伏見康治他訳／みすず書房／一九八七年◉米倉茂『落日の肖像―ケインズ―』イプシロン出版企画／二〇〇六年◉M&R・フリードマン『選択の自由』西山千明訳／日本経済新聞社／一九八〇年◉P・F・ドラッカー『新しい現実』上田惇生、佐々木実智男訳／ダイヤモンド社／一九八九年◉J・A・シュンペーター『資本主義は生きのびるか』八木紀一郎訳／名古屋大学出版会／二〇〇一年◉伊東光晴、根井雅弘『シュンペーター』岩波新書／一九九三年◉G・アレン、L・エブラハム『INSIDER（インサイダー）』湯浅慎一訳／太陽出版／一九八六年◉ダニエル・エスチューリン『ビルダーバーグ倶楽部』山田郁夫訳／バジリコ／二〇〇六年◉J・K・ガルブレイス『権力の解剖』山本七平訳／日本経済新聞社／一九八四年◉R・D・ウイリング『マネー／金融システムの闇の超起源』為清勝彦訳／徳間書店／二〇〇九年◉フリードリヒ・ハイエク『個人主義と経済秩序』（『ハイエク全集』第三巻）嘉治元郎、嘉治佐代訳／春秋社／一九九〇年◉伊東光晴『ケインズ』岩波新書／一九六二年◉ミルトン・フリードマン『資本主義と自由』村井章子訳／日経BP社／二〇〇八年◉F・A・ハイエク『隷属への道』（『ハイエク全集』I－別巻）西山千明訳／春秋社／一九九二年◉スーザン・ジョージ『アメリカは、キリスト教原理主義・新保守主義に、いかに乗っ取られたのか?』森田成也、大屋定晴、中村好幸訳／作品社／二〇〇八年◉アイン・ランド『肩をすくめるアトラス』脇坂あゆみ訳／ビジネス社／二〇〇四年◉アイン・ランド『利己主義という気概』藤森かよ子訳／ビジネス社／二〇〇八年◉グレッグ・パラスト『金で買えるアメリカ民主主義』貝塚泉、永峯涼訳／角川文庫／二〇〇四年◉V・I・アーノルド『カタストロフ理論』蟹江幸博訳／現代数学社／一九八五年◉バーバラ・エーレンライク『ポジティブ病の国、アメリカ』中島由華訳／河出書房新社／二〇一〇年◉坪内隆彦『キリスト教原理主義のアメリカ』亜紀書房／一九九七年◉カレル・ヴァン・ウォルフレン『アメリカとともに沈みゆく自由世界』井上実訳／徳間書店／二〇一〇年◉ジョン・K・ガルブレイズ『不確実性の時代』都留重人監訳／TBSブリタニカ／一九七八年◉ジャック・アタリ『金融危機後の世界』林昌宏訳／作品社／二〇〇九年◉ジャック・アタリ『国家債務危機』林昌宏訳／作品社／二〇一一年◉ジャック・アタリ『21世紀の歴史』林昌宏訳／作品社／二〇〇八年

◉著者について

鬼塚英昭（おにづか ひであき）

ノンフィクション作家。1938年、大分県別府市生まれ、現在も同市に在住。国内外の膨大な史資料を縦横に駆使した問題作を次々と発表する。昭和天皇の隠し財産を暴いた『天皇のロザリオ』、敗戦史の暗部に斬り込んだ『日本のいちばん醜い日』、原爆開発から投下までの数多の新事実を渉猟した『原爆の秘密』、世界権力の真の支配者を敢然と特定した『20世紀のファウスト』、日米の原子力利権を追跡した『黒い絆──ロスチャイルドと原発マフィア』を刊行。また現代史の精査の過程で国際経済の重大な欺瞞構造に気づき、金価格の急騰を予見した『金の値段の裏のウラ』、サブプライム恐慌の本質を見破り、独自の視点で真因を追究した『八百長恐慌！』、トップ企業を通して日本経済を襲う大激浪を描く『トヨタが消える日』、金融マファアの思惑を先読みした『ロスチャイルドと共産中国が2012年、世界マネー覇権を共有する』、国際金価格の暴騰と急落の人為的メカニズムを解明した『金は暴落する！』（上記いずれも小社刊）などで経済分野にも進出、御用アナリストたちが決して語らない真実を暴露している。本書は積年の調査・研究の結晶であり、鬼塚ノンフィクションの現時点での集大成とも呼ぶべき国際経済史論である。

# 世界《せかい》最終《さいしゅう》恐慌《きょうこう》への3000年《ねん》史《し》

## 時間《じかん》とマネーを支配《しはい》する怪物《かいぶつ》の正体《しょうたい》


◉著者

鬼塚《おにづか》英昭《ひであき》

◉発行日

初版第1刷　2011年12月5日

◉発行者

田中亮介

◉発行所

株式会社 成甲書房

郵便番号101-0051
東京都千代田区神田神保町1-42
振替00160-9-85784
電話03(3295)1687
E-MAIL mail@seikoshobo.co.jp
URL http://www.seikoshobo.co.jp

◉印刷・製本

株式会社 シナノ





Printed in Japan, 2011
ISBN978-4-88086-283-8